中世仕事図絵

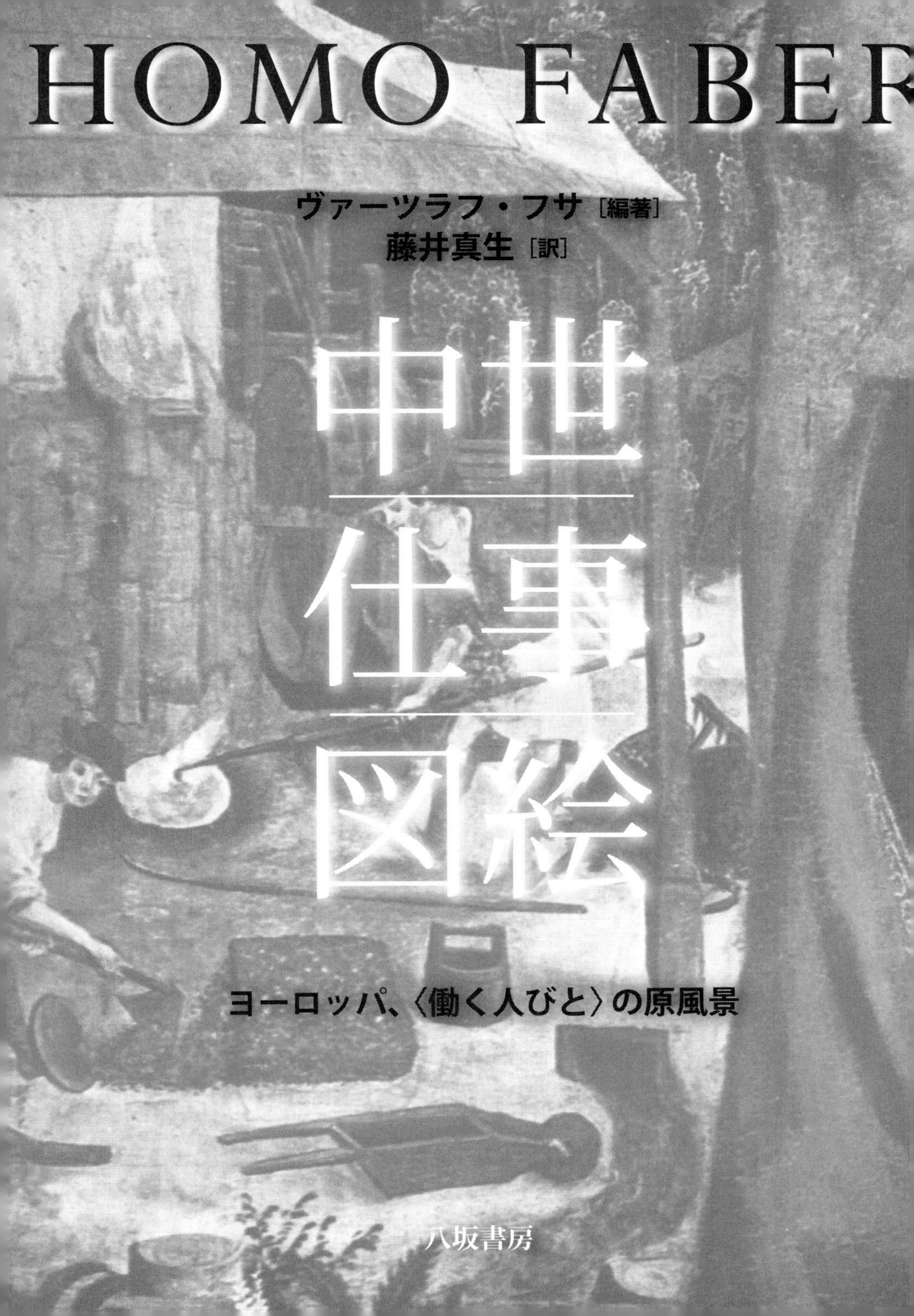

HOMO FABER

中世仕事図絵

ヨーロッパ、〈働く人びと〉の原風景

ヴァーツラフ・フサ［編著］
藤井真生［訳］

八坂書房

Václav Husa, Josef Petráň, Alena Šubrtová
Homo Faber: pracovní motivy ve starých vyobrazeních
Academia, Praha, 1967

中世仕事図絵 ❖ 目次

序　古い図像資料にみる労働のモチーフ …… 9

❖ [コラム] チェコ史逍遥 I　プシェミスル朝期（九世紀末―一三〇六）まで　59

II　プシェミスル朝の断絶とルクセンブルク朝（一三一〇―一四三七）の繁栄　60

第I章　農と牧 …… 61

耕作　62　馬鍬　64　播種　65　収穫　67　脱穀　69　糸紡ぎ　71　果実と野菜　72　ワインとビール　73

畜産と養蜂　74　狩猟と漁労　79

図版篇　81

001 耕夫　82
002 牛による犂耕　83
003 犂耕　84
004 犂　85
005 犂耕　86
006 馬による犂耕　87
007 馬による犂耕　88
008 犂道具　89
009 馬による犂耕　90
010 種播き三態　91
011 鋤返しと種播き　92
012 刈入れと羊番　93
013 種播き　94
014 種播き　94
015 刈入れ　95
016 刈入れ　95
017 刈入れ　96
018 落穂拾い　97
019 刈穂積み　98
020 収穫と運搬　99
021 刈入れ　100
022 収穫中の休憩　101
023 脱穀　102
024 脱穀　103
025 穀物の袋詰め　104
026 干し草刈り　105
027 亜麻の破茎と脱穀　105
028 果樹園の鋤返し　106
029 干し草刈り　107
030 果樹園の鋤返し　107
031 ブドウ畑の鋤返し　108
032 ブドウ畑での作業　109
033 ブドウ畑での作業三態　110
034 ブドウの採取と運搬　111
035 ブドウの圧搾　112
036 ブドウの圧搾　113
037 接ぎ木　114
038 リンゴの収穫　115
039 ブドウ畑の鋤返し　116
040 ブドウの収穫　116
041 ブドウの収穫　116
042 ブドウの収穫と圧搾　117
043 ワインの口開け　117
044 羊毛の刈取り　118
045 羊番　119
046 羊毛の刈取り　120
047 乳搾りとバターの攪拌　121
048 乳搾りと牛乳の加工　121
049 羊の水やり　122
050 漁労　123
051 豚の屠殺　124
052 漁労　125
053 糸紡ぎと鋤返し　126
054 煮炊き　128
055 糸紡ぎ　128
056 洗濯　129
057 糸紡ぎと鋤返し　130

第II章｜職と商 …… 131

衣服と皮革 133　食料加工 139　金属加工 144　木工と建築 146　陶業 149　輸送と交易 150

図版篇 153

058 織布道具 154　059 亜麻布のローラー掛け 155　060 杼 156　061 杼と梳毛ブラシ 156　062 起毛 157　063 起毛ブラシ 158　064 羅紗織道具 159
065 裁ち鋏 159　066 靴の成形 160　067 雄牛の屠殺 161　068 皮鞣し 162　069 雄牛の屠殺 163　070 雄牛の屠殺 164　071 モルト製造用の櫂板 165
072 製粉小屋 166　073 粉挽き 167　074 パン焼きと計量 168　075 小麦粉篩いと聖餅焼き 169　076 鍛冶 170　077 鍛冶 171　078 鍛冶 172
079 鍛冶 173　080 蹄鉄工の道具 174　081 鉋掛け 175　082 樽作り道具 176　083 大工道具 177　084 大工道具 177　085 建設現場 178
086 塔の建設 179　087 製材 180　088 製材 181　089 起重機と足踏み車 182　090 建設現場 183　091 起重機 184　092 吊り足場 185
093 建設現場の危険 186　094 足場作り 187　095 屋根葺き 188　096 屋根葺き道具 189　097 陶工 190　098 陶工と鋳物師 191　099 陶工 192
100 刀の研磨 193　101 金細工師 194　102 石鹸のカット 195　103 石鹸のカット 196　104 理髪道具 197　105 ガラス窓の製作 198　106 蒸留 199
107 蒸留器 199　108 計量器 200　109 倉庫での計量 201　110 計量器 201　111 渡し守 202　112 荷の積替え 203　113 御者 204　114 幌馬車 205
115 鉱石の運搬 206　116 荷馬車 207　117 幌馬車の御者 207　118 客馬車 208　119 荷馬車 208　120 橇での運搬 209　121 荷運び 210　122 荷運び 211
123 荷運び 212

第III章｜学と芸 …… 213

写字生と写本彩飾師 214　学問と印刷術 219　芸術家 227

❖ ［コラム］ **チェコ史逍遙III** キリスト教化の進展とカレル四世治世（一三四六―七八）の文化 230
IV フス派戦争（一四一九―三六） 231

図版篇 233

124 写本の制作 235　125 写本工房 236　126 写本の制作 237　127 読書する学識者 238　128 授業する学士 239　129 看板用の盾 240

130羊皮紙製造道具 240 131薬の販売 241 132診断する薬屋 242 133制作中の画家 243 134印刷工房 244 135印刷道具 245
136天体観測 246 137天体観測 247 138製本機 248

第IV章 鉱と工 ………………………… 249

鉱山と鉱夫 250 製錬 255 貨幣の鋳造 257 新鉱山と技術・組織の発展 259 ガラス 263

❖［コラム］チェコ史逍遙V ハプスブルク家（一五二六―一九一八）の統治と鉱山の盛衰 268

図版篇 269
139鉱山と鉱石市場 270 140採掘 271 141採掘道具 272 142製錬工の道具 273 143鉱石の運搬 274 144鉱石の粉砕 275 145鉱山道具 276
146採掘道具 277 147銀の採掘 278 148鉱山風景 279 149巻上げ師 280 150採掘 281 151鉱石の巻上げと運搬 282 152鉱石の巻上げ 283
153巻上げ機 284 154銀山全景 285 155鉱石の分配 286 156大型巻上げ装置と選鉱 287 157巻上げ 288 158鉱石の売買 289
159正装の鉱夫と鉱山風景 290 160製錬所 291 161鉱石の洗浄 292 162製錬工の道具 293 163鉱山風景 294 164巻上げ機の建造 295
165銀鉱石の洗鉱と製錬 296 166銀の熔解 297 167鉱石の製錬 298 168鉱山での運搬 299 169銅の焙焼 300 170試金 301
171銀の燃焼 302 172銅の粒状化 303 173木材の伐り出し 304 174炭焼き 305 175炭焼き 305 176貨幣鋳造道具 306 177貨幣の打刻 307
178未刻片の展伸 307 179貨幣の打刻 308 180未刻片の展伸 308 181貨幣の打刻 309 182未刻片の展伸 309 183ガラス研磨機 310
184ガラス器製造 311

＊

訳者あとがき 313
索引 *1*
掲載図版一覧 *12*
参考文献 *27*

○本文中の小見出しは原書にはなく、英語版のそれなどを参考に施した。

○本文中の＊印は、下段に訳註があることを示す。

○図版は本文挿図、図版篇とも、原書に掲載のものはすべて再掲した。ただし掲載順は一部入れ替えたところがある。

○本書であらたに追加した図版（巻末の「参考文献補遺」に掲げた文献による）には、図版番号のあとに†印を付して区別した。

○本文挿図に付した解説文は、原書巻末の掲載図版一覧にまとめて添えられていた出典情報に訳者が付け加えたものである。

○図版篇の解説文のうち、▶印ではじまるものはすべて訳註。

○図版篇各図版の見出しは原書にはなく、時に解説文から借用し、時に意を汲んで補った。

○聖書の出典や訳に関しては、すべて日本聖書協会の新共同訳（二〇〇四年版）に依拠している。

序｜古い図像資料にみる労働のモチーフ

1

封建時代の労働をテーマとした図像資料を出版する。このようなアイデアを我われはもう何年間も温めてきた。当初は、比較的簡単に出版までいたれるだろうと考えていた。なぜなら、この書物は基本的にはたった一つのテーマしかあつかわないからである。つまり、労働、働く人、道具、作業や技量。これらを表した図像を共通要素とする書物である。しかし、時がたつにつれ、我われの計画は内容的にも方法論的にも拡大してゆき、その結果として、最初にイメージしていたほど容易なものではなくなった。

装飾写本、壁画、板絵、木版画、彫刻、紋章、印璽と印章、装飾タイル、容器。これらの資料を数多く、そして体系的に検討してみた。すると、当初のコンセプトでは検討リストになかったような道具や技術に関わる挿絵が、あらゆる生産分野で、しかも次々と現れてきたのである。そのため、我われの視野はしだいに複数の方向へと広がっていった。手仕事や機械作業に加えて、さまざまな精神的で知的な労働風景にも注意を向けるべきだろう。さらにまた、生産物交換の領域、すなわち商業と交通に関わる労働風景にも、我われの体系を拡大するべきだろう。

耕夫、刈入れ人、ワイン醸造人、樵《きこり》、炭焼き、大工、石工、陶工、肉屋、鍛冶屋、ガラス職人、鉱夫、製鉄工、貨幣鋳造師、印刷工、そのほか多くの職人。本書において読者は、彼らに加えて、御者、荷馬車御者、商人、小売商、さらには写字生、画家、測量技師、そして学生、医師、天文学者にも出会うだろう。「ホモ・ファベル」（HOMO FABER）という（原著の）タイトルは、広い意味で物質的に、あるいは精神的に社会的価値のあるものを生産し、創造する人びとすべてを象徴している。特定の領域において、そしてまた社会的発展のある区切られた期間において、豊かで多様な労働の表現と固有の形態に関する、ある種のアトラスを創造することが我われの課題だった。

その方法としては、歴史的時間と空間を無視して、さまざまな時代の、さまざまな起源をもつ労働をモチーフとした図像のなかから、もっとも魅力的な事例を選ぶ

［1］屋根板作り
ピエトロ・ディ・クレッシェンツィ『農事論』（▶図版篇◉005）
1400年頃
鋸ではなく手斧で材木から板を削り出している。

＊中世のチェコは、現在のチェコ共和国西部のボヘミア大公領、東部のモラヴィア辺境伯領、北東部のシレジア諸侯領から構成されていた——一時的には上・下ルサチア

ことも、妥協的ではあるが可能性としてはありうる。おそらく、こうした方法は視覚的にはかなり効果が大きい。ただし、表面的なことにこだわりすぎると、学術的な知見への貢献はあまり得られないだろう。一方、当初から我われの頭には、さらなる学術的調査の基礎となり得るような作業にしたい、という考えが浮かんでいた。信じがたいかもしれないが、労働をテーマとした図像の発展に関する体系的で複合的な研究は、中欧ではまだ端緒についたばかりである。こうした点を考慮して、我われは研究分野を時間的にも空間的にもかなり限定することにした。

慎重に検討した結果、オリジナル作品が今現在どこにあるのかは問わないことにして、チェコスロヴァキアで生み出された資料に焦点を合わせることにした。その大部分はチェコ諸邦*、すなわちボヘミアとモラヴィアで創造された作品である。わずかにスロヴァキアの事例が入っている。観点は精選したが、もちろんその弱みと危険性についても十分に自覚している。文化的な現象はたいてい、ひとつの国家の境よりもはるかに広い範囲で展開する。ところが、研究にあたって国境で線引きすることは、そうした関係性の組織的構造を分裂させ、混乱させる危険を内在的にともなっている。

同じように、我われの立場が民族的孤立主義の現れとして理解される危険性にも気付いている。もちろん、この書物でとりあげた資料はすべてチェコ人とスロヴァキア人が生み出した作品である、などというつもりは毛頭ない。そのような見解は

（ラウジッツ）も含む。ボヘミア大公は十二世紀末に神聖ローマ皇帝から世襲王号を認められ、ボヘミア王国が成立する。同じ頃、モラヴィアの分国侯が治めていた領域が辺境伯領として統合された。モラヴィアは中世後期から独自の領邦議会も開催している。チェコ領シレジアは、ポーランド南部の諸侯が十三世紀末にチェコ王に臣従し、その支配地域がチェコに編入されたもの。チェコ語の「チェコ」は本来西部地域を指し、この三地域を統合する地域名称は存在しない。現在では共和国全体もチェコと呼ぶが、歴史的には「チェコ諸邦」と表現する。

原著刊行時（一九六〇年代）、「チェコスロヴァキア」の一体性はまだ疑われていなかったが、実際のところ、チェコ諸邦が隣接するスロヴァキアとひとつの国家を形成したのは、一九一八年のチェコスロヴァキア独立が初めてだった。それまでのスロヴァキアはハンガリー領であり、中欧文化圏の一員ではあったものの、チェコ諸邦との文化的な一体性を有していたとは言い難い。

歴史的事実にひどく矛盾している。はるか昔から、チェコ諸邦やスロヴァキアは、非常に多様な影響を相互に与え合う文化の十字路のような地域だった。かつてはチェコ人もスロヴァキア人も、他のエトニとともに、一時的だが広範な複合国家で暮らしていたことがある。また、何世紀にもわたって多民族のハプスブルク君主国に組み込まれていた。文化の十字路となったのはそのためである。

多様なエトニをもつ共同体において文化的価値の交換と平和的共存をもっとも強力に促進したのは、まさに造形芸術だった。当然のことながら、労働を表現した絵画制作の多くに、チェコ人とスロヴァキア人以外にも、外国人芸術家——ドイツ人、オーストリア人、イタリア人、フランス人、フランドル人などが参加していた。彼らのほとんどはチェコで生まれたり、定住したり、あるいはチェコの環境に慣れ親しんでいた芸術家である。そのため、芸術家のエスニックな出自や、彼らが外から持ち込んだ見解、主題、様式上の貢献はつねに考慮に入れなくてはならないとしても、彼らの作品を文化史上の調査対象に入れることは理に適っている。結局のところ、周辺の中欧諸国、たとえばポーランドやハンガリーだけではなく、オーストリア、バイエルン、ザクセン、マイセン、そのほかの地域でも、状況はかなり似通っていた。

こうした危険性にもかかわらず、図像資料を選択するさいにひとつの国家領域に

［2］屋根葺き
ピエトロ・ディ・クレッシェンツィ
『農事論』（▶図版篇◉005）
1400年頃

井戸にみえている滑車は
中世の建築技術を大きく発展させた。

限定することは可能であり、現在の状況においてはそれが必要だと思われる。それは、労働を描いた図像の複合的な研究がこれまで中欧では試みられていなかったため、そして領域的な先駆的研究がいまなお要請されているためである。そうした研究は、周辺諸国の図像学の専門家の手に委ねなければいけない。しかし、それにもまして重大な理由がある。チェコスロヴァキアのいくつかの労働分野では、その歴史的発展において固有の特性があり、それらは図像学の分野で独自に探求されるに値するものだからである。この書物の刊行にあたってはもっとも特徴的な事例を選択したにすぎない。しかし、予想通り、その総体は以下のことを示す明白な証拠となった。すなわち、労働をモチーフとする図像資料に関するかぎり、チェコスロヴァキアは中欧でもっとも豊かな領域のひとつである。そしてまた、チェコスロヴァキアで生み出された多くの図像の集成を出版することは、歴史図像学研究が以前から抱えていた負債の返済につながるものなのである。

時間的な区分に関して述べておこう。この書物は五〇〇年以上——十一世紀末からおおよそ十七世紀半ばまで——にわたる資料を含んでいる。その始まりと終わりは図像学的に考慮した結果である。上限は、チェコスロヴァキアで労働をテーマとして製作された最古の図像により設定され

[3] 小舟に乗った漁師
『聖母マリアの典礼次第』（▶図版篇●053）
1200-1230年
内陸国であるチェコでは、聖書の場面をのぞき漁風景が描かれることはほとんどなかった。

ている。一方、最終的な下限は、十七世紀バロック様式におけるきわめてラディカルな表現上の変容から引き出されたものである。図像学的形式、もちろん製作技法、そして労働というテーマそれ自体に関する考え方が、この時期には急激に変化しているのである。豊かに彩飾された聖歌集や、素晴らしい装飾を施された宗教書写本に対する嗜好は、十六世紀から十七世紀へ入る頃にはしだいに薄れてゆき、三十年戦争を経て回復の余地なく消え失せた。それ以前の宗教書写本は、イニシャルや縁飾り、そして豪華に彩飾された全面挿絵の尽きることのない源泉であり、多種多様な労働と象徴を驚くほど明瞭に描いた魅力的な絵画をともなっていた。しかし、この時期以降は一貫して、印刷物がそれらの絵画に取って代わっている。たいていの印刷物はもっと質素で貧相な木版画や銅版画で飾られていた。それらの版画における労働のモチーフは、同時代に外国で出版された既存の表現を引き継いだだけの、模倣作品であることも多い。大聖堂空間やバロック貴族の宮殿を飾る掛絵やフレスコ画は、情熱的で超現世的なヴィジョンと寓意に関心があり、働く人びとの生活や日々の労苦をしっかりと捉えることには興味がなかった。そのため、労働の図像はもっぱら専門的な文献のなかだけに残されてゆく。しかし、これらの文献でも、図像ではなく工場的な技術を図式的に素描したものへと徐々に移行していった。

もちろん、これらはみな十七世紀の経済的、社会的構造の変化そのもの

に深く根ざしている。三十年戦争に先立って経済的な大変動がおこっており、それを受けて同職組合的市民層と小貴族の繁栄はすでに衰退へと転換していた。この二つの社会階層は、十五世紀から十六世紀にかけてチェコの文化的生活に明瞭な傾向を与えるものだった。しかし、反ハプスブルク蜂起の敗北と、それに引き続く三十年戦争でおこったすべての出来事は、市民層の経済的、政治的、イデオロギー的崩壊を決定づけた。その崩壊はルネサンス文化のすべての領域に影響を及ぼすものだった。おもに貴族と聖職者を担い手とする新しいバロック文化は、基本的には、封建時代後期の変容した社会構造から成長してきたものである。ただし、個々の労働の意義と社会的価値に対する態度は、それ以前のものと多くの点で異なっていた。

そのため、本書のあつかう時代の下限の区切りは、社会の発展のなかに根拠をもっている。その発展の結果は、十七世紀の労働図像の変化に明瞭に表れている。図像資料はいわゆる工場制手工業時代の開始期まで取り上げられており、プレ工業化社会の最高段階における労働形態を複合的観点から理解しようと試みている。本書が包括する時間枠は、十七世紀にその全般的な危機が訪れるまで、封建的な社会経済システムに支配された比較的均質的な時代だった。

［4］荷物を運ぶ人
『リトミシュル司教ヤン・ゼ・ストシェディの旅行用の書』（▶図版篇●045）
1360-64年
中世写本の余白部分には蔦や花などの植物がよく描かれた。
ここでは蔓の上を歩く人を追加している。

2

本書を手に取り頁をめくっていただければ、労働の発展の研究、そして経済史・社会史・文化史のための図像資料の価値と重要性について十分に感じ取ることができるだろう。中世という時代は、技術的進歩を専門的かつ体系的に描写することをあまり重視しなかった。この種の試みは、古代の伝統と結びついた初期ルネサンス時代の技術書がようやくもたらしたのである。それ以前には、単純で、そのため一般的に使い易い道具と典型的な技術を詳細に描写することはほとんどなかった。聖職者がとくに筆を振るう価値のない、ありふれたものとみなされていたからである。以上の点を考慮に入れてはじめて、労働をテーマとする研究に対して、同時代の図像資料が証拠としてどのような価値をもつのか評価できるだろう。なぜなら、しばしばそれは道具や知識、技術を示す、特異で明瞭な図像だからである。しかも、それらに関しては、文字資料がほとんど残されていないからである。たとえ小さな絵画であっても、そこから人びとが働く労働環境や社会的条件の詳細を読み取れることは多い。ところが、同じ内

[5] 羅紗織職人の起毛ブラシ
プラハ旧市街小広場144番地、
市民邸宅の要石
15世紀後半

建物のアーチ型天井の要石には、
所有者所縁の象徴がよく彫られている。

容を示す資料は他に存在しない。そのため図像は、労働の歴史の解明にとって、単に言葉のテクストを図解して補足するものではなく、第一級の、そしてその明快さゆえに代えの効かない一次資料となる。図像資料のない文字だけの描写からだけでは、十分な情報を引き出すことができないのである。

しかし、図像資料から研究上の知見を安全に引き出すことは、一見して思われるほど容易なことではない。文字資料や考古学の発掘物と同じく、芸術作品もその成立環境は複雑で不明な点が多く、また固有の特徴をもっている。歴史的資料としてあつかおうにも、それらの要素が作品の評価を複雑にし、そして価値を下げてしまうからである。中世に描かれた作品はたいてい主題において、時として形態においても、宗教的、象徴的意図を暗号化している。そうした内容は、現代の我われにまったく馴染みのないものである。しかし、それらを解明し、理解しないかぎりは、その表面下で芸術家が伝えようとしている独創的な核心に到達することができない。すべての古い労働風景が、それが作成された時代の歴史的現実を忠実に映し出すための安全な資料である、と無条件にみなせるわけではない。信用のできる正確な分析を経ずに当該資料の語ることを全面的に受け入れることはできないし、また形式と内容に関しても、多方面から分析し、ほかの証拠と比較しなければならない。その作業を済ませずに、古い絵画における労働風景から読み取れる情報をあまねく真に受けることはできないのである。

我われは労働技術、そして社会的生産に関係するあらゆるものの研究を目指している。そのため、当たり前のことだが、歴史図像学研究の対象と方法はいくつかの本質において、美術史家が芸術的記念物を調査するときに選択する手順とは異なっている。作品の美的価値やその様式的関連性の分析を、我われはさほど重視しない。重要なのはむしろ、描かれた対象と風景の明瞭さ、具象性、現実的な伝承の度合いである。美術史家の目には平均以下の価値しかないと映る芸術作品であっても、歴史図像学には特別な価値をもっていることがある。

労働と生産の図像は歴史図像学研究のもっとも新しい分野のひとつであり、固有の方法論と研究テーマにようやく着手したところである。そのさいに美術史の成果、とりわけ制作年代や作者、影響、国際的関係、サークル内の特殊性などの成果を援用することは自明だろう。二つの学問の研究目的が最終的には異なるとしても、そのすべてにおいて、相互にかなり浸透した問題と作業方法が横たわっているからである。

図像学がまず解決すべき問題は、検討対象とする絵画の社会的機能である。中世から残っている労働に関する図像の大部分は、まったく別の絵画的意図から生まれており、今日我われが記述しているのとは異なる伝達機能があった。その点にまず留意しなければならない。一五〇〇年以前には、労働をテーマとする絵を描いた画家のほぼ四分の三は、労働を自らの創造行為にふさわしい対象とはみなしていなかった。各生産分野ではどのように働いていたのか、どのような道具を使っていたのか、どのようにして労働プロセスが組織されていたのか。我われが彼らに対する称賛の声を上げるのは、それらを正確に把握できた場合である。ところが、中世の芸術家の多くは、そのようなことを伝達する意図など思いもよらなかった。そのことを忘れてはならない。

中世の芸術家にとって、「このような」労働や労働者の絵を描くことはあまり意味がなかった。彼らの創造の目的はそこにはない。彼らは他のなによりも、『旧約聖書』と『新約聖書』、そして聖人の生涯や事績をあつかう聖人伝中の個々の出来事を、線や色によって物語ることを意図していたのである。一般信徒が「一書の人」――ひとつにして唯一の書物を、さらにいえば、ほとんどの人が書物を読むことができないなかで、そのうちの一冊の本を知る人びと――だった時代に、聖書や聖人伝の光景を描いた絵は、広範な階層がキリスト教神学の根本へ接近するための非常に重要な意味をもっていた。現代人は一足進むごとに過剰なまでの視覚的情報を浴びるが、中世人はそうした近代的なビジュアル体験がなかった。そのため、彼らは帯状に描かれた聖書や殉教者の生涯の光景を好み、そして熱心に目で追った。それらはドラマチックで、主題的には多彩な出来事をあつかっていた。こうした「聖書イメージ」はすぐ

[6] 羊の群れをつれた牧人
『ボスコヴィツェ聖書』（▶図版篇● 126）
1420年頃

キリスト生誕の場面には必ず牧人の姿が添えられている（▶図版篇● 045）。ここでは後景に、天使のお告げを聞く3人の牧人が描かれている。

れた「見もの」だった。豊かな権力者はそれを羊皮紙に描かせ、貧しき者は祭壇画や大聖堂の壁画を眺めるために通った。中世にはそうした絵が、現代の新聞の連載や挿絵入り雑誌よりもはるかに喜ばれた。なぜなら、人びとの絶えざる飢えが、新奇で普通にはありえない視覚的印象により充たされたからである。さらに、中世人にとってそれらの絵は、不可思議で非常に魅力的な——天上の存在と結びついた——神秘の仲介者だった。こうした中世絵画の形而上学的機能を、近代人が理解することは非常に困難である。

中世の画家にとって、ただ単に農夫、ブドウ作り、糸を紡ぐ女性、牧人、庭師、パン屋、大工を描いた絵というものはありえなかった。文字通り、聖書や聖人伝を読んで理解するための絵を、彼らは懸命に描き、彩色していたのである。額に汗して鋤で自らのパンを稼ぐアダムと、糸巻き棒で麻糸を紡ぎ、子どもを育てるイヴ。我われの祖先が人気と感動をもって描かれた。中世の画家は、バベルの塔という巨大建築の幻影を素描し、豚の群れを飼う放蕩息子を、木を加工する聖ヨセフを、キリストの誕生を密かに告げる天使の声に耳を傾ける牧人を描き表した。彼らはまた、

［7］庭師キリスト
『トゥシェベニツェ聖歌集』（▶図版篇◉009）
1575-78年
鋤をもつキリストの姿は聖歌集でよくみかける。

キリストの生涯と活動を無数の姿に描き分けた。『新約聖書』口承の精神にしたがって、手に鋤先が金属の鋤をもつ庭師として。また、「イザヤ書」の預言者による恐ろしい未来像にしたがって、ブドウ圧搾機のなかでブドウの房を踏む神秘的なワイン醸造人として。「わたしはひとりで酒ぶねを踏んだ。諸国の民はだれひとりわたしに伴わなかった。わたしは怒りをもって彼らを踏みつけ、憤りをもって彼らを踏み砕いた。そのため、わたしの衣は血を浴び……」(「イザヤ書」六三章三節)。一方、中世の画家や絵師は別の絵画サイクルで、チェコの守護聖人である聖ヴァーツラフ*の宗教的生涯について牧歌的に物語っている。聖ヴァーツラフは、神の意志にかなった貧民に対する善行に優れ、自ら穀物を播き、刈り取り、脱穀し、ブドウを摘み取り、粉を挽き、篩にかけ、聖餅を焼いた。

この魅力的な図像が数世紀を経た今でも我われの心を揺り動かすのは、もちろん本来のテーマ内容のためでも、芸術家がそこに込めようとした宗教的効力のためでもない。我われがそれらを称賛し、愛好するのは、第一に純粋な感覚的、芸術的価値のためである。創作された時代の生活や労働について語っていることも、当然理由のうちに含まれる。ここで意味論的変化に、すなわちマックス・ウェーバーが目的のヘテロ接合型と名付けたものに、あるいは――より正確には――これらの作品の後世の社

＊聖ヴァーツラフについては、図版篇●073の訳註参照。

[8] キリストの神秘的な圧搾機
『聖ヴィート大聖堂ミサ典礼書』
14世紀後半
ひとりで酒ぶねを踏むキリスト
(後出の図[13]も参照)。

会的機能のヘテロ接合型と名付けうるものに話をすすめよう。

まずは中世人の聖書や過去に対する考え方に感謝しよう。我われにとっては非常に重要な現象である。中世から遠く隔たれた現代人の意識のなかには、歴史的時間および空間というカテゴリーがぬぐい難く刻印されている。この二つのカテゴリーを用いずに思考することなど、現代の我われにはまったく想像できない。しかし、この思考の形式は、中世人にはなじみのないものだった。それは特別なものであり、その点からいえば、知らず知らずにある種の基本的な歴史入門書の役割を果たしたのが、まさに聖書だった。ところが、「歴史的思考」の学習は非常にゆっくりと前進するものである。そのため、広範な民衆に聖書を知らしめる役割の者であっても、彼らがそれを歴史的資料として——もちろん同時に、ある程度は歴史時代の産物としても——眺め、関心を払うことはあまりなかった。この点では、ルネサンスがようやく見解の変化をもたらしたのだといえよう。

中世の人びとは、始祖以来今日まで人類は遠大な発展的変化を遂げてきたのだ、とは決して考えていなかった。彼らは、我われとはまったく別な風に聖書の物語を捉えていた。歴史的に受け取っていたわけではないし、過ぎ去った戻ることのない

［9］ブドウを摘むワイン醸造人
『言葉の母』
13世紀後半
本図のように、イニシャル部分のみを彩飾している写本も多い。

過去の出来事の物語をそこに読み取っていたわけでもない。またそれらの出来事――それがフィクションであれ事実であれ――がおこった歴史的時空間を具体化することも決してなかった。中世人は聖書の物語を、簡略化された巨大な時の流れのなかで捉えていた。聖書のなかには人生の真実や賢慮のほとんどが集約されている。そして聖書では神から直接キリスト教徒が現れる。その超時間的な性質は、聖書の時代から終末まで変わらずに有効だった。なぜなら、聖書の言葉にしたがえば、この世界に存在するものはすべて神により創造されたものである。そのため、アダムとイヴの楽園における幸福が一瞬にして終わると、人びとや道具、そして知識も、すぐに中世と同じ状態になったはずだからである。

　中世に古代ユダヤの聖書場面を描写した線と色彩の匠たちは、「聖書」に対して以上のような態度で接していた。自らが生き、創造する時代の生活や労働の辛苦を、彼らが何世紀にもわたって繰り返し、唯一無比の正確さをもって描いたことは当然である。結局、その作品が生まれた世界は非常にゆっくりと変化しており、それ以外の可能性をいっさい排除する方向へ強く作用した。生産プロセスは、何世代も経てようやく、技術的な部分で多くの発展を遂げるのである。

　そのため、とりわけ労働風景に関しては、中世の聖書

［10］庭師キリスト
『司祭ハヴェル・ゼ・スチェジェルの交誦集』
16世紀後半

帽子をかぶっているキリストの姿は珍しい。

挿絵画家が何の良心の咎めもなく先行する手本をまねて描くこと、あるいは古代を想像するのではなく自分の周囲の光景を描くことは、特段変わったことではない。また、時代錯誤あるいは——こう表現してよければ——近代化を犯すことも何ら不思議ではない。

　中世の画家が聖書中の大聖堂建築を描くとき、彼はそれを自分の生きた時代のゴシック様式の建築物に似せるだろう。煉瓦工はモルタルを混ぜ、トロッコで煉瓦を運んでいる。石工はブロック体の石を切り出し、大工は足場や屋根で角材を用意している。巻上げ機が足踏み車で起動され、建築資材を建造物の最上階へ運び上げている。屋根葺き職人は細く尖った窓をもつゴシック大聖堂の屋根に屋根板を置いている。労働者に明確な個性をもたせたいのであれば、周囲の建築現場の職人が手にする鏝《こて》やミキサー、篦《へら》、ハンマー、鑿などを正確に描くより他にない。そうでなければ、いったい何を彼らの手にもたせたらいいのだろうか?

　楽園追放後のアダムとイヴを描くという課題を前にして、画家はきっと「創世記」の言葉「主なる神はアダムとその妻のために皮の着物を造って、彼らに着せられた」を造形的に誠実に演出しようと試みたのだろう。そのため、鋤き返すアダムと糸を紡ぐイヴに、皮の前掛けのようなものだけを身につけさせた。しかし、中世画家の

［11］建築現場
『チェコ王ヴァーツラフ4世の聖書』（▶図版篇◉021）
1389-1400年
聖書に描かれる建築場面のいかに多いことか、本書を読みすすめるうちに読者にも了解されるだろう。

多くは、少なくともイヴには最初の織物製品——もちろんルネサンス以前の庶民女性が着る服のシルエットに応じた毛織の白衣——を着せることに抵抗感はなかった。

芸術家が穀物の収穫に関する聖書の寓話をモチーフにするとき、自身の生活する地域で一般におこなわれていた光景を描くのは自然なことだった。彼は、歯のある鎌で穂先を刈り取り、穀物の束を縛り、穀倉と藁小屋に積む様子を絵にした。

ゴシックの画家たちは、象徴的なブドウを踏むキリストのモチーフを、好んで巨大なブドウ圧搾機に配置した。成熟した封建社会では、圧搾機はワインを増産するために利用された。圧搾機の各部品を描いた写実主義的な正確さ、とりわけ柔らかく木工轆轤《ろくろ》にかけられた木ねじ、そして圧搾機がはめ込まれた力強い木材の構造は、このテーマを一瞥した一般信徒を間違いなく魅了したことだろう。しかし、気をつけなければならない。ワイン醸造の技術を知る者は、この絵を見るや否や、すぐにすべてがおかしいことに注意を促すだろう。圧搾器具の木材はまるで倒れたかのように奇妙に傾いており、直にキリストの背中を苛んでいる。

この絵をひとつだけみたのであれば、巨大な構造体を芸術家の技量の低さ、あるいは画家にブドウ圧搾機の実際の器具の知識が乏しいせいにするだろう。しかし、そのような単純な説明に満足せず、同じテーマで描かれたほかの作品を眺めてみよう。そうすれば、中世のワイン醸造人としてキリストを描いた現存絵画の多くが、圧搾機の構造をこのように危うげな構造で描いていることに驚かされるだろう。この図像学的形式は、中欧ではルネサンス時代をすぎて十七世紀の後半までみられる。

[12]† 楽園のアダムとイヴ（右）と、皮の衣を着て楽園を追われる2人
『チェスキー・クルムロフ宗教論集』
1420年

このあと糸紡ぎと鋤返しの場面では、2人は白衣を身に着けた姿で描かれる（▶図版篇● 057）。

さて、個々の作画者が下手なのである、あるいは芸術家が専門的情報を誤解している、といった仮説では不十分なことはすでに明らかである。すべての芸術家が手本となるひな形を何も考えず機械的に模写したが、たまたまそこへ奇妙な不合理性が入り込んでいたのだ、という話もありえない。最後に、現代ではもはやその機能的意味が分からなくなっているが、その当時の特殊な構造である、という可能性も考慮に入れることはできない。

　したがって、技術的問題とは別のところで、芸術家の隠された意図を探し出す他ない。同じテーマの他の図像を集めてみると、そのうちのいくつかの絵では、圧搾機の角材がキリストの肩に位置して、明瞭に十字架形をとっていることに気付く。ときにはキリストの手が角材をつかみ、抱いてさえいる。

　謎解きはこれ以上なく明白である。中世のキリスト教的な象徴を知っている者はこう断言する。当時の芸術家は、圧搾機の角材がキリストの受難の神秘的象徴である十字架へと変容するように、非常に大胆に構造上のデフォルメをおこなったのだ、と。だが、みえない罠の犠牲とならないように、図像学者は作業を慎重にすすめなければならない。中世の芸術家は密かに罠を仕掛けているため、中世絵画の構成要素が何を象徴しているのかを知らずに図像学研究をすすめることはできない。それは多くの場合、色の選択やプロポーション、数の神秘、天文学的天体知識のなかに現れているのである。

　実をいえば、中世の労働図像においては、寓意をともなう象徴的デフォルメは非常にまれである。その代わりに繰り返し目にするのは、たいていは道具の誇大描写により生じる、人びとやその周囲、とりわけ建築物とのアンバランスである。以下のことは、中世芸術の孤立した本質から生じるものである。周知のように、中世芸術は、表現豊かで視覚実在性をもつ芸術であり、素朴に製作される。そのさい、かなり大胆な造形上のデフォルメにより、描写された現実を自身の理想的、象徴的意図に見せかけることも多い。中世芸術はまだ遠近法を知らず、量的プロポーション、背景としての風景、副次的なディテイルへの配慮もなかった。

とりわけ、画家や彫刻師が各分野の職業や生産物を、その労働に関連する道具を用いて象徴化するとき、彼らは躊躇せず、それを手にしている人が動きづらいほどにサイズを誇張する。歴史家と図像学者はここでも注意しなければならない。今日すでに使われていない、あるいはほとんど知られていない道具や技術装置の実際のサイズに関しては、中世絵画を信じ切ってイメージを作り上げてゆくと、誤った見解に導かれてしまうのである。

ほかにも、図像学者にとって非常に重大な方法論的問題がある。個々の図像のオリジナル性である。中世図像学の分野では、残されている作品はすべて近代的な意味での「オリジナル」作品である、と措定する他ない。それ以上の正確さなど求めよう

[13] キリストの神秘的な圧搾機
『クトナー・ホラ聖歌集』(▶図版篇● 147)
1471年
この図では明らかに十字架を背負っている(前出図[8]も参照)。

がないからである。近代的な「オリジナル」性とは、各人が周囲に見出して経験したもの、つねに個々の、したがってまったく別々の事実の視覚的認知を反映している、と考えられる。だが、より大きなテーマ的体系のなかで中世の図像資料を見比べても、そこにはあまり大きな違いはみられない。個々の絵画間の主題と様式に関連性があることは、一見して疑問の余地もないほどに明らかである。多くの場合、剽窃問題が浮かぶほどに類似している。

こうした点を確認すると、現代人はしばしば失望にみまわれる。しかし、ロマネスク様式とゴシック様式の芸術は、芸術家のオリジナル性や個性にアクセントをおいていなかったことを忘れてはならない。それらはルネサンス時代が涵養し、現代では最低限の常識とされているが、中世には事情が異なっているのである。

こうした美学的規範を中世は知らなかった。芸術家は、これまで誰も描いてないものを描き、彫ってないものを彫るように、という断固たる指示をまだ受けていない。ゴシック時代の君主、貴族、教会高位聖職者、あるいは豊かな市民が、ある芸術家の作品を予約したとしよう。そのとき彼は毎回「オリジナル作品」、すなわち同時代のほかの芸術家が描いたり彫ったりしていないものを製作する必要はなかっ

［14］屋根葺き
『チェコ王ヴァーツラフ4世の聖書』（▶図版篇◉021）
1389-1400年

先ほどと同じ資料だが（図［11］）、ここでも建築の様子が描写されている。聖書における重要な絵画表現モチーフだった。

た。注文主がそれよりもっと強い関心を払っていたのは、隣人の城や修道院の金庫、大聖堂の祭壇などで見た作品を、芸術家がうまく作り上げて自分たちに引き渡せるのかどうか、という点だった。彼らにとって重要なのは、自分の富を輝かせることである。したがって、見た目の豪華な作品となるように、染料や金色をふんだんに用いるように、主題はより濃密なものになるように、などの条件をつける程度だった。結局は、注文主の嗜好や文化的見識次第なのである。しかし、画家や彫刻師が、繰り返し繰り返し、同じ主題かつ同じ手法で作り上げた作品を引き渡しても、それは決して問題とはならなかった。

この点でも、中世の芸術がもつ社会的機能は、今日のそれとは根本的に異なっている。印刷や線画の再生産技術が発明される以前の中世の芸術家は、近代の印刷機が数時間で一〇万部を生産するところを、比較的狭い消費者サークルのために、額に汗して手作業で数量を増やしていた。中世の芸術は、近代にポリグラフが引き継ぐことになる伝達機能をもある程度果たしていたのである。

そのため、中世の芸術家は、近代では注意の必要な「デジャヴ！」をほとんど気にしていなかった。「デジャヴ」はときとして、今日の芸術家を「何が何でも」オリジナル性へと掻き立てるものである。しかし、中世の作家にとって、圧倒的な魅力をもつ原作からフレーズ全体、章全体を受け継ぐことはまったく問題とはならなかった。これと同じく、芸術家が中世芸術のある種の手本を忠実に維持することは、決して許されないことではなかった。したがって、大聖堂や宗教書の造形装飾に対する需要が高まるにつれて、受け継がれるべき図像学的形式がつくりだされたのはごく自然なことだった。中世の芸術家はたいていが修道会の構成員であり、彼らはそのネットワークによりそうした形式をキリスト教世界の極地まで届けていた。

個々の生産方法がいつ、どこで発生したのか。それらはどのように拡散したのか。これらの問いに対する方法論的な教訓と警告を、ここからさらに引き出すことができる。ある図像表現が成立した時代と場所、さらにそれが領域的に拡散するプロセスを特定することは、歴史図像学研究の優先的課題のひとつである。だとするならば、以下のような問いも根本的な意義をもつことが理解されるだろう。労働をテーマとする絵画は、画家自身が目にした現実を反映しているのかどうか。ただの派生したヴァリエーションではないのかどうか。あるいは、かつてどこかで別の芸術家によって表現されたものを異なる時間的、空間的コンテクストに置いただけの、文字通りのコピーではないのかどうか、等々。そのため、労働をテーマとした中世表現はすべて、まずは徹底的に分析、比較されなければならない。それをせずに、絵画が成立した時代と空間を示す確実な証拠資料とみなすことはできない。散発的に伝来するために比較材料となる他の資料を欠き、また同時代の考古学資料や文字資料を入手できないとき、図像資料のあつかいには特別な慎重さが求められる。こうした絵画が単独で個々の生産技術と発明の生じた地域を局限し、成立した時代を確定するための説得力ある証拠となることはまずない。なぜなら、芸術家は新たに導入された技術がずっと以前に知られ、すでに一般的に広まっている地域の芸術から手本を借用し、それをただ再生産している可能性があるからである。

こうした場合には――つまり中世の図像資料のほとんどがそうであるが――少なくとも「上限」を確認したと述べることしかできない。ここでいう「上限」とは、発明がすでに知られていたのは、そしておそらく実用的に用いられていたのは、いつの時代からなのか、という意味である。

読者の多くは、これらの点を考慮しているうちに経験則的悲観主義の縁へと足を踏み入れ、中世図像の資料的価値は――少なくとも労働技術の歴史に関しては――まったくないのではないか、という疑念を抱くだろう。古い時代だけではなく近代の技術史文献においても、すぐに多くの偽発見に出くわすことになる（責任は例外なく、無批判に信じ、方法論的問題を深く検討せずに図像学資料を取り扱った者に帰されるべきである）。それらは本当にナイーヴで、ときに恥ずかしくもある。そのため、我われは異常なほど慎重であらねばならない。

しかし、「過ぎたるは猶及ばざるが如し」。グノーシス派の懐疑においてすら道理にかなったものを誇張することはない。中世の図像に関しては、あるテーマの生命力は標準的に長く、またその移動範囲は広大である、という認識にいたるだろう。その場合でも、中世芸術研究がいつも図像学的形式の系譜や母子関係についての面倒な確認作業であるわけではない。たしかに、中世が現代ほどに芸術表現のオリジナル性を強調してはいなかったことは、思い起こされる必要がある。だからといって、中世には創造的な個性などいっさいなかった、この時代にはオリジナル作品という意味での独自性はほとんど生まれなかった、などというつもりはない。

図像学的形式は文字通り受容され、平凡な技量のマニュアル主義職人や、独自の芸術表現の才能のない者たちによって機械的に模倣された。しかし、強い創造的精神の持ち主にとっては、独自に造形し、個別的な内容を満たすために必要な慣習でしかなかった。中世の初め頃には、最良の芸術作品といえども、個々のオリジナル性はまったく求められていなかった。ただし、意図的に発展させられなかったとしても、時代がすすむにつれ、それはくっきりと現れてくる。同時代の人びとの生活、労働、職業、人びとの感情的関係性、人びとの顔の多様性、無尽蔵の造形的・色彩的豊かさをもつ自然。宗教的テーマにおいてこれらを描く機会が生じたところでこそ、オリジナル性は当然のごとく現れた。

すでに十四世紀には、ゴシック芸術の中にこの自然主義的傾向が姿を見せており、労働環境の場面ではさらに明瞭になる。聖書や聖人伝、その他の宗教的内容の書物の装飾においては、本来のテキストを滑稽化した挿絵に限らず、魅力的で細かな表現や周縁的素描が、イニシャルや余白蔓装飾にまで浸透している。ほとんどの場合、それらは装飾された作品の文学的内容とはまったく関係がなかった。

しかし、それだけではない。十四世紀から十五世紀初頭にかけては、多かれ少な

[15]† 恋人
『聖イジー女子修道院の聖務日課書』
(5月の表象)
1400年頃(▶図版篇◉024)

かれ、より世俗的な作品も頻繁に現れるようになる。そうした作品では、個々の労働分野の象徴という形をとろうとも、あるいはまさに学修用テキストや純粋に実用的な内容の図解としても、労働というテーマはすぐに効力を発揮した。

そのほかにも、この時代にはとても好まれた挿絵入り教会暦も同じような特徴を備えていた。その頃なお、この暦は当然のごとく二つの機能を有していた。それは第一に儀礼のために必要な年表を示す補助具だった。同時に、日々の実生活のなかでも一貫してその必要性が感じられていた。そのため、たいていは儀礼用テキストの見出しに配置されており、とりわけ詩篇には不可欠だった。そして教会暦の情報は、一年の各月を象徴化した図像装飾をともなうのが一般的だった。非常に古い星座の記号がつかわれることもあったが、一年の各月のために特徴的な、基本的職業を表した細密画が添えられていることもよくある。ただし、五月と一月は例外となることも多かった。前者は、愛の月として二人の恋人が好んで象徴化された。中世の細密画家は後者を、しばしば燃えさかる炎で足をあぶる労働者の姿に象徴化した、さもなくばアストロラーベの前に座って一年の区切りを瞑想する天文学者の姿をとらせた。すでに古代からこうした暦の祖形を見出すことができる。しかし、キリスト教的中世はこれに、労働場面を慎ましく表現する独自の形式を与えた。春から冬まで一年間の農業経営を、望遠鏡をのぞきこんだような形状に捉えており、非常に魅惑的である。

もちろん、時とともに慣習的な図像学的形式がここでも創りだされたこと

[16]† 焚き火で暖をとる女性
同右（2月の表象）
本文では1月となっているが、『聖イジー女子修道院の聖務日課書』でも『聖十字架修道会総長レフの聖務日課書』でも2月に配置されている。

は明白である。そうして生み出された形式は、少なくとも絵画のテーマに関するかぎり、ルネサンス時代に印刷木版暦の見出しにまで浸透したほど、一般に拡大し、適応した。とはいえ、チェコスロヴァキアのゴシックから初期ルネサンス時代にかけての絵画装飾は、もっともすぐれた作品であれば、さまざまな時期のさまざまな文化圏と比較すると、たとえばフランスや中欧よりもはるかにはっきり個性が際立っている。とくに労働表現においては、画家が実際に身の回りで目にしたものを忠実に描いていることを示している。

同じように、たとえば経営指南書的な写本や物語的旅行記のなかでも、労働の場面は数多く流通している。前者で好まれたのはピエトロ・ディ・クレッシェンツィ『農事論』（図版篇◉005）であり、後者では『ジョン・マンデヴィル旅行記』（図版篇◉184）が最大の人気を集めていた。

十四世紀のうちに、図像学的資料はさらに「世俗的」領域へと広まった。紋章や印章にまで労働のモチーフが進出したのである。たいていは各職業を象徴すべき作業道具（たとえば、鉱夫の鎚、貨幣鋳造師の鉄床、仕立屋の鋏）だった。しかし、その職業はさほど多様ではない！　自らの手で生計をたて、特権的な社会身分に属さない職人のうち、十四世紀に固有の印章をもつ権利を得ていたのは、国王に帰属する性格をもつ者、そして君主やその宮廷のために直接奉仕する者の一部でしかなかった。一般的には、印章は個人のものではなく、法的人格のものだった。たとえば、国内で重要だったのは鉱夫共同体、王立貨幣鋳造師の社団、王立炭焼き共同体などである。十四世紀にはまれに個人の印章（仕立屋の鋏の紋章）をもつ者に出会うが、彼は宮廷の仕立屋だった（図版篇●065）。

この時代には、個々の職業を象徴したフレスコ画の体系を教会の壁に発見することが、ごくまれにだが存在する。それらの画は、他の教会の壁を飾る宗教的なテーマとは何の関係もない。こうした絵画は修道会に属する聖職者画家ではなく、画業や彫刻業を一生の生業として営む者たちの作品である。造形芸術の主題が世俗化するにあたって、後者は修道院の同業者たちよりもはるかに大きな役割を果たした。職業画家が作者であることは、作品のいたるところから感じとれる。

十五世紀には芸術作品の世俗化が急速に達成されたために、労働のテーマはさらなる地位を占めるようになった。十五世紀末から十六世紀末までの時代は、労働を表現する中世図像のまさに黄金時代として特徴づけることができるだろう。この前にも後にも、封建時代の労働の工学、社会学、心理学研究のための図像資料がこれほど豊かには残されている時代はない。

封建時代の市民身分の経済的、社会的、政治的権力の最盛期は、当時の労働手段が芸術的に賛美される頂点でもあった。この頃はまだ手で作業がおこなわれており、手作りであるがゆえに少量生産しかできない。一方では、同じ時期に初期の機械技術や発明を確認でき、工場

［17］裁ち鋏と起毛ブラシ
プラハチツェ織工同職組合の印章
1650年
この組み合わせは織工の象徴として典型的。

制手工業的な大事業の始まりを告げてもいた。労働は、その純粋に平民的な特徴のためにかつては侮蔑されており、造形芸術が注意を払うことはなかった。しかし、今や成長する民主化の時代を表しており、これらの職業の成員は自意識を高めてゆく。そのことは、同職組合や工房といった社団の仲介により、彼らがさまざまな造形芸術の表現や象徴の注文者として登場する点に現れている。それらの注文は彼らの労働分野を祝福し、社会的に表象するためのものだった。まさに労働というテーマが時代の造形芸術へ、とりわけ芸術産業と手仕事の多様な領域へ浸透していったのだといえよう。

この時代に労働表現を嗜好する大きな波はかなりの広がりをみせ、図像学調査のための資料的基盤をも変化させた。もちろん、キリスト教神学と典礼に何らかの形で関わる表現は、この後もずっと核として残っている。しかし、世俗的要素はすでに宗教的テーマを完全に貫き、破壊し、そして同時に芸術活動の新たな領域を創りだしたのである。その活動は中世的敬虔さから完全に解放されたものだった。この頃になると、労働というモチーフは宗教的な装いをこらすことなく提示されるようになっていた。それは明確に近代的概念のなかで、つまり絵画の専門的客観性と正確さを求めつつ表現されていた。

聖書の表現に関していえば、古い中世的な形式がこの頃もはや化石化していたことは明らかだった。そのため、労働技術のさらなる発展の研究にとって価値のある

［18］屋根葺き
『クレメンティヌム聖書』（▶図版篇◉018）
1440年頃
尖塔が特徴的なゴシック時代の建築であることをよく示している。

図像が、以前ほどには見出せなくなっている。それ以外にも、聖書テキストに対する歴史主義的対応の要素が、造形表現においても人文主義と宗教改革に貢献し始めているとみることもできない。聖書的古代は現代とは区別されるべきという意識が、聖書の場面をいくぶんナイーヴな擬古主義的に表現しようとする試みからかすかに読み取れる。

歴史主義的傾向のもっとも明瞭なものは、古代建築の絵画にみてとれる。後期ゴシックの、とりわけアルプス以北の芸術家は繰り返し、ロマネスク様式を最古の建築スタイルとみなしていた。そして彼らは絵画に古代的雰囲気をもたらすための表現として、いくつかの特徴的な要素を好んで用いている。一五六〇年代においてもまだ、たとえばピーター・ブリューゲルが、ウィーンの国立ギャラリーに保管されている有名な『バベルの塔』において、この歴史主義的効用を利用している。

聖書場面の挿絵画家は、ゴシック時代の衣装を描写するさいに擬古主義的——ときにエキゾチックな——傾向を表現している。たいていの場合、神話の登場人物——神や旧約の預言者、使徒、聖人——だけが、中世の大学人のガウンではなく古代風なチュニックをまとっている。彼らの衣装は金地の壁紙により

飾られている。それに対して、聖書や聖人伝に登場するほかの人物、とりわけ働いている人びとのイメージは、十六世紀を通じて、当時の流行の衣服や靴の変化を映し出している。ルネサンスの芸術家は、ゴシック様式の型や当時の民族衣装をも、古代的な表現を強調するために受容していた。そこに現れている擬古主義的な傾向とは、この領域でもいたるところで出会う。

ルネサンス時代の聖書や聖人伝に表現された、道具や技術に関する絵画も同様である。十六世紀の挿絵画家は、――ステレオタイプの惰性であるにせよ、意図的な擬古主義の努力であるにせよ――古代から受け継がれた、糸巻き棒で糸を紡ぐイヴの形式を一貫して維持した。ところが、この時代にはすでに、原始的な糸巻き棒のほかに糸車を用いていたのである。他の場面でも同じことがいえる。そのため、ルネサンス時代の聖書や聖人伝の表現からは、当時の技術発展レベルについての確実な結論を引き出すことはできない。

十五世紀末から十七世紀初頭にかけて、純粋に世俗的な労働表現が登場するようになる。技術発展のレベルに関しては、こちらの図像のほうがはるかに説得力のある証拠となる。当時、典礼聖歌集や昇階誦、さらには典礼的内容をもつ手稿二つ折り版などのなかに、そうした図像は満ち溢れていた。それどころか、信頼できる当時の作業方法を把握し、時代がもたらした技術的革新や生産改良を誇る努力が、前

［19］織工同職組合の長老
『ロムニツェ昇階誦』（▶図版篇◉058）
1578-82年
同職組合の長老たちは、自己の立場を顕示するために豪華な衣装でポーズをとっている。

面に出てきている。とりわけ鉱山、製錬、貨幣鋳造といった分野においてそれは著しい。中欧には、この時代のもっとも注目すべき図像資料が伝えられている。

挿絵入りの聖歌集は――後期ゴシックからルネサンス期にかけての同職組合の憲章や特許状、備忘録の絵画装飾と同じように――そのほとんどが、本当に細部にいたるまで現実に忠実に労働技術や道具を造形することに尽力している。しかし、作業衣に関しては、それが文字通りのものであるとはいえない。これらの絵画の大部分は、同職組合や個々の職人の親方から直接注文されて成立した。彼らの意図は非常に明快であった。全共同体の前で自分たちの職種の名誉と社会的重要性を輝かせるために、もっとも代表的なものを描かせることに関心があったのである。そのため、彼らは今日の農村の人びとが写真撮影をおこなうときのように振る舞った。すなわち、まるで祭典かミサにでも行くかのように、頭から足の先まで同職組合の「ハレの日」の衣装をまとい、そのもっとも豪華な姿を永久保存するように挿絵画家に要求したのである。今日、我われは以下のような絵を目にして思わず微笑むだろう。さまざまな「ハレ」の衣装を着てヴルタヴァ（モルダウ）川で筏を操る筏乗り。同じような衣装で坑道から巻上げ機を使って鉱石を吊り上げる鉱夫。塩漬けの魚を樽から樽へ詰め替えるニシン漁師。祝祭時の同職組合の衣装にたくし上げた白い前掛けをつけ、家畜を吊り上げてとどめの一撃を与える準備をしている肉屋。この点で装飾に夢中なのは名誉ある親方だけではなかった。彼らの職人や徒弟もまた、

[20] 雄牛を屠殺する肉屋
『ジュルチツェ聖歌集』（▶図版篇◉114）
1558年
登場人物はみな肉屋らしく白い前掛けを身につけているが、その上に贅を凝らした上着を羽織っている。

日常的な作業衣ではなく、さまざまで晴れやかな衣装を着た姿で描かれている。

個々の生産分野をあつかった専門テキストや、技術的論考に添付された図像資料の場合には、比較的理想化する傾向が少ない。この種のものとしては、たとえば多様な農書、鉱山書、採掘場地図の補遺、鉱山規則や法の写しなどがある。さらに、ゲオルギウス・アグリコラの鉱山に関する十二巻本やラザルス・エルカーの冶金に関する作品などの、印刷された専門書もある。*

これらの図像の多くは、新しくて高度に進展した図像資料となる。それらはルネサンス時代、そして工場制手工業的大規模生産の開始が生み出したものであり、そのほとんどが近代的工業の実務性に満ち溢れている。しかし、この時代の技術的状況および生産過程の組織化に関する知識を汲み出すためには、必ず個々の絵画を慎重かつ批判的に分析しなくてはならない。

とりわけ印刷した木版画挿絵には大きな注意が必要である。正確に仕上げられた版であっても、以下の三点は、つねに確信をもっていえるわけではない。図像が完全に正確でオリジナルであること。芸術家が「記憶に頼りつつ」、「遠方で」作業したのではないこと。あるいは、描かれた事実を正確に表現せずに、何らかの形式的

［21］銅の粒状化
ラザルス・エルカーの無名技術書（▶図版篇◉ 166）、1569年
本図のような図解をともなった実用的な技術書は、印刷技術が発展するにつれて重要性を増してゆく。

*世界的に有名なドイツの鉱山学者ゲオルギウス・アグリコラによる、図像の豊富な作品『デ・レ・メタリカ（鉱山について）』は、あえて我われの作業には組み入れなかった。その成立は、著者がチェコの鉱山都市ヤーヒモフに滞在していたことと直接的に関連している。しかし、⑴アグリコラの作品はチェコの国境の外側にあるスイスのバーゼルで書かれ、出版されたこと、⑵彼の木版画の装飾者がドイ

な手本を利用したのではないこと。たとえば、出版業者は、刊行費用と結びついた生産コストを低減するために、すでに一度利用された版木を別の出版業者から購入することも少なからずあった。そうした版木は、図像を二次的に使用しているだけの作品とは、内容がまったく異なっていることも多い。十六世紀には、とくに南ドイツと中部ドイツで作成された木版画の版木が中欧全体で取引されていた。そのため、線画作者の出身、それらの作者の個性、描かれた対象物との関係などの探究は、図像解釈学研究に欠かすことのできない要素である。

最後になるが、以下のことも記憶にとどめておかなければならない。産業革命に先行する偉大な技術発見の時代には、既存の道具を写実的に描写した挿絵資料のなかに、空想的なプロジェクトがたびたび入り込んでいるのである。そうした画の作者はプロジェクトによって将来の技術的発展を先取りし、一方ではまったく現実離れした想像上の建築を素描していた。

その時代には完全に孤立していた「想像上のフィクション」の例として、『軍備論』があげられる。内容の大部分は軍事技術分野に関する大胆な建築素描集である。これは、夢想的なドイツ人設計士アイヒシュテットのコンラート・キーザーが、十五世紀初頭のチェコ滞在時代に完成させたものである。もともとチェコ王ヴァーツラフ四世に献呈されることになっていたこの作品は、その驚くべき想像力によって同時代をはるかに先行し、あたかもレオナルド・ダ・ヴィンチの天才的な建築ヴィジョンを先取りするようなものだった。ルネサンス時代以降になると、中欧ではほか

ツ人の芸術家であり、チェコの環境とは何ら関係のなかったこと、この二点により我われはそう決断した。その点において、十六世紀の有名な冶金学者ラザルス・エルカーの作品とは異なっている。エルカーはドイツ出身ではあるが、チェコに同化し、生涯にわたってチェコ王国の最高城代、貨幣鋳造所長官という高位国家官職に就いていた。彼の基本的な作品のひとつ『鉱石と鉱山について』は、一五七七年にプラハで初版がでた。チェコ人出版業者イジー・チェルニー（?―一六〇六）は、この作品をチェコ語版でも出版すると、チェコ語で記されたあとがきで約束したが、それは果たされなかった。エルカー作品の木版画挿絵は、原著者である彼の線描アウトラインにしたがって作成されている。その挿絵は、プラハの国立中央文書館に保管されている一五六九年のエルカーの手稿論文、写本コレクションの請求番号三〇五三のなかにみられる。そのため、我われはためらうことなく、エルカーの挿絵をこの体系のなかに位置づけた（第四章参照）。

にも空想的なプロジェクトが数多く残されるようになる。とりわけ、鉱山学、水力学、弾道学などの領域において顕著だった。これらは単なる形式的下書きとプランでしかないこともあるが、ときに架空の自然環境や社会環境のなかで、現実と紛らわしく描かれていることともあった。そうした図像学資料のために、信頼できる技術史の専門家でさえも、何度も誤った結論と仮説を導き出している。

これらは図像資料批判に固有な問題であり、封建時代の労働図像の研究者はみな避けて通ることはできない。それらを解明することは、より射程の広い問題を解決する糸口として不可欠である。たとえば、個々の道具や技術の原型はいつの時代に成立したのか。生活における労働改良の導入を主導した、あるいはそれに参加した国はどこか。さらには、個々の生産手段の質的拡大や活力、地域的な特殊性といった問題である。もっと範囲が広く重大な問題もある。この新しい技術発見は、社会の経済的基盤を発展させることにどれほど影響したのだろうか。固有の文化的サークルの形成にどれほど貢献したのだろうか。

図像資料の批判的な研究は、中世とルネサンス時代の作業衣を確認するためにも、もっと活用されるべきだろう。この問題は、従来の民族誌的、文化史的研究もそれほど注目してこなかった。本書で

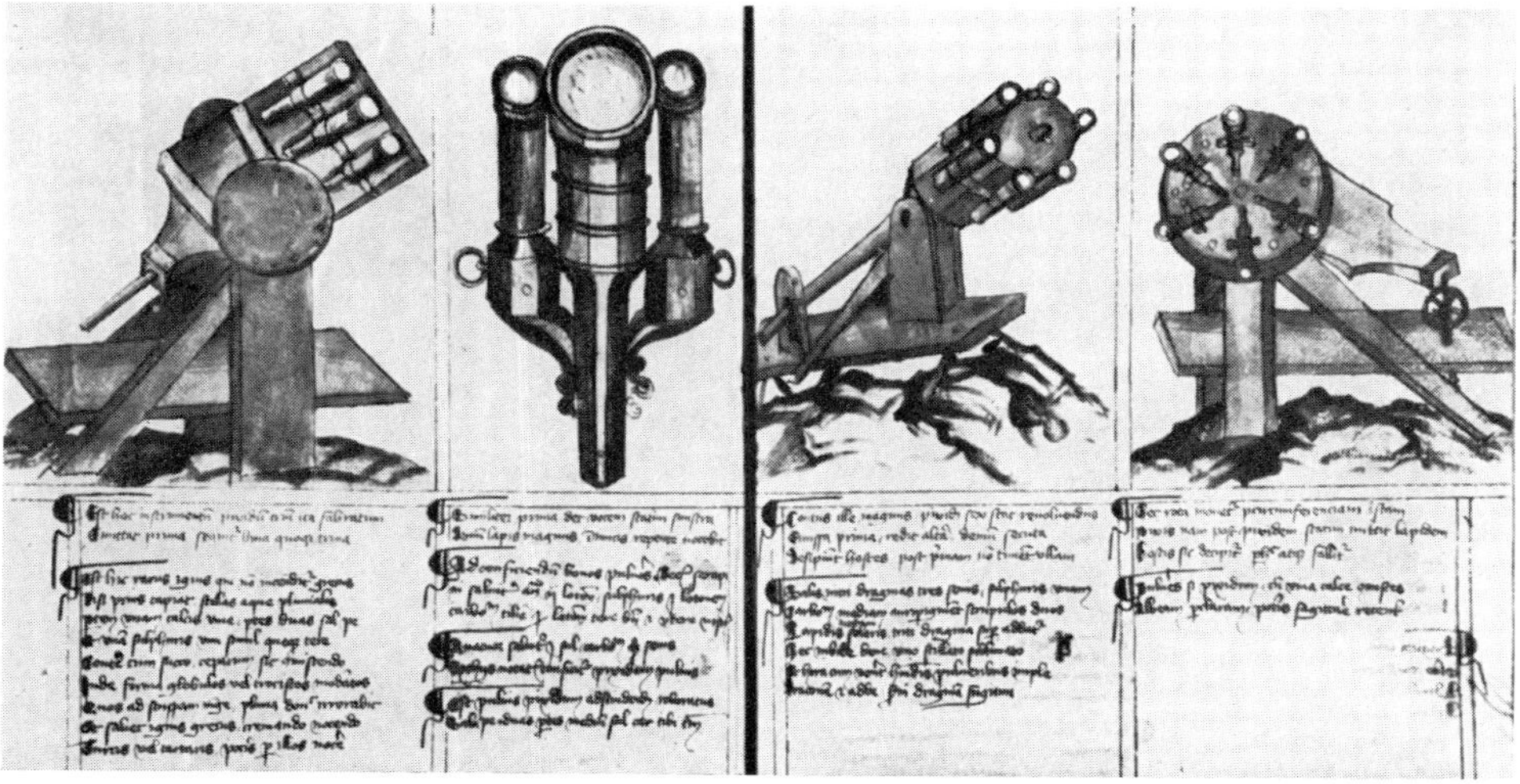

もこの点は念頭になかったため、別にもっと詳細な研究が必要である。ここではただ、検討している時代において働く人びとの衣服の発展の目安となる、基本的輪郭に注意を促すにとどめたい。

作業衣は、一方では各種職業に応じた機能効率によって、もう一方では労働階層の社会的立場によって決定される。労働者たちは、自身の職業を遂行するために必要な衣装を調達できないこともあった。同時に、労働者の衣装でも靴でも、たいていは支配階層の流行の変化を反映している。しかし、流行に少し遅れていることも多く、また反映しているのは本当に基本的な輪郭のみである。そのため、作業衣は一貫して当該時代のもっともシンプルな衣服であり続けている。中世の図像資料には、個々の社会集団や階層の社会的差異が、着衣の作法により非常にはっきりと特徴づけられており、衣装をみれば、この差異を読み取ることができる。

ロマネスク時代の中欧では、女性の服はシンプルに真っ直ぐに裁断されたワンピースだった。男性も一般的に、単純な形をしたスモックを作業衣として着ていた。両者はただ長さが異なるのみである。女性の裾はほとんどの場合に地面まで届いていたが、男性はもっと短く、年齢や社会的地位によって異なっていた。また、年長者や社会的地位の高い階層は若者や中下層民よりも裾が長かった。絵画中の色彩は、彼らの着ている衣服が、家庭で織られ、漂白された麻布から作られたものであることを示唆する。ゆったりと羽織ったシンプルな防寒用マントは、おそらく粗い灰色の羊毛からできており、左肩のところで結ぶか束ねるかしている。

［23］同右、船

［22］大砲
コンラート・キーザー『軍備論』
15世紀初頭

キーザー（1366-1405?）の『軍備論』は、最終的にループレヒト3世（1400-10）に宛てられた。彼はヴァーツラフ4世廃位（▶図版篇◉021訳註）後の神聖ローマ皇帝である。バイエルン国立図書館に伝わる写本には、全部で174枚のスケッチが残されている。この書物には火器だけではなく、巨大な攻城兵器や潜水服、偵察用カイトまで描かれている。

十三世紀には中世の衣服がゴシック的特徴を示し始めた。薄くピタッとしており、身体が以前よりも強調されるラインである。この変化は十四世紀に完了した。市民の服は、農村の飾り気のない服とは明らかに異なっている。農村の服は流行の変化にまったく対応していなかった。女性は、寒いときには袖のある長いワンピースの上にマント（いわゆるクローク）を羽織った。それにより頭を包み、男性用ゴシック衣装の付属品——フード——の代わりとした。ゴシック衣装の帯は脇のもっと高い位置に移ってゆく。農村女性は都市の女性よりもゆったりとしてくつろいだ上着を着ていた。そして長い前掛けをつけて裾の下の部分を覆い、既婚女性は頭部を完全にヴェールでくるんでいた。十四世紀に形作られたような農村女性の衣服は、基本的には比較的最近まで輪郭がほとんど変わっていない。ただ裾の長さだけが短くなった。一方、男性の作業衣は徐々に変化していった。ストッキングと連結した近代的なズボンの形となり、ワンピースをやめて中のシャツに上着を重ねるようになった。しかし、都市の職人が膝上までズボンの丈を短くし、流行の変化をしっかりと追っていたルネサンス時代にもなお、絵画のなかの耕夫は昔ながらのストッキングを履き、建築現場などの日雇いと同じようなスモックを着ていた。

　まず十五世紀後半にもたらされたルネサンス時代の流行の変化は、

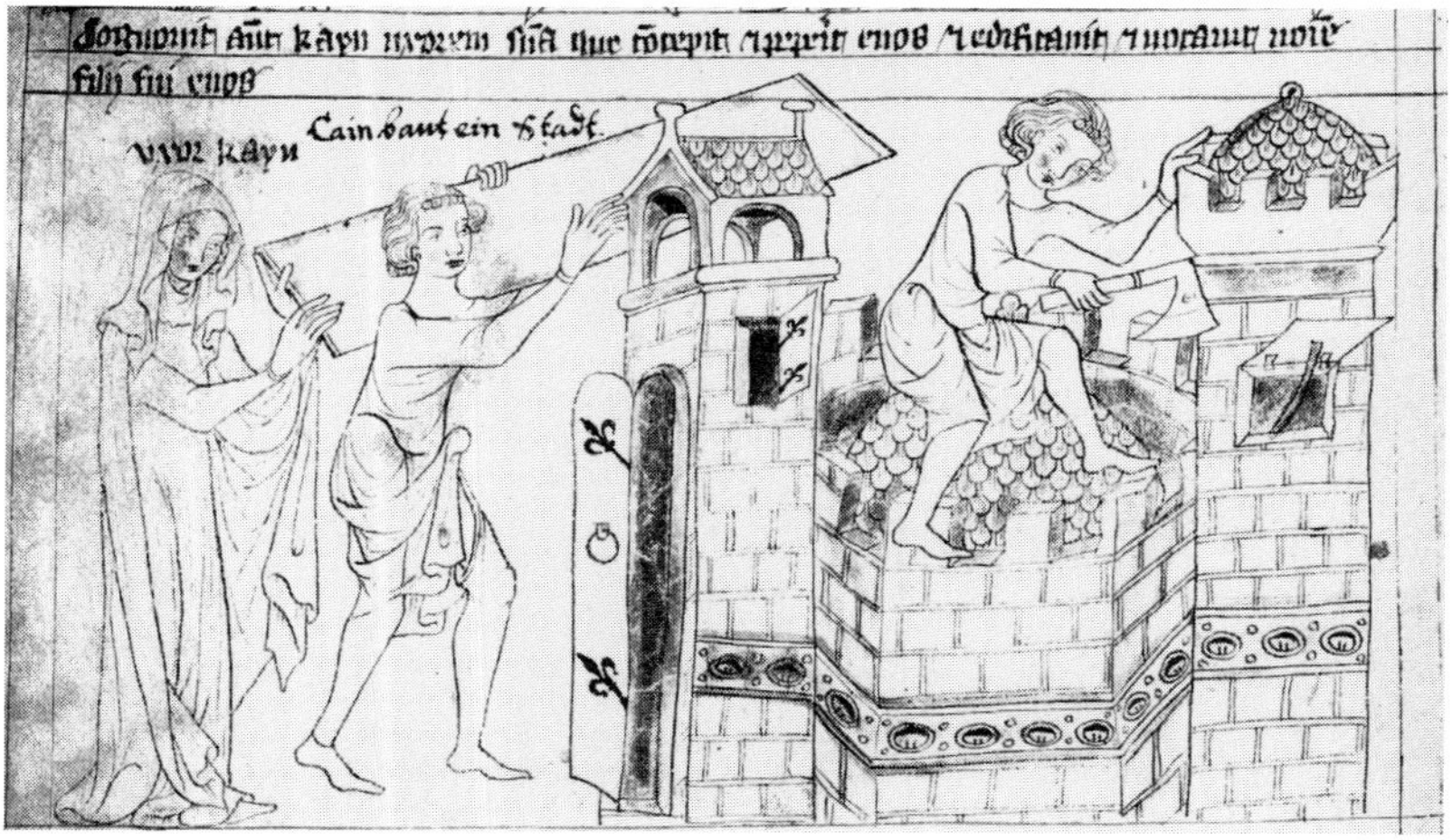

男女の作業衣に反映された。この頃には、一体のものだった女性用のワンピースは、ボディスとスカートに分離された。同じ時期に、こうした新しい変化をしっかりと取り込んだ民衆のハレの衣装も生み出され、ずっと古い型を維持している作業衣とは区別されるにいたった。ボディスの身幅はかなり狭くなり、袖が短くなった。そして前の部分には装飾の編み紐が施され、その下から輝く下着が透けて見えた。男女とも上着には襟がつき、さまざまな形の毛皮のコートやケープも流行に取り入れられた。豊かで飾り立てられた農村女性の「ハレ」の衣装は、祝祭日の聖歌集の挿絵においてよく目にする。

十六世紀前半以降、「ハレの日」であれ「ケの日」であれ、市民の場合と農夫の衣服とでは、上着の発展の仕方の違いがいっそう大きくなってきた。市民の上着が流行の変化や移り変わりに敏感なのに対して、農村の衣服、とりわけ作業衣は歩みをとめていたといえる。とはいえ、農村の「ハレ」の衣装は多様な儀礼的ヴァリアントによって区別されるにすぎないが、それでも独自に発展はしていた。ルネサンス時代には同職組合の手工業者の祝祭用民族衣装も生み出された。

作業衣が全体的に発展してゆくなかで、特別な機能的発展を跡づけることができる。もちろん、靴においても、そうした特徴的な発達は明らかである。鍛冶屋は革の前掛けと長靴が必要だが、その一方で陶工は軽い服と裸足でしか作業ができない。同様に、鉱夫、冶

[25] 羅紗織職人
『フラヌス聖歌集』（▶2章図[3]）
1505年
身分が高いのだろう。この人物の衣装の裾は長い。

[24]† 建築現場の職人たち
『ヴェリスラフ聖書』
1340年頃（▶図版篇◉010）

金師、巻上げ師、貨幣鋳造師、炭焼きなどの衣服は、これらの生産分野に特有の作業課題と必要性に応じて準備された。

図像資料研究は、これらすべての問題を解決するために、独自の価値ある認識を数多くもたらすことができる。しかし、検証結果が不断に比較されず、ほかの二つの基本資料との照合がなされないとき、図像学研究がその根本において方法論的にあいまいなものであることも事実である。つまり、一方にはあらゆる文字資料があり、もう一方には道具や生産物、工房、機器、作業衣といった形で残されているモノ資料がある。これら三つの資料のすべてを組織的に組み合わせることにより、確実にチェックできる部分的な認識へ、さらには一般化した結論へと到達することができる。

もちろん、労働技術の発展における広い体系と相互の影響の調査は、比較——空間的な次元においても時間的な次元においても——という変わることのない一貫した方法を用いずには成功しえない。重要な発見、新たな労働技術。これらの発生と拡大の問題は、いずれも、周辺地域における並行的な発展を研究し、比較することなく、解決されるものではない。技術的発展の問題は、ひとつの国の不完全な資料

［26］巻上げ師
『ダチツキー・ズ・ヘスロヴァ家の鉱山法集成』
1520年代

鉱夫は白っぽいフード付の衣服が作業衣だった。現在でもクトナー・ホラの坑道見学のさいは白い上着とヘルメットの着用が義務である。

ではあまりに不明瞭で、解明できないことがある。しかし、ひとたび周辺地域の資料へも目を向けると、たいていは明瞭な証拠を得られるものである。同じように、労働手段の発展という問題は、まだ闇のなかにあり、他の時代の資料を調べなければ解くことはできない。先行する時代の資料が光をあててくれることもよくある。調べている現象の単純で原始的な発展形態を捉えているのである。しかし、別のときには、調査対象が成熟し、発展的な形態を示した後続の時代を調べることが必要になったりもする。

とはいえ、図像学研究において比較史の方法は、決して型と表面上の相似を形態的に比較するだけに留まっていてはならない。比較という手段が実り多いものであるとしても、厳密な構造的分析をおこない、つねに対象とする社会の社会経済的、文化的全体性との不可分の関連性のなかで考察しなくてはならない。

3

我われが視野に収めている時代に、中欧全体で、自然経済の名残りから純然たる商品生産体系へと移行する世俗化プロセスが実現した。そうした商品生産においては、まもなく資本主義タイプの事業への最初の活動、萌芽的傾向が報告された。とはいえ、経済的には土地がまだかなり支配的な役割を果たしていた。なぜなら、農業が住民の大部分を養っていたからである。しかし、農業生産力はこの時期でもまだ比較的低いレベルにあり、もともとの農業需要を大きく超えるような余剰はまだ生み出されていなかった。

そのため、非農業生産に従事する社会の構成員に対して農村が供給できる基本的食料と作業原料は、まだかなり限られていた。非農業従事者は全体的にみれば、いまだ手工業制の小規模な生産段階にあることは間違いなく、十三世紀以降の中欧では、彼らはおもに都市に集中していた。中世都市の住民数は、現在の都市部への人口集中の水準と比べれば、あまりに少ない。それでも都市は、中世の経済と社会が発展するための重要な要素となっていた。手工業生産と生産物交換の拠点として、自然経済から商品経済へ移行させる主たる加速要因であり、まもなく都市は農業的周辺世界を経済的、社会的に支配するようになった。

手工業制小規模生産においては、同職組合の厳格な調整が生産量の制限を保証した。各分野の職人は基本的に同職組合への参加が義務付けられている。そのため、小規模手工業の水準から脱したのはごくわずかな生産分野だけだった。なぜなら、彼らの技術そのものが相当数の労働者を、そしてかなり複雑な分業を、さらに化学的工程を不可欠なものとして要求したからである。とはいえ、上記の水準を脱したわずかな分野であっても、たいていはいまだ原始的な設備を使用していた。

こうしたさらなる発展段階への移行はまず鉱山で、そして鉱山業や貨幣鋳造と密

［27］ビール醸造用の櫂板
プラハ旧市街、聖ハシュタル教会側廊の要石
14世紀前半

中世のチェコでは、ビールは生活必需品であり、たいていの都市には醸造特権が認められていた。

接に結びついている分野で、さらには織物産業、とりわけ羅紗生産でみられた。最終的には、武器や鐘の鍛造・鋳造、製粉、ビール醸造、油搾り、石切、煉瓦積、建築用石材・木材製造、ガラス製造、製紙などの製造分野でもみられた。原料供給、そして設備の動力には水の落下が必要であるために、こうした生産分野の多くは都市集落よりも農村に結び付いていた。しかし、雇用者の数と生産能力に関するかぎり、まさに同職組合による拘束がほとんどない分野において、はじめて大規模な賃金労働力が適用されたといえる。それとともに、資本主義的な生産関係の萌芽もみられた。なかには、十六世紀のあいだに大規模な工場制へ転換していった分野もある。

　しかし、これら以外にまだ第三の、封建経済のなかで重要な役割を果たした古い非農業生産部門が存在した。家内織物工業である。この分野はとりわけあまり生産力の高くない山間地において発展した。その特徴は、農業と密接に結び付いており、ほとんどが農閑期の生計補填の意味をもつ季節性にある。しかし、逆説的なことに、この生産分野は、都市部の同職組合の生産と比較して、疑いなく原始的であり、発展が遅れていた。それにもかかわらず、工場制大規模生産の第一段階において重要な役割を担っていたように思われる。それは都市部の手工業生産よりはるかに重要だった。紡績機や織機が登場するまでの織物工場は、必要な半加工品を引き渡してくれる家内紡績工の手により非常に多くの工程を経ていた。彼ら無くしては大規模生産への移行はまったく考えられないのである。

封建社会の経済的特徴として、同じ水準、同じ規模での生産活動を繰り返すだけの、根強い停滞傾向にあることがこれまでも指摘されている。巨大で不断に加速する高度に工業化した社会と、封建社会の緩慢な発展のテンポを比較すれば、この特徴は当然のことといえる。しかし、封建的生産はまったく進歩することなく、何世紀ものあいだ一貫して変わらずに石化していたものとして、このテーゼが絶対化され、理解されるのであれば、それは事実とは異なる。封建的生産の技術と組織を注意深く研究するならば、時の流れとともに多くの重要な発見と改良がなされていることに気付く。それらは多かれ少なかれ封建社会全体の構造変革に作用している。

プレ工業化時代の生産が停滞していた、という誤ったイメージが生まれるのは、人類の発展史上において技術の変化と歩みがどのような役割を果たしてきたのか、という点が非常にあいまいに理解されているためである。技術水準はしばしば非歴史的に判断されている。それは近代的産業社会を基準としており、人口の一般的状況や変動、需要面からの刺激の集中、原材料の供給量、技術水準、分業などの重要な要素を検討していないのである。

そのため、もし技術の発展について、数ある要素のうちのひとつのみを、たとえば道具という要素のみを取り上げて検討されるならば、誤った結論にいたるだろう。道具はたしかにとても重要なものである。しかし、技術の印象を特徴づけるシンボルの総体のなかのひとつのパーツでしかない。たとえば、十三世紀から十八世紀のあいだに農具の基本的構造はほとんど変化しなかった。この単純な事実から、ほぼ五百年ものあいだ農業生産は基本的に変化しなかったのだ、という誤った見解が引き出されている。このとき、小規模な農奴制生産から貴族の大規模荘園経営への移行や、個々の農業生産物の地域的特殊性、三圃制への変更といった重要な変化が見落とされているのである。

　これとは別に、技術発展の性質についても不正確な見解が示されている。それは以下のような単純化した見方から生じる。すなわち、新しい生産道具の発見や作業技術はすぐに一般へ広まり、古く原始的な道具の使用に取って代わる、といったあまりにもナイーヴな理解である。産業発展時代からプレ工業化社会の生産へ移ると、人びとは技術的発展により「克服され」、より完全なものに代わられた作業道具を投げ捨てる、などという事実は実際には確認できない。こうした認識は、とりわけ手製の道具についてあてはまる。それらは基本的に数百年、ときに数千年もの経験によって、スタンダードな古典的形態を得るにいたったものである。そのため、さらなる改良など思いもよらない。なぜなら、たとえば中世の農民や職人が毎日仕事で使い、現代まで使用され続けている基本的な道具の多くは、その原型をケルト時代やローマ時代に、場合によっては新石器時代にまでさかのぼって見出すことができる。したがって、作業道具の構造的発展に関しては、新たな道具の発見による挫折や飛躍以外に、一般に使用さ

［28］採掘師
モラヴィア絵画
15世紀前半

全体の構図は不明だが、採掘師の隣の人物は教皇。三重冠が彼の地位を示す。

れている伝統技術の持続や継承を無視することはできないのである。それらはずっと生産機能を果たしている。

新しい発見の場合、しばしば古いタイプの作業道具の機能的変位や転化であることも多い。たとえば、畝を耕す犂《すき》は、すでに中世盛期にはその基本形を獲得していたが、十九世紀前半まで、左右対称な古い標準的形態が変化することは決してなかった。そして、鶴嘴《つるはし》や鋤《すき》はその後もずっと、高価で輓獣をつなぐ必要のある犂を買うお金がない小農民の農具であり続けた。しかし、犂が普通に利用されていた地域でも、土地に問題があって犂を入れづらい場所では鶴嘴や鋤が必要とされた。また、ある特別な作物を栽培する場合や、畑の鋤返しのさいには補助的に使われていた。いくつかの地域では中世を通じて、畑を耕作するときには、こうした鋤以外に、シャベルや鍬《くわ》、踏み鍬などの単純で非常に古い開墾道具が使用され続けた。

そのため、さまざまな時代において何が全体的な技術進歩に貢献したのか、何が経済的生産性の上昇に貢献したのか、それは単なる作業具の改良にすぎないのか、それとも新しい作業経験や方法なのか、古い労働技術と新しい技術の融合なのか、新しい原料の利用なのか、といった問題を決定するのはいつも容易ではない。たいていは比較的単純に、生産量の増大を生産プロセス体系全体の発展の結果とみなして、進歩を認識する。しかし、技術的な発明は技術の質的変化をもたらすが、すぐに経済的変化までもたらすわけではない。経済的利用にさいしてはつねに、技術発見と広い基準でみた生産効率とのあいだに時間的隔たりのあることが重要である。それを踏まえたうえでようやく、実際的な道具の有効性も社会生産の水準も点検できるのである。

　生産における大規模な道具の利用を許さない障害と抑止は、発見された新技術それ自体のなかに存在することも多い。すなわち、その技術的複雑さ、コスト、そうでなければ社会的生産要素、つまり発明を利用する経験の不足、あるいは分野全体の技術的停滞である。そのさい、ひとつの要素の進歩は他の要素の発展をともなうとはかぎらない。そうなると、発明は想定されている経済的効果を達成できないのである。社会的教養や一般的文化の水準が低い場合にも深刻な妨害要素をもつことになる。直接的生産者は新奇なものに対する偏見をもっている。彼らに発明の有益性について納得させるのは難しく、それらの扱いを学ばせることも困難である。これらの条件が相互に結びつき、また社会の全体的な状況と密接に関連していることも明らかである。そのため、新たに発明された道具の有効性は、第一にその国の社会経済的な状況次第なのである。

　これらすべての要素を研究することは、もちろん、中世という時代に関してはかなり困難である。なぜなら、これらの技術的進歩や発明の発生についての情報がほとんど欠けているからである。それらの生産上の有効性は、一般に認められたのちにようやくその存在を知ることができる。中世は、ほとんどの技術的発見の発見者も発祥地も匿名性のなかに覆い隠してしまい、それらの正確な年代決定可能性を与えてくれない。たいていは、あれこれと生産方法の成立や始まりを概算することで満足するより他ない。十五世紀や十六世紀であっても、もし生産プロセスにおける新しい発明が導入された時代をおおよそ十年という期間で特定できるとしたら、それは僥倖に感謝すべきなのである。

しかし、モノ資料および文字資料の全体像から、十二世紀から十三世紀には、農業でも手工業生産でも一連の技術的、組織的変化と改良が現れたと判断できる。それと同時に、社会経済的構造全体の変化により、封建的生産手段の完全なる発展への移行が特徴的にみられる。種播きであれ刈入れであれ、農業技術の道具的要素はこのときにすでに、後世に改良された水準に達していた。しかし、全体としては、数世紀のちまで基本的に質的変化を認められない。この認識は、総体的に農業道具の絵画において明白であり、中欧以外にもあてはまる。中世ヨーロッパの普遍的な農業技術における道具という要素については、基本的輪郭を語ることができる。それは、封建制度の全体を通じて、さらにプレ工業化社会の末期まで、生産機能を遂行できるレベルには到達していた。

中世の農業はこうした伝統的農具を用いて、生産量を上昇させることができた。とりわけ、人口増大と生活基準の上昇により農業生産物に対する市場の需要が増した時代には。しかし、改良された道具の発明により生産量増大への道が開けたわけではない。そうではなく、生産プロセスにおいて新しく、経済的に効率のよい組織が発展したために開けたのである。その組織は耕地の拡大、発達した三圃制、とりわけ封建的大所領経営への移行にともない登場した。十五世紀末から十六世紀初頭にかけて、大所領経営は養魚や放牧などの、拡張的な生産形態に精通してゆく。中世のあいだに、個々の農業分野の専門化への最初の傾向も現れはじめた。

　中世の手工業の技術発展も多くの点で同時並行的にすすんでいた。十二世紀から十三世紀にかけて、新しく質的にも高水準の発展段階へ向かうための前提が完了している。都市と農村間の社会的分業と関連して、都市に手工業が集中し、急速に分業と専門化が進行した。経済的な刺激、とくに商品交換の発展は、自治的な同職組合を組織する一群の新たな生産分野を成立させた。こうした手工業の専門化のプロセスは、封建的な小規模生産という条件下でも重要な技術的、組織的前進のあったことを意味する。限られた種類の製品だけを生産していた手工業者は、特化した分だけ卓越した技量を身につけることになったが、それだけではなく、結果的には高品質の製品まで手に入れた。そのため、手工業技術の道具という要素が発展するなかで生じた革新的変化は、生産効率を向上させる決定的な要素とはならなかった。その点は中世農業と同じである。古典的でスタンダードな形状をとる道具と、それらのさらなる根本的改良はもはや不可能だった。こうした手作業をおこなう生産分野の単純な技術レベルでも、封建社会の需要には応じていた。しかしそれ自体は、同職組合の規則と制限に拘束されていたために、より高品質な産業製品をもたらす能力がなかったのである。時代がすすむにつれ、それらの拘束は本来的な機能的目的を失い、むしろ、さらなる発展を停滞させる要素となった。

そのため、すでに述べたように、将来を見通してはるかに大きな意義があったのは、機械と化学の分野におけるごくわずかな産業技術だけであった。それらの分野は経験的知識と経験を利用して働いていた。機械的発明のうち、第一に利用されたのは水車により推進される水力だった。水車は中欧でも十二世紀から一般的になった。中世には梃子と滑車のシステムの利用もかなり広範に普及している。それらは起重機、巻上げ機、畜力機、鉱山のカム装置などにみられ、とりわけ建築現場や鉱山などで資材を垂直に運搬するさいに利用された。化学的工程においては、無機化学と有機化学、双方の分野の知識に基づく技術の広範な改良があった。とくに冶金や染色、蒸留、発酵技術などの分野で顕著である。これらの分野は封建的生産の技術的、経済的可能性の頂点にたっている。ただ質的な変化のみが、すなわち工場制機械生産への移行だけが、それらの限界を超えることを可能にした。

十六世紀後半にはすでに、農業生産でも手工業生産でも、封建的技術の量的変化の成長はおおむね限界まで行きついていた。生産をさらに発展させるための障害物を除去すべく、将来を見通して新たな道を熱心に探し求めることが、時代の雰囲気を特徴づけていた。この時代のヨーロッパの経済とは、それまでの数世紀と同じように、経済的におおよそ同じ水準にあるさまざまな国と地域の経済を、ただ機械的に総計したものではもはやない。この頃のヨーロッパはすでに経済関係の網の目の中に織り込まれていた。そこでは、個々の地域や国の経済水準や技術水準の違いが深まっていることが明らかだった。そして世界市場の形成は、激震をもたらさずにはいられなかった。一方では新たな生産分野と技術の発展を、他方では地域差と、変化する状況の中で競合力をもてなかった生産分野の衰退をもたらした。花開きつつあるヨーロッパの交換経済はこの分離液の役割を果たすようになる。逆に、質的にも経済効果の上でも、求められるヨーロッパ水準に達しなかった分野は、しだいに脱落していった。これが中欧の羅紗織物業、銀山業の運命だった。貴金属の価値が一般的に低下した結果として、それらの生産コストは異様に割高になってしまったのである。そして多くのほかの分野と同じように、同職組合の小規模生産は、遠隔地の市場へ製品を送り出す可能性をいっさい想定していなかった。停滞し、限定された在地的な顧客のためだけに生産しているとみなされていた。十六世紀後半以降に中欧の商業的統合がはじまると、外国の市場で外国の競争相手に立ち向かえることを証明したのは、麻織物産業と、少し遅れてガラス製造業だけだった。ただし、これらの産業では、数世紀かけて積み上げられた経験に基づく伝統的技術を、その後もずっと残していた。

ルネサンス時代に入り、中世のプレ工業化技術から近代的産業社会の技術への移行と質的変化がはじまった。この新しく得た輪郭により、技術的実践のさいに学問的知見を利用する機会が増大した。ルネサンスは理性的な認識の扉を大きく開いたのだった。そして、技術的発展を大きく飛躍させるための前提を

[29] 鉱山作業の象徴
ピーセクの墓石
15世紀初頭

ピーセクはボヘミア南部の国王都市。
中世には砂金の採掘で栄えた。

生み出した。もちろん、あらゆる社会的現象でみられるように、それが勝ち取られるためには、その時代の新しいものと旧いものとの激しい闘争が必要だった。長らく用いられてきた伝統的な生産方法は、繰り返し頑強に維持されており、それを打破して新しいものと取り換えることは容易なことではなかった。なぜなら、新しいものには不信と偏見がつきものだからである。しかし、工場的大規模生産に着手されたことは、間違いなく、原始的な手工業制小規模生産が黄昏に向かったこと、そして人類史上最初の産業革命の萌芽が準備され始めたことを証言している。

　図像資料の体系にまず現れるような、個々の生産分野の具体的な特徴に触れる前に、封建時代の技術の一般的な特徴に言及しておかなければならない。しかし、再度強調しておきたい。ここで述べられる一般化した結論のいくつかは、我われの調査の対象となる領域にとって有効性がある。ただし、すべての周辺諸国で中世の労働技術の発展が詳しく調査されるやすぐに、それらの結論は修正され、拡充される必要のあることに疑いの余地はない。そのため、この書物が刺激となって、各国で労働をテーマとする図像資料をあつかう専門書がさらに出版されることを望んでいる。なぜなら、中欧全体の文化的領域における社会的生産の歴史に関する多くの問題は、そうした出版があってはじめて複合的に明らかにされるからである。それらの問題は、これまで広範な比較的研究を基盤としてオープンに議論されてきたのだが、いまだ未解決のままなのである。

チェコ史逍遙

I

プシェミスル朝期（9世紀末–1306）まで

古代のチェコとスロヴァキアの地には、ケルト系ボイイ人が定住していた。ボヘミアとは「ボイイ人の住む地」という意味である。その後、6世紀前後にスラヴ系の集団が到来し、現在にいたるこの地の居住者となった。本書の舞台となるチェコとスロヴァキアには、西スラヴ系の諸部族が割拠していた。彼らは、9世紀にスロヴァキア西部からモラヴィア南部を中心に、大モラヴィア国家を成立させる。

東からビザンツ帝国・正教に、西からフランク王国・カトリックに圧力をかけられた大モラヴィアの君主は、ビザンツの宣教師メトディオスからキリスト教を受け入れた。同じ頃、西のボヘミアでもフランクの影響下にキリスト教への改宗がすすんだ。

ボヘミアの諸部族は、ゆるやかに大モラヴィアに服属していたが、9世紀初頭のマジャール人の侵入によって大モラヴィアが滅亡すると、プラハを本拠地とするチェコ族によって統合された。プシェミスル朝の始まりである。ボヘミアは東フランク王国（のちの神聖ローマ帝国）によって大公国として認知され、11世紀にはプシェミスル家支配の下でモラヴィア辺境伯領が設置される。ボヘミア大公は独自性を保ちながらも帝国諸侯の一員となり、13世紀の初頭に世襲の王号を獲得した。

一方、スロヴァキアはマジャール国家（ハンガリー）の治めるところとなり、1918年のチェコスロヴァキアの独立、さらに1993年のチェコとの分離を経るまで、独自の国家を樹立することはなかった。

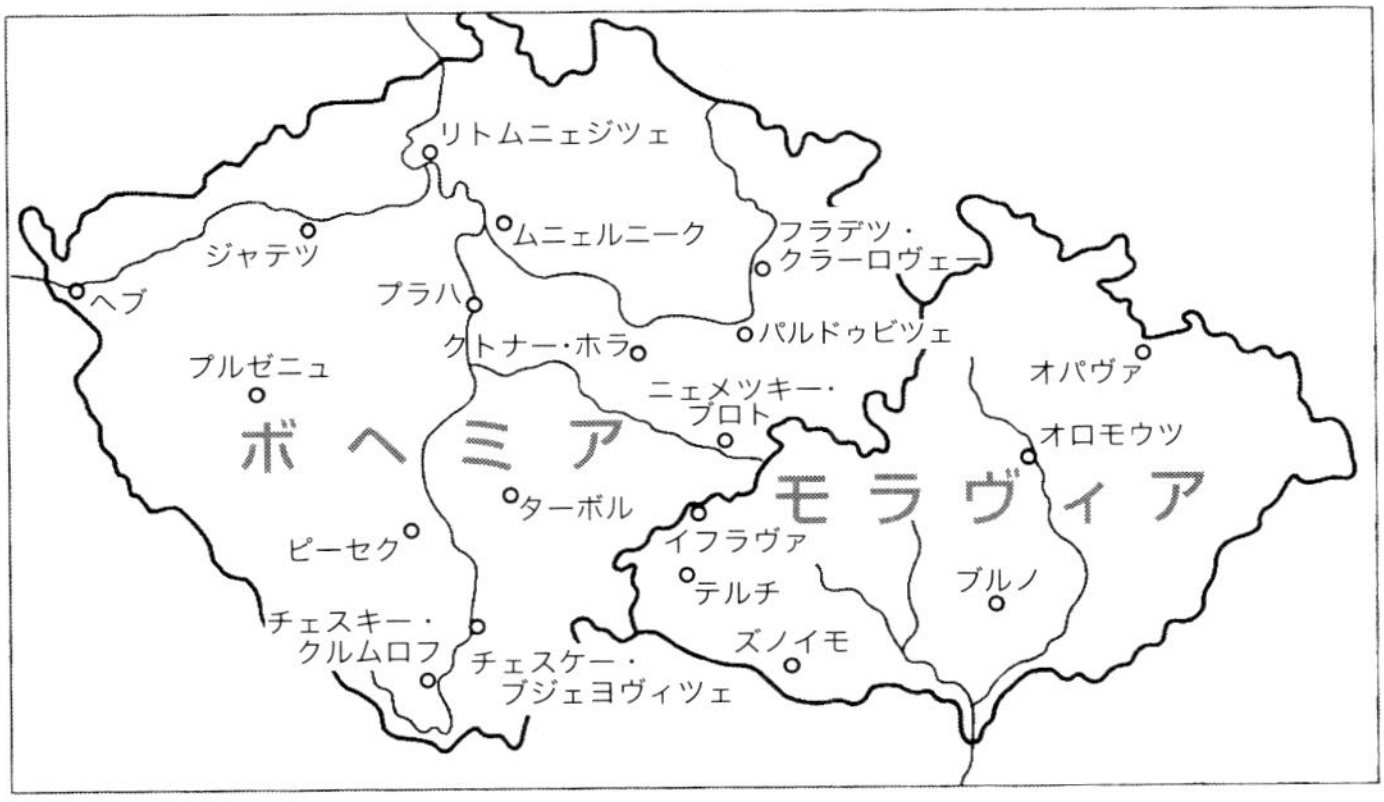

中世後期のボヘミアとモラヴィア

チェコ史逍遙

Ⅱ

プシェミスル朝の断絶とルクセンブルク朝（1310–1437）の繁栄

13世紀半ばのチェコ王プシェミスル・オタカル2世は、一時的にオーストリア大公領も継承し、皇帝の地位を狙うほどの勢威を誇った。しかし、帝位とオーストリアはハプスブルク家の手中に落ちることとなる。一方、君主の帝国内での活発な活動は、ドイツの宮廷文化、とりわけ騎士道文化の流入をもたらした。

1306年に少年王ヴァーツラフ3世が暗殺されると、プシェミスル家の男系は断絶し、豊かなチェコ王国は周辺諸侯の争奪戦の対象となった。いったんはハプスブルク家がこの争いを制したが、その強圧的な姿勢に反発したチェコ貴族は、当時の皇帝の息子、ルクセンブルク家ヨハン（1310-46）を新国王に選出した。彼はヴァーツラフの姉妹と結婚し、彼らのあいだに「祖国の父」、カレル4世が生まれる。

14世紀前半のドイツでは、ハプスブルク家、バイエルンのヴィッテルスバッハ家、そしてルクセンブルク家が、三つ巴で皇帝位を争っていた。その中でカレルは、1346年に皇帝に選出されると、「カール4世の金印勅書」を発布して選定侯の特権を承認し、政治的安定を図った。同時にルクセンブルク家領の拡大にも取り組み、これにブランデンブルク辺境伯領やハンガリー王国を加えることに成功する。息子ヴァーツラフとジギスムント、そして甥も皇帝に即位するなど、14世紀後半から15世紀前半にかけて、ルクセンブルク家は中欧の大家門として繁栄を享受した。この間は、王国の首都プラハも、帝国政治の中心地として存在感を大いに高めたのである。

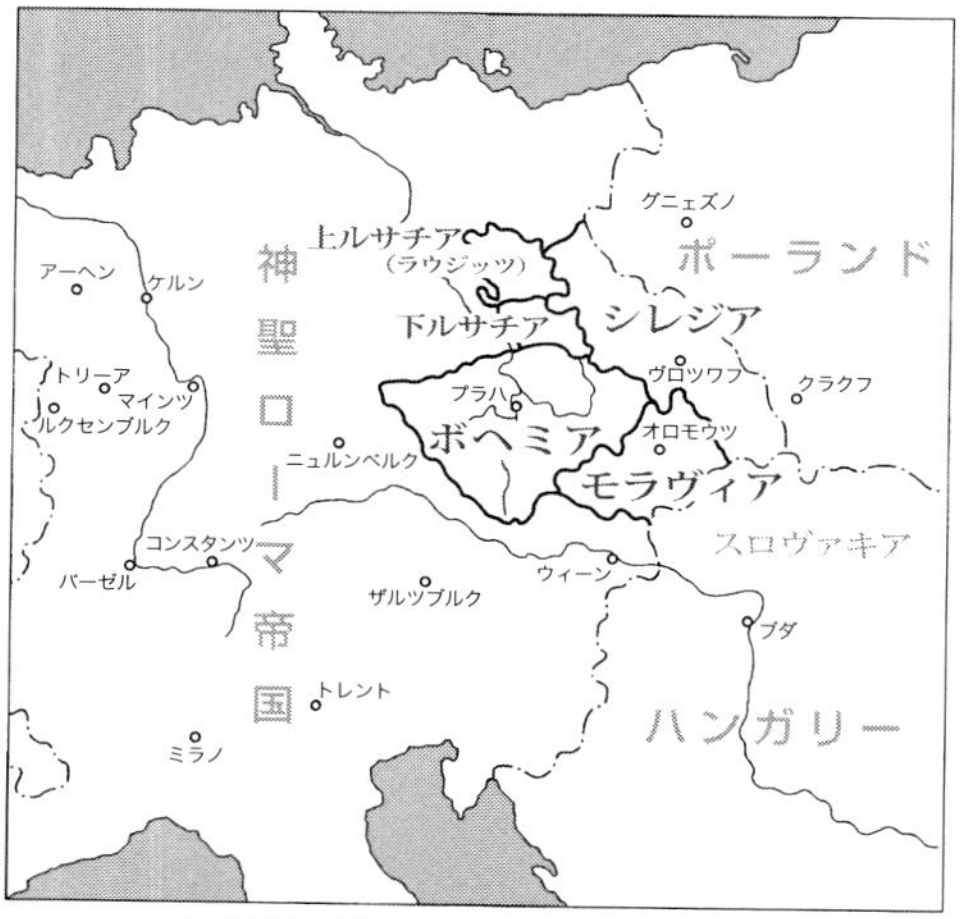

14世紀の神聖ローマ帝国とチェコ諸邦

第1章 農と牧

チェコスロヴァキアを含む中欧の農業水準は、中世にはヨーロッパの他の地域と比べて遜色ないものだった。それどころか、技術の最先端をゆく分野も存在した。これから示すチェコの資料からも明らかなように、中欧の図像資料は中世農業の発展を研究するさいに多くの点で貴重な貢献を果たしている。

耕作

（▼図版篇●001–009）

中世初期の農業に関しては、考古学資料および文字資料に基づいて、以下のようなことを前提できる。すなわち、輪作システムに移行する七—九世紀に、この地域のスラヴ農民はシャベルに似た単純な形の鋤《すき》や原始的な掘棒を使って畑を耕していた。後者は、長柄が底部に力を加えることによりしっかりと畝に押し込まれた。一一三四年に制作されたモラヴィア南部ズノイモの城付属礼拝堂の壁には、長柄のない犂《すき》が描かれている（▼図版篇●001）。このフレスコ画は、こうした犂を描いた挿絵としてはスラヴ最古のものである。この犂はすでに、表土の柔らかな耕作地を掘返す小さな金属製の犂刃を備えていた。考古学者は近年、九世紀の遺跡で非常に小さく非対称な犂刃を発見した。その他に前犂も見つかっており、かつてそれが取り付けられていた犂が、土片を一方にはねのける木製の撥土板を備えていたことを示唆している。これらの原始的な犂は、おそらく中世の「畝犂」からはほど遠い。中世の犂は深く掘り返し、完全に土をはねのけ、掘り起こすことができた。

　こうした改良はチェコ諸邦では十二世紀中に進行し、続く世紀には一般化した。国外にはほとんど知られていないが、十四世紀から十五世紀初頭にかけてのチェコには、改良の事実を明瞭に示す挿絵資料が豊富にある。これらの図像資料は、単に犂の存在を示すだけではなく、中欧の犂の構造を考えるうえで不可欠な証拠となっている。この図像と十九世紀のチェコ農村で得られた民族学調査の報告を比較すると、道具の基本的構造に変化のないことが見て取れる。したがって、撥土板付きの犂はすでに十四世紀にその発展の頂点に達しており、封建時代に展開した集約的な農業のやり方には十分応えていた、といえるのではないだろうか？　とはいえ、この時期から十九世紀まで、犂の構造が細部も含めて不変だったわけではない。十三世紀以降に、中欧で使われている犂が改良され、調整されてきたことはよく知られている。当初、構造を強化することによりネガティヴな副作用がもたらされた。つまり、犂の重量が増し、そのためにこれを牽く牛馬が必要になったのである。ところが、もう少し後になると巨大な木製部品、とりわけ広い犂長柄が不要となる。こうして金属部品が増えるにつれ、犂は軽くて安定したものになってゆく。その結果、農夫は二頭以上の牛馬を犂に繋ぐ必要がなくなった。また、左右対称な鋤刃を備えた古い耕具（シャベル、掘棒）は、場所によって

[1] 犂
G・ホーヘンロイターの代用貨幣（ヤーヒモフ）
1573-78年
鉱山都市らしく、有輪犂の上に交差するハンマーがみえる。

は有用な補助具であり続けた。耕地の粗い土塊を掘返し、突き崩し、芝の根を断ち切らなければならないような土地では、何世紀ものあいだ、農夫たちはこのタイプの鋤を使うことにより、重量犂が使用できない場所をも耕作することができたのである。

犂の一部、とくに犂刃(シャベルでも犂でも)や前犂などの図像は豊富にみられる。これらの耕具は、たとえば十六世紀以降の共同体の印章などに、農業と農村の象徴として頻繁に用いられた。

七―九世紀の中欧の農夫は、土を耕す道具として、犂以外にも金属製の鍬《くわ》や鉄の鋤先をつけたシャベルを用いていた。細密画は、それらの安定した伝統的な形態を捉えている。スロヴァキアの村落リプトフスキー・ヤーンの一二九〇年の印章の図案は、森林を開墾する農夫を描いている点で、ヨーロッパでも貴重な図像学的遺産のひとつとなっている。

馬鍬

(▼図版篇◉011)

スラヴ人が中世初期に畑を馬鍬《まぐわ》で鋤き返していたことは、古代スラヴ語の道具名だけでなく、文字資料および考古学的発見によっても明らかである。鉄の部品(おもに鋤先)しか見つかっていないが、考古学者はこの道具がその後どのように改良

[2] シャベルを打ち込む男
『ヴェリスラフ聖書』(▶図版篇◉010)
1340年頃
井戸を掘るイサクの僕《しもべ》(「創世記」26章19節)。

されたのかを証明することができる。もともとは全体が木製だった。このような木製馬鍬（十九世紀までまれに製作されていた）として使われていたのは、中世初期の段階では、おそらく伐採したままの節くれだったモミの木だった。中世の図像資料は十四世紀に馬鍬の完成形の構造を描いている。しかし、チェコ由来の図像が単桿馬鍬を示すのは、ようやく十六世紀のことである。一方、この時期の文字資料は、今でも農村でみかけるような、鉄の先端部を備えた二重桿、三重桿の馬鍬が使用されていたことを証明する。

播種

（▼図版篇◉010・011・013・014）

中世の農夫が使う手動の小道具に関しては、細密画に探し求めることは無益である。図[9]のように農作業の象徴を描いたサークルは、図像上の明快な線引きがあり、それらの小道具をともなう作業はその象徴には含められなかった。その一方で、種播き用の亜麻袋や籐籠は、財産目録や文字資料ではめったに言及されないにもかかわらず、農事暦に描かれた細密画では非常になじみ深いものである。将来豊かな実りをもたらす土壌を準備する重要な二つの作業、種播きも鋤返しも中世芸術の好んだ題材だった。

［3］種播く人
同右、
穀物の種を播くイサク（「創世記」26章12節）。

［4］穀物保存用櫃
『ヴェリスラフ聖書』（▶図版篇◉010）
1340年頃
ファラオの穀倉を開いてエジプト人に穀物を売るヨセフ（「創世記」41章56節）。

収穫

（▼図版篇◉012・015—022・026・029）

種播きや鋤返しと同じように重要な作業は収穫である。収穫のさいに使う道具は、その象徴として細密画でしばしば目にする。古い時代の農夫は、鎌だけを使って穀物を刈り取っていた。しかし、中世になるとさまざまな形状の刃物が作られるようになり、遺物も図像もそれを証明する。中世に刈入れの道具の細部構造が変化してゆく様相を、図像により追跡することができる。このことは、基本的にはほかの道具——農具でも工具でも——についても妥当する。古来の鎌は、あまり刃が湾曲しておらず、刃と柄の継ぎ目がほとんど目立たないものだった。ところが、七—十二世紀には中世的な道具へと、つまり程度の差こそあれ滑らかに刃の湾曲した、大きな半月型に姿を変えた。それは現在のものとほぼ同じ形状である。十三世紀からはさらに、不規則に湾曲し、柄に近づくほど真っ直ぐになり、先に向かって伸びているタイプの鎌と出会うようになる。その形態は短い大鎌を想起させる。広くてオープンに曲がっているため、おそらく背の低い草を刈り取るためのものではなく、背の高い藁用の鎌だろう。ギザギザの縁をもつ鎌も頻繁に見かけるようになるが、これは藁の刈入れを容易にするための工夫である。

まれなこととはいえ、十五世紀に入るとようやく穀物の刈入れに大鎌が使われ始めた。おそらく、どこにでもある干し草刈り用の鎌が転用されたものと思われる。その鎌はずっと以前から干し草作りに使われていたものの、カラス麦や大麦、エンドウマメといった、背丈の低い農作物にしか使用できなかった。刈り取った穀物を寝かせて倒すために、柄に櫛網が取り付けられるようになったことで、新しいタイプの木枠付大鎌を目にするようになる。しかし、この道具はそれほど頻繁に使われず、十八世紀の終わりまで、穀物を刈り取るときには鎌が一般的な道具だった。

　鎌と同じく、大鎌の形態も変化した。また、いくつかの異なるタイプも見受けられる。刃が柄に対して鈍角に取り付けられた取手付きの草刈り鎌は、古い短い大鎌や、七―九世紀の三角鎌と似ている。その後、中世を通じて徐々に長いタイプが優勢となった。このタイプは留め、つまり刃の付け根で鎌は柄に固定されており、柄は鋭角に取り付けられた。十二世紀末から十三世紀にかけて、刃はますます長くなり、先端に向かっていっそう湾曲が目立つようになってゆく。十四世紀と十五世紀の細密画は、伝統的な形をした大鎌も描いているが、それはいまだに農村で使われている。これらの鎌は、整地の済んだ広い採草地の草刈りに使用されていた。しかし、こうした大きな鎌を森林や開墾地、石の多い牧場で使うことは難しかった。そのような場所では、中世初期以来の短いナイフのほうが使いやすかった。農事暦や聖書の細密画は、干し草や草をかき集めるために使われる木製の熊手も示しているが、こうした熊手は今でも一般的である。また、さまざまな形態の籐籠や小道具を目にする。これらの道具は、現在では考古学的な遺物としてしか残っていないし、文献でもほとんど言及されない。そのほとんどは、何世紀ものあいだ刈入れ作業の援けとなってきたものであり、農民には馴染みのある道具である。

脱穀

（▼図版篇●019・023–025・027）

束にまとめられた穀物は、納屋へ運ばれ、山と積まれ、穀倉に入れられた。十四世紀前半に成立した『ヴェリスラフ聖書』の挿絵には、一連の作業の様子が描かれている。収穫が終わると、脱穀機が納屋中央の脱穀場 humno に据付けられた。古代スラヴ語 gumno (humno) の名称と発掘された遺物は、描かれた脱穀のやり方が中欧全体に浸透していたことを示す。柄と打ち棒からなる殻竿以外の道具は、文字資料にも言及されておらず、また中世後期の細密画にも描かれていない。そうした細密画は、基本的には十九世紀から二十世紀まで使われていたのと同じような殻竿を描いている。脱穀後の麦わらはまっすぐで切れにくく、穀物を縛ったり束ねたり、籠を編んだり、あるいは他のものを細工するのに最適だった。十世紀の『聖ヴァーツラフ伝』には、脱穀後のもみ殻選別への言及がみられる。後世の文字資料から、この作業が木製の三股フォーク、シャベル、樺の箒、笊などの道具を使っておこなわれていたと判断できる。穀物は空中に投げられ、旋回する箒によって作り出された風が軽いもみ殻をとばす。そして穀物は篩にかけてきれいにされる。これらの作業も細密画が描いている。こうして雑草や砂も除去された。十六世紀になると、傾斜している木桶の底に笊を備えつけた篩も文字資料に登場する。これは台の上に取り付けられており、そこに穀物が投入された。篩がふるわれると、穀物のもみ殻は取り除かれた。

中世の農夫が農耕技術を改良し、定期的な輪作システムを導入し始めるにつれ、彼らの作業は生産性が向上し、収穫もいっそう増大した。それにともない、穀物のより良い貯蔵方法を発見する必要が生じた。まず、彼らは地面に掘った穀物坑に貯蔵した。坑の中には空気が届かず、良い状態で穀物を保存することができた。細密画では木製の穀物貯蔵箱を見かけるが、文字資料が言及しているのは、十世紀以来知られている納屋と穀倉である。中世を通じて、そして近代にいたるまで、木製の穀物貯蔵箱と木造の納屋が一般的だった。これらの木造建造物は農村に特徴的な風景だったといえる。一方、都市は自前の大きな穀倉をもっていた。穀物は麻袋で運搬され、計量された。中世初期と同じように、農夫は石臼をまわして自らの小麦粉を挽いた。こうした

石臼は、より効率的な水車小屋が定着してもなお、手動もしくは足動で丸麦を粉砕するために使われていた。どの家でも自前の油搾り機まで備えていたのである。

糸紡ぎ

（▼図版篇●053・055・057）

収穫後に農作物を加工する家庭用器具は、他にもさまざまなものがある。そのなかで印刷された農事暦の見出しにもっともよく描かれたのは、亜麻に関わる作業だった。十六世紀の木版画では、亜麻の破茎機の前に座る女性の姿がごくごく一般的にみられる。この道具は中世初期にはすでにヨーロッパで一般に広まりつつあった。スラヴ語史料はそのはるか昔の起源を語っている。また十九世紀、二十世紀の民族誌資料は、三世紀以上前に描かれた道具と構造が一致することをこのうえなく示している。もちろん、最初に花から種子を叩き出さなければならなかった。次いで藁は湿った草地にばらまかれ、そしてパン焼き窯ないし亜麻破茎小屋で乾燥された。木版画には、木槌で亜麻を打ち、破砕後に残った亜麻や大麻の繊維くずから繊維を選り分けている女性がしばしば描かれている。残った繊維はそのまま木製の梳き櫛にかけられ、亜麻が取りだされた。梳き櫛は、中世の初期には鉄の歯を備えるようになっている。繊維は紡錘、のちに糸車にかけて紡がれた。種播きから収穫、そして加工にも女性が関与していた。亜麻に関する作業ははるか昔から女性の仕事とみなされてきたのである。糸を紡ぐイヴを描いた多くの中世挿絵は、さまざまな種類の紡錘の証拠を提供する。しかし、文字資料では十五世紀にその存在が言及されて

[5] 穀物の計量と袋詰め
『カール4世の金印勅書』
14世紀末（▶図版篇●025）
大桶で麻袋へ流し込み、肩にかついで運搬している。
計量と荷の運搬については2章でも触れられる。

いるにもかかわらず、チェコの図像資料には十七世紀中葉まで糸車を描いたものが存在しない。古来の道具、すなわち紡錘は、一部の地域では二十世紀まで生き残った。時間は多少かかるかもしれないが、糸車にかけるよりもあつかい方が簡単だったためである。また、紡錘は亜麻や大麻を紡ぐのに適した形をしていた。これに対して糸車の古形は、むしろ羊毛を紡ぐのに向いていた。

果実と野菜

（▼図版篇◉028・030–034・037–041）

当初、中世の農夫は他の農作物を育てる庭園の脇で亜麻や大麻を栽培していた。とくに特別な世話を必要とし、柵で囲う必要があったのは野菜である。中欧でもしだいに栽培される野菜の種類が増えていった。十三世紀にはサフランが登場し、十六世紀にはインドやアメリカから新しい植物がもたらされた。例えば、トマト、スイカ、パプリカなどである。この頃、タバコも知られるようになり、植物性染料の産出も試みられた。

園芸の発展、とりわけ十四世紀から十五世紀にかけてのブドウ園や果実園の発展は、それぞれの種類に応じて専門化し、ある特定の目的のためだけに適応した一連の道具を生み出した。たとえば、ブドウ畑での作業を描いた細密画は、伝統的な三角形の鍬だけではなく、二股の除草鍬や、庭師が使うような鉄鋤を示している。また、六世紀以来、木の枝を刈るための特殊な剪定刀も使用されてきた。これは鎌と似た形状だが、真っ直ぐな柄がなかった。のちにはブドウ畑用接木ナイフも開発さ

［6］ブドウ栽培
『ブドウ園はいかなる位置にあるべきか』
1563年
三角鍬と二股の除草鍬がみえる。

れている。こうした果樹用刃物の形状もまた中世写本で目にすることができる。

ワインとビール

（▼図版篇●035・036・042・043）

ワインは中世初期から好んで飲まれていた。美味しいワインを作るためには、ブドウの木の改良だけではなく、桶でのブドウ踏み、圧搾、樽での発酵といったブドウの加工技術も大切だった。チェコでは十一世紀の文字資料がブドウ圧搾機の存在に言及している。中世には大きな木製圧搾機が利用されていた。壁画や写本の挿絵に描かれているその構造は、基本的には十九世紀まで変わっていない。もちろん、ブドウの種類やブドウ畑での作業を正確に進めることもワイン作りには大事だった。とりわけ十四世紀後半から君主が政策的に介入するようになり、ブドウ園に特別な

［7］ブドウ剪定刀
ネスロヴィツェの印章
1644年
剪定用の刀は湾曲しているが、摘み取り用の刃物はまっすぐである。

［8］ホップ
クラトヴィの印章
1583年
ホップも蔓性であるためにブドウと紛らわしい。ここではchmelowy（チェコ語でホップ）と記されている。

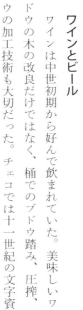

措置が取られ始めた。新しくオーストリア産、ブルゴーニュ産のブドウが導入され、都市でも栽培方法のさらなる改良が試みられている。

他方、ホップの栽培が九世紀までさかのぼれることは確実だが、文字資料がそれを語り出すのはようやく十三世紀からである。その後、ビール生産者は自前でホップを栽培することが一般的になり、大荘園であればたいていどこでもホップ園を備えていた。十六世紀以降になると、ホップ栽培に適した地域では市民も農夫も、商品作物としてのホップ栽培に特化する者が増えている。この頃、将来のチェコ産ホップの名声の礎が築かれたといえる。早くも十六世紀には、ホップの産地と品質を専用の印章で保証する都市が現れている。そうした印章は図像資料の隙間を埋めるものとなった。ホップ園での作業も確固たるルールをもっており、熟練を要求するものだった。

畜産と養蜂 （▼図版篇◉044—049・051）

ここから農業のその他の重要な部門——家畜の飼育とその利用について考えてゆこう。中欧に定住した農民は中世初期から、今日まで小規模でおこなわれているような家畜飼育のほとんどをおこなっていた。つまり、牛、豚、羊、馬、鵞鳥、アヒル、鶏、鳩はすべて飼われていた（十五世紀にはあちこちでウサギも登場するが、おそらくは領主の愛玩用として飼われるものが多かった。他にも実用的でない小動物がいた。十六世紀に

［9］豚の屠殺
『聖イジー女子修道院の聖務日課書』（▶図版篇◉024）
（12月の象徴）
1400年頃
飼料の少なくなる冬場に豚を屠殺して
塩漬け肉にする作業は、ヨーロッパの冬の風物詩。

［10］羊毛の刈取り
『ヤン・ヴィレンベルクの暦』（▶図版篇◉022）
（6月の表象）
1604年
左上の蟹座の印♋が6月の作業であることを示している。

なると、領主の宮廷で七面鳥を見かけることも稀ではなくなった）。今と同様とはいっても、図像でも明らかなように、中世の豚はかなりイノシシに近いものだった。また、牛はだいぶ小さく、品種改良がすすんだのは、十七世紀以降に外国からより良い品種を輸入するようになってからである。羊も、十八世紀まではあまり価値のない粗毛種が中心だった。中世初期の家畜の飼育数は驚くほど多かった。いまだ広大な土地が背の低い植物群に覆われており、規則的な耕地整備を原因とした林間草地と牧草地の後退が進展していなかったからである。一年を通じて牧草地は豊富であり、冬用の飼料が十分でないときは、過剰な羊や豚を減らすことで対応できた。豚と羊はこの種の牧畜農業にとって最良の動物といえよう。ところが、地味の肥えた無尽蔵の牧草地は、十五世紀末になるとしだいに縮小し始める。草地はさまざま改良作物の畑と競合した。そのため農夫は、たとえ地味が悪く放棄された草地でも、あるいは乾燥して藪だらけの高地でさえも、探し求めるようになった。彼はそのような土地を灌漑し、排水し、休閑地にはレンズマメ、エンドウマメやソラマメの種を播いた。一方、麦わらは以前にもまして飼料にまわされるようになった。これと関連して、この時期にはわらを切断する機器が絵画に登場するようになる。

　畜牛は乳製品と肉を利用できただけではなく、荷物を牽く輓獣としても価値があった。中欧の資料によれば、雄牛や雌牛に犂を牽かせることは十二世

［11］牧人
ズノイモの聖カテジナ礼拝堂壁画（▶図版篇◉001）
1134年
ほかの図像でも牧人は杖をもっている姿が一般的である。

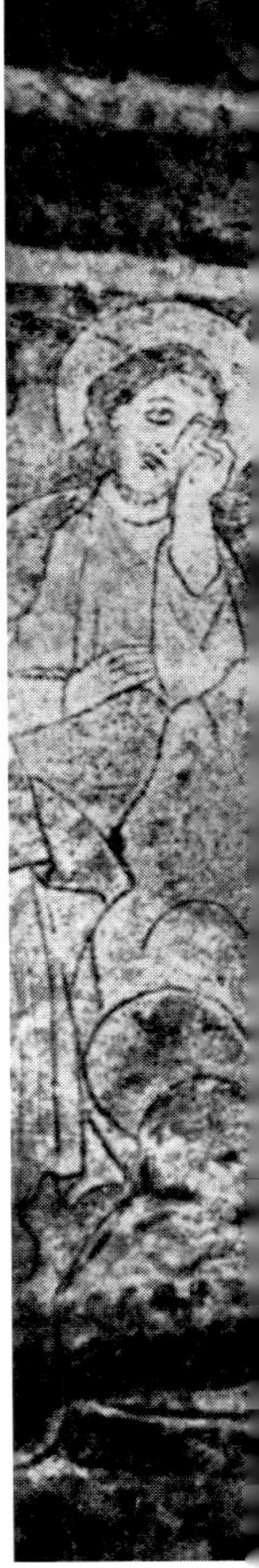

紀にはすでに一般的だった。荷車に関しても同様である。この時代の荷車は、たいていは木製で、鉄の部品はほとんど使われていなかった。畜牛は素朴な木の軛《くびき》に繋がれた。軛は角に掛けられることもあったが、のちに項《うなじ》で交差させるようになった。十二世紀半ばになると、これらの牽き具を描いた挿絵がチェコでは大量に現れ始める。

農事暦の細密画は、家庭で動物性食品を加工するさいに用いられる専門的な道具も描いている。しかし、最古の攪拌機の形態は、後世の型から類推することしかできない。また、それらが土器なのか、それとも木器なのかも知ることができない。十六世紀の農事暦の図像では、板で覆われたバター突き棒を目にする。これは二十世紀の攪拌機と同じ形である。チェコでも、動かない容器がまず設置された。この中のクリームは、最初に攪拌器で、のちに突き棒で激しくかきまぜられる。このやり方はかなり以前から知られていたが、中世初期からバター突き棒が徐々に発展し、十六世紀の図像で知られる形になったと推定できる。ヨーロッパでの発展からいえば非常に早く、十六世紀の終わりにチェコの文献は回転する樽型のバター攪拌機について言及している。しかし、古いバター突き棒も二十世紀までは存在した。ふくらみのある陶器に牛乳が流し込まれ、塩を加えた澄ましバターが鍋で寝かされた。陶器の入れ物は、柔らかな白いチーズの成形にも利用された。

馬は中世を通じて昔ながらの務めを与えられていた。すなわち、乗り手、とりわけ戦士の運搬である。しかし、十二世紀からしだいに輓獣としても使われるようになった。十四世紀から十五世紀にかけて、重量犂や荷車に繋がれた馬の細密画を数多く目にするようになる。こうした車は硬い鉄製の車輪を備え、耐久性があった。また、鉱山でも多くの馬が使われていた。荷物の牽引は重労働だったが、牽き具の改良がすすむと、しだいに馬の負担は軽減されていった。ヨーロッパではすでに十世紀から知られていたが、馬の首輪も徐々に進歩していった。そうした改良の様相は、十三―十四世紀の細密画においてみることができる。文字情報および十五―十六世紀の細密画からわかるように、この頃までに馬の首輪はすでに現代のものと同じ形となっており、首を保護するために木枠が付けられていた。

羊が非常に古くから飼育されていたことは、羊の骨の発掘により裏付けられる。それ以外にも羊毛刈り鋏が発見されており、中世初期に羊毛用の羊が飼われていたことを明らかにしている。基本的に羊毛刈り鋏は中世を通じて形態が変わらず、また図像資料と考古学資料が示すように、おおむね今日のものとも同じである。十五世紀の大荘園は、通常、自前の羊牧場を備えていた。十六世紀の専門文献は、羊の飼育レベルがかなり高いものだったことを証言している。

古来、森には蜜蜂の群れが住んでおり、養蜂家は蜂蜜を採取するために困難を承

［12］蜜蜂の巣箱
ヤン・チェルニー『医学書』（▶図版篇◉106）
1517年
蜂の生物学的形態には
あまり関心が向けられていないようである。

知で森に分け入った。木の幹を穿ち、蜜蜂の巣に似せ、この木材を運ぶと、最古の巣箱ができた。また、森の蜜蜂の群れを自分の家に持ち帰ることもできた。それ以上の手段があっただろうか？　十六世紀になると、養蜂に関する文献はかなり広範に登場している。この時期の挿絵には、木製の巣箱と藁で編まれた巣箱の両方が描かれていた。

狩猟と漁労

中世初期には、いまだ狩人が食料を求めて森へ入っていた。畑や庭園からの収穫物だけでは足りないからである。（▼図版篇◉050・052）しかし、しだいに君主や貴族が獣を追跡する権利を独占するようになり、最終的に領民は厳罰によって狩猟を禁止された。こうなると狩猟はもはや生計の手段ではなくなり、封建領主を興奮させる娯楽となった。中世の芸術家は狩猟の場面を好んで描いている。なぜなら、画家は多彩な色彩と躍動、緊張感に満ちた場面を想像することができたからである。描くにあたって芸術家は、狩人に狩猟具として手斧や槍、弓矢をもたせている。時代が下ると、彼らはさまざまな種類の網を装備するようになり、十六世紀には、火器――銃すら携帯するようになった。とくに好まれた狩猟方法は鷹狩である。チェコ

［13］狩り
ピエトロ・ディ・クレッシェンツィ
『農事論』（▶図版篇◉005）
1400年頃
農事暦でも狩猟は領主の季節行事として描かれる。

でも九世紀には彫刻や石像によりその存在が確認できる。

これに対して、漁労は一貫して庶民の仕事だった。そしてしばしば都市や農村の貧民に生きる糧を与えた。漁労の手段は、漁師が個人で働くのか、それとも同職組合のような集団でおこなうのかによって異なる（野生蜜蜂の飼育者もこのようにして協力していた）。集団の場合は長い底引き網や様々な網を手にしたが、個人の場合は釣竿、投げ網、筌、短い底引き網を準備した。中世の漁労はまだ職業となる途上にあった。

魚の捕獲以外にも、中世には河川や湖沼で養殖がおこなわれるようになっていた。魚の養殖についてチェコで最初の言及がみられるのは十三世紀のことである。この頃はじめて養魚池が築かれたらしい。堤防建設の巧みさ、そして養魚池群を見事に連結させた排水システムは、治水事業の水準が大いに進歩したことを物語っている。十六世紀のチェコ諸邦がヨーロッパの養魚家の学校となったことは、さして驚くほどのことではない。一五四七年に出版されたヤン・ドゥブラヴィウス*の重要な著作『養魚池と魚について』は、こうしたチェコ養魚業の発展に少なからず貢献している。この書物は、チェコにおける鯉養殖の経験を示すものとなっている。たとえば、年齢に応じて魚を分別して、別々のため池で育てることなどが指示されている。十五世紀中頃には、このシステムの有効性が証明されていた。

＊ドゥブラヴィウス（一四八六頃―一五五三）は、人文主義を保護したオロモウツ司教。この作品以外にもいくつかの著作を残した。

第Ⅰ章◉図版篇

◉—001

耕夫

ズノイモ
聖カテジナ礼拝堂壁画
1134年

この礼拝堂に描かれた一連の壁画は、単にチェコ最古の大作というだけではない。ヨーロッパのロマネスク様式では稀な、世俗的モチーフの事例でもある。古典的な左右対称の耕具は、スラヴ地域で描かれたものとしてももっとも古い。画家が耕具を描いたのは、チェコの君主家門の神話的な始祖伝承という文学上の典拠に従ったにすぎない。耕具の構造の造型に関してはかなり想像力に頼っている。とはいえ、手綱はないが2つの取手をもち、轅《ながえ》に犂頭車輪のないタイプの犂を識別できる。とりわけ、犂を牽く雄牛の角にかけられた軛《くびき》の描写は貴重である。耕具の後ろに立っている耕夫は、ロマネスク様式の短いベルト付チュニックと大公のマントを身にまとっている。図像学の形式では、彼は大公であり、決して平凡な農夫などではない。

▶ズノイモ（モラヴィア南部）は中世モラヴィア三大都市のひとつ。プシェミスル朝期には、当主がプラハを拠点としてボヘミアを支配し、彼の弟や息子が三大都市、ブルノ、オロモウツ、ズノイモを拠点としてモラヴィアを統治する慣習があった。彼らは分国侯とよばれたが、今も旧市街の西側に残る城域内に立つ聖カテジナ礼拝堂は、ズノイモ分国侯が建立した。建物は、チェコでは数少ないロマネスク様式のロトゥンダ（円形礼拝堂）。その壁には、始祖伝承だけではなく、聖書の登場人物や歴代のプシェミスル家君主が描かれている。そこにはプラハとは異なる家系意識も読みとれるという。

1125年まで執筆されたチェコ最古の『コスマス年代記』によれば、チェコ最初の王朝プシェミスル家は次のような伝承をもつ。人びとの間に身分が生じたとき、クロクという人物が彼らを支配するようになった。彼には3人の娘がおり、末娘リブシェが後継者となる。しかし、女性の支配に抵抗する男たちが現れると、リブシェは人びとにこう告げた。「私の馬の後を追いなさい、2頭の雄牛を使って犂耕をしている男性を見つけるでしょう、彼を自分たちの支配者（大公）とするがよい」。図像は彼女の予言にしたがって2人の使者が耕夫プシェミスルを訪れた場面を示している。

◉—002

牛による犂耕

『聖十字架修道会総長レフの聖務日課書』
(3月の表象)
1356年

この聖務日課書の所有者だった総長レフは、チェコのゴシック様式挿絵が最盛期に達した時代の書物愛好家として有名。この時期、芸術家は自分の周囲の農民の生活や仕事を意識的に表現するようになった。この暦の挿絵はそのことをよく示している。耕夫は軛の下で首を屈める斑牛を棒で突いている。

▶写本のタイトルにみえる聖十字架修道会とは、アッシジのフランチェスコに傾倒した王妹アネシュカ(1211-82)が1237年に創設した、紅星十字架騎士団を指す。その5年前に彼女が建てた施療院の横に、フランシスコ会系の修道院が設置されたことが出発点。女子修道院はそのまま聖アネシュカ修道院(▶図◉050 訳註参照)として存続し、男子修道院が移転して騎士修道会となった(▶図◉023 訳註参照)。現在はカレル橋の旧市街側の袂に十字架修道院がそびえている。第10代総長レフ(1352-63)については書物収集以外の事績はよくわからない。この修道会には彼以外にも知識人・文化人が多く、大司教や高位聖職者を輩出した。14世紀半ばのチェコ絵画の多くは、フランスかイタリアか、どちらかの影響を受けていたが、この聖務日課書の挿絵は、同時代のボローニャの画家たちの作品を手本としている。なお、プラハの観光名所となっている旧市庁舎天文時計の暦表の意匠は、この聖務日課書からインスピレーションを受けているという。

◉——003

犂耕

スラヴィェチーン教区教会の壁画
14世紀後半

地方画家は、道具の構造を細部までもらさずに描き切ろうとしており、そのリアリズムには驚かされる。残念ながら、このフレスコ画は19世紀に芸術的な感性の欠片もない修復を受けた。しかし、その歴史図像学的な価値は損なわれていない。この絵は、14世紀の犂を明瞭に描いた貴重なチェコの図像。封建時代の農具に関する中欧の最重要資料のひとつに数えられる。

▶この教会のたつスラヴィェチーンは、ボヘミア北部を西から東へ流れるオフジェ川流域にある、現在人口500人程度の小集落。14世紀後半に領主のヴァルテンベルク家が教区教会を拡張し、その壁に「イエスとマリアの生涯」、「聖大ヤコブと聖エラスムスの生涯」という2つの宗教サイクルを描かせた。サイクルとは、聖書の場面や聖人伝の物語を横に展開してゆく宗教図像を指す。図像はサイクルの主題に関係した場面のはずだが、聖人と犂耕の関係、また画面左にみえている足の意味は不明。本書で紹介されるほかの職業（▶図◉066/081/110）についても、同様に関連性はわからない。

◉──004

犂

ブルノ仕立屋同職組合の木製タブレット
1435年

上部にこの紋章が描かれた木製タブレットの中には、仕立屋同職組合の特許状が入れられていた。チェコには中世の犂をモチーフとした図像が豊富に残っている。ブルノ市民の紋章として使われたこの図像もそのひとつ。

▶ブルノ（モラヴィア南部）は、分国侯の居住するモラヴィアの重要都市（▶図◉001訳註参照）。分国侯領は12世紀末にモラヴィア辺境伯領として統合されるが、ブルノは引き続き辺境伯の居城所在地として繁栄する。中世後期の人口は7～8000人。フス派戦争期を経て、この頃はもう少し減少していただろう。近代には織物業が発展し、現在でもチェコ共和国第二の都市である。著者によれば、この図はブルノ市ではなく、ある市民の紋章であるというが、なぜ仕立屋個人の紋章に犂が採用されたのかは不明。

画家はとりわけ耕具の開墾機能を示すことに腐心している。重量犂のもっとも目立つ特徴は強力な撥土板である。この絵では、轅《ながえ》の鉄製部品と、犂頭車輪への轅の取り付け方法がとくにわかりやすい。耕夫と相方の操縦者は、2人とも膝まで達するベルト付チュニックを着ている。前景の安定した溝と後景の凸凹とした地面が対照的。

◉— 005

犂耕

ピエトロ・ディ・クレッシェンツィ
『農事論』
1400年頃

◉——006

馬による犂耕

『プラハ大司教ヤン・ズ・イェンシュテイナの冊子本』
1396-7年

この細密画は、中世の犂を描いた中欧の図像としては、もっとも明瞭なもののひとつ。芸術家は、撓められた柄と大きな木製の撥土板を備えた重量犂を巧みに表現している。耕夫がベルトに差している斧は、耕す深さを調整するために、柄の刃板と犂轅の間の部分に楔を打ち込むときに用いる。滑道の一部と撥土板の犂刃がはっきりみえている。耕夫は犂棒の鉄先を使い、耕具にくっついて動きを重くする粘土を何度もこそげ落とさなければならなかった。

▶この冊子本の所有者は第3代プラハ大司教（1378-96）。イェンシュテイン家はもともとボヘミア中部の小貴族。聖職者兼書記としてルクセンブルク家に奉仕し、第2代プラハ大司教となったヤン・オチコの代から政治的、社会的上昇を果たした。オチコの甥にあたるヤンは、オロモウツで学んだあと（▶図◉017訳註）、イタリアに留学して研鑽を積み、その学識を周囲に認めさせた。それを証明するように、カレル4世（1347-78）の信任は厚く、当時の宮廷文化の一翼を担った。この冊子本の作成にはカレルお抱えの宮廷画家が参加している。ただし、ヤンは次代ヴァーツラフ4世（1378-1419）と対立し、大司教代理を殺害された。

▶ピエトロ・ディ・クレッシェンツィ（1230頃-1320頃）はボローニャ生まれの法学者。14世紀初頭に荘園で隠遁生活を送りながら執筆した、『農事論』によって名高い。この書物は荘園管理から園芸、ワイン醸造に狩猟など、全12巻にわたる幅広い内容をもち、またたく間にヨーロッパ各地へ広まった。12か月の農作業風景を配した農事暦とともに後世にまで読み継がれ、当時の農業技術・形態を示す資料としてもよく引用されている。この写本は、1400年前後に制作され、チェスキー・クルムロフのロジュンベルク家（▶図◉057訳註）図書館に所蔵されていたもの。成立から1世紀弱でボヘミア南部の地方都市にまで伝わった点にその汎ヨーロッパ的な人気の程がうかがえる。

◉── 007

馬による犂耕

『チェスキー・ブロト聖歌集』
1552-70年

『チェスキー・ブロト聖歌集』に描かれた寄進者の肖像。ルネサンス様式の挿絵の発展を財政面から促進したのは市民だけではない。農夫もまた寄進者となったことが知られている。この肥沃な地域の裕福な村長は、教会の聖歌集のなかに日々の仕事をこなす自身の姿が描かれることを願った。画家は最善をつくしたようだが、寄進者の肖像としては、都市の職人を描いたときほど出来はよくない（▶図◉068/069/100）。彼はとくに犂の構造について誤ったイメージをもっていたらしく、その描写にかなり苦闘している。一方で、16世紀の円形首輪につながれた3頭の馬は比較的うまく描けている。馬たちは休みなく働いている。ここで注目に値するのは、16世紀後半の豪農の簡素な作業衣である。同じ写本のなかでも、都市の職人が流行したルネサンス様式の衣服を身につけて描かれたのに対して、村長と小作人は時代遅れの粗末な上着とズボンを着ている。衣装におけるルネサンス様式への変容は、農民の作業衣に関しては遅々として進まなかった。

▶かつてビスクプスキー・ブロト（「司教の」ブロト）と呼ばれたチェスキー・ブロト（ボヘミア中部）は、プラハ東方に位置する司教都市として発展した──なお、「ブロト」は「浅瀬」を意味する。フス派戦争中は反カトリック勢力から攻撃され、傭兵たちの略奪を受けた。しかし、戦乱の終結後に歴代国王の保護を得て復興されると、16世紀後半には周辺農村を統合して都市は大きく発展する。この頃、2つ目の教会が建てられ、古い教会もルネサンス様式で建て替えられている。このチェコ語聖歌集の彩飾の豪華さは、当時の町の勢いを示している。聖歌集とは、宗教的歌曲を体系的に収集したもの。おもにミサで利用されたが、ミサ以外に私的礼拝などでも使われた。チェコでは15世紀から登場し、多くの都市に色鮮やかな写本が伝来している。

◉—008

犂道具

『セドルチャニ聖歌集』
1582-95年

一般に、紋章や印章で農作業を象徴するのは刃板と犂刃だった。耕夫プシェミスルが大公の座へ招聘される場面（▶図◉001訳註）を描いたこの扁額装飾には、3つの重要な犂道具（左から刃板、犂刃、犂棒）が描かれている。両側にいる2人の農夫はルネサンス風の衣装を着ている。左側の人物は質素な作業着を着ているが、前の時代のようにズボンを覆い隠すものではない。

▶セドルチャニ（ボヘミア中部）は、ロジュンベルク家（▶図◉057訳註）の所領として発展した。16世紀後半、同家に仕えた代官ヤクプ・クルチーンは、養魚場やビール醸造所などを建設し、所領経営の多角化に成功する。その功績により、ヤクプ一代にかぎりセドルチャニを譲渡された。この聖歌集は、当時のセドルチャニの実質的領主だったヤクプにちなみ、別名「クルチーン聖歌集」とも呼ばれる。彼の統治下で繁栄したセドルチャニの富裕市民は、「文学者兄弟団」という名の合唱団を結成し、ラテン語やチェコ語で聖歌を朗誦した。16世紀のチェコでは、同名の集団が各地で結成されており、各々が豊かな彩飾聖歌集を生み出している。

◉—009

馬による犂耕

『トゥシェベニツェ聖歌集』
1575-8年

4頭の馬が犂を牽いているが、その犂は14、15世紀のものより軽そうにみえる。画家は遠景を興ありげに描くことに熱心だが、道具の詳細にはあまり関心がないらしい。彼は典型的な民衆の姿を簡潔に表現するために、帽子の羽根飾りや脇に小袋などをつけ、ルネサンス様式の破れた衣装を農夫に着せた。

▶この聖歌集が制作されたトゥシェベニツェ（ボヘミア北部）は、リトムニェジツェ（▶図◉031訳註）西方にある小都市。15世紀にスレヨヴィツェ家の所領となってから本格的に発展し、1433年に都市として参事会や印章を備える特許状を得た。聖歌集は「文学者兄弟団」が作成し、その成立に貢献した人びとが、当時の衣装を着て職業を示す象徴とともに描かれている。29枚の挿絵を含むが、未完成の絵もある。挿絵を託されたリンドペルクのマチェイ・オルニス（1526-1600）は、この時代にチェコ各地の聖歌集を手掛けた代表的な写本彩飾師。本書ではほかに『プラハ小地区の昇階誦』（▶図◉070訳註）が掲載されている。昇階誦は最初のミサを朗読した後に詠唱される聖歌であり、聖歌集に含まれる場合もある。ここでは、それらを集めた典礼書を指す。

◉—— 010

種播き三態

『ヴェリスラフ聖書』
1340年

チェコの工房で生産された挿絵付聖書。ペンで描写したうえに水性絵具で淡く彩色された画が聖書の内容をよく伝えており、詞書は簡潔な説明にかぎられている。画家の知識は挿絵の数々において具現化されており、同時代の日常生活に対する彼の鋭い観察眼を示している。画面では、長袖の短いチュニックを着た農夫と2人の息子が穀物を播いている。描写の正確さを意識した画家は、中世の種播きに使われていた容器を3種類も描いた。このうちもっとも一般的なのが麻布である（中央）。編み籠の場合は、ひもで首から吊り下げる（右）か、手で直接持つ（左）。

▶「創世記」4章。アダムが2人の息子カインとアベルとともに種播きをしている。帽子をかぶる中央の人物がアダム、右側で籠を首から吊り下げているのが兄カイン。この挿絵では弟アベルも農耕を手伝っており、兄弟殺しの悲劇を招くことになる、神による農耕と牧畜の差別はまだうかがえない。なお、カインと比べてアベルは小さく表現されており、年齢の長幼が示されている。一方、父アダムは髭を生やし、世代差を表している。挿絵は▶図◉012へと続く。

『ヴェリスラフ聖書』は、中世チェコの挿絵付聖書のなかでも非常に豊かな内容を誇る。最後の挿絵で聖カタリナの前に跪く人物が発注主のプラハ聖堂参事会員ヴェリスラフ。ルクセンブルク朝の国王たちに書記、外交官として仕えた。この聖書はテキストの理解補助のために絵が挿入されている、いわゆる「貧者の聖書」ではない。あくまで挿絵がメインであり、画面を上下に分割して描かれた場面は堂々たる存在感を示す。文字は絵の上に1行、2行書き込まれているにすぎない。漫画の始まりと評する美術史家もいる。「創世記」や「出エジプト記」、「ヨハネの黙示録」などを収録。加えて、「聖ヴァーツラフと聖ルドミラ伝」を含む点にチェコらしさがある（▶図◉073訳註）。

◉——011

鋤返しと種播き

ミクラーシュ・シュート
『暦書と占書』（3月の表象）
1554年

3月の見出しにおかれた木版画。馬の背にまたがる乗り手は、柴垣で囲われた畑を木製の単桿馬鍬《まぐわ》で鋤き返している。彼の背後の人物は麻袋から種を播いている。

▶ミクラーシュ・シュート（1490頃-1557）は、プラハ大学で自由学芸を修めた学者。天文学から古典語までさまざまな書物を著しているが、その名を知らしめているのは啓蒙書の執筆である。1520年に初めて、いわゆる『暦書』を出版した。これは天候、農作物の豊凶、災害などの予測の書かれた伝統的な暦である。役に立つ生活情報満載の暦は彼が亡くなるまで毎年出版され、その功績により皇帝から年金を授与された。一方、1542年に出版した『占書』は占星術的な予言を記すが、おそらくはその数年前に世に出たフランソワ・ラブレーの『パンタグリュエル占書』が念頭にあったのだろう。

　プラハ大学は1348年に、カレル4世が教皇クレメンス6世（1342-52）より特許状を得て、パリ大学と同じ4学部制（神学、法学、医学、教養）で創設した中欧最古の大学。現在はカレル大学と呼ばれる。また、教師と学生が所属する組織、いわゆる国民団（同郷団）natioもパリにならって4つ設置されていた。その後、チェコ系国民団とドイツ系3国民団との対立が生じるようになり、フス派戦争勃発の要因のひとつともなった（▶図◉046訳註）。

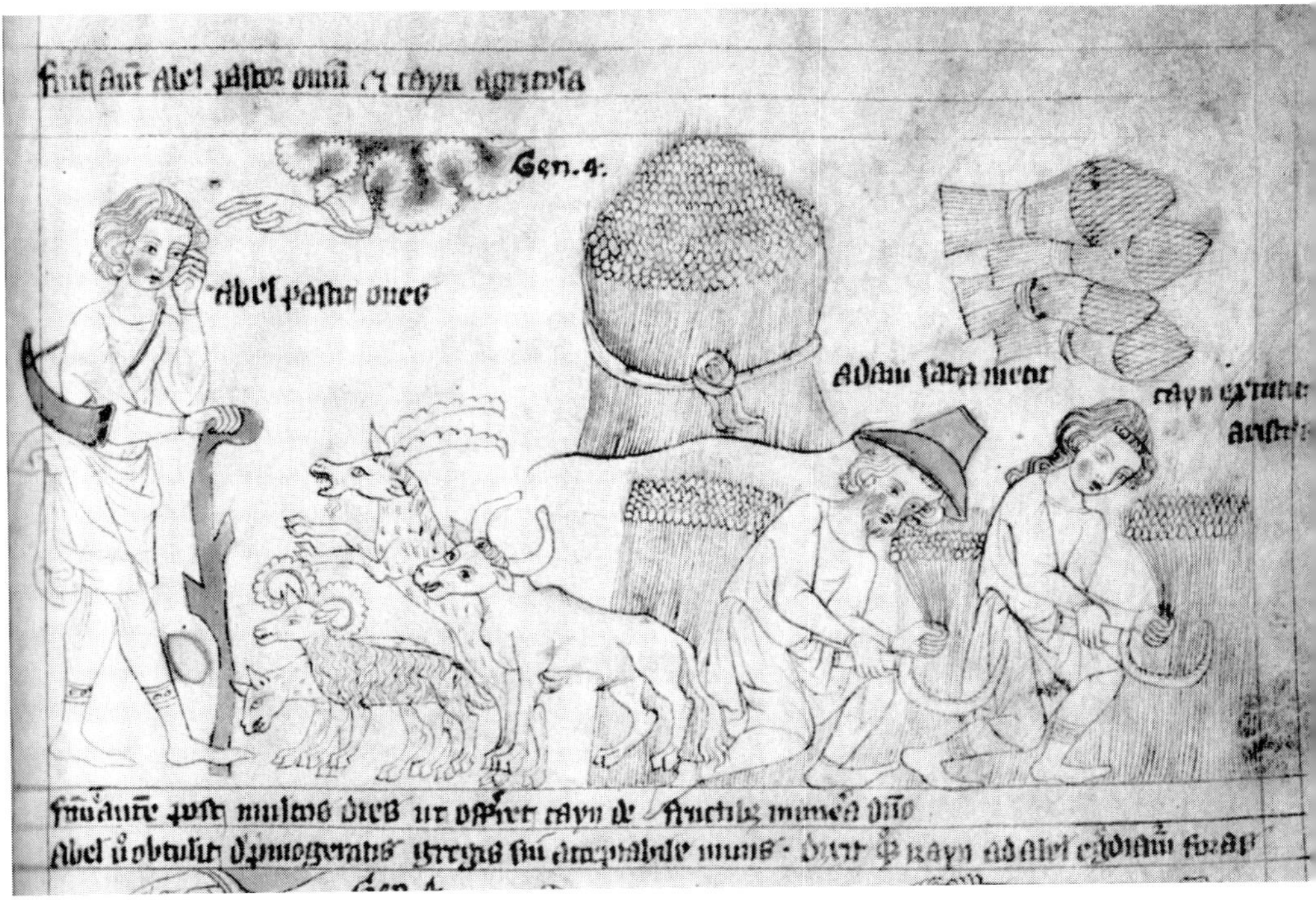

●—012

刈入れと羊番

『ヴェリスラフ聖書』
1340年頃

聖書のアダムと息子たちは作業姿で描かれることが多い。父と兄はギザギザ刃の鎌で穀物を刈り取っている。地面付近で茎を刈るためには跪かなければならない。これは大変な重労働だった。作業を効率的にすすめるために重要だったのは、ギザギザ刃の鎌とその湾曲部の大きさである。左側では弟が家畜の番をしている。この絵から農家の男性成員が仕事をするさいの家父長制度的序列をみてとれる。

▶「創世記」4章。図●010に続くこの場面では、アダムとカインが麦を刈り取っているのに対して、アベルは牧人杖と角笛を手にして、1人で牧畜をおこなっている。アベルの前には牛・山羊・羊と、神に奉献される子羊（もしくは家畜の番をする牧羊犬）が並んでいる。上の雲から出ている手は神。その2本の指はアベルへの祝福を表す。

◉—013

種播き

『聖イジー女子修道院の聖務日課書』
（9月の表象）
1400年頃（▶図◉024）

種を播く人が描かれるのは、一般的には3月、9月、10月の暦挿絵である。麦わら帽子をかぶり、顎鬚をはやした農夫が一握りの冬麦の種を畝に播いている。

◉—014

種播き

『聖十字架修道会総長レフの聖務日課書』
（10月の表象）
1356年頃（▶図◉002）

上の絵と同じモチーフ。赤く短い服を身につけ、長靴を履いた農民が、ゆっくりと畑を歩いている。畝全体に行き渡るように、種を播く右手が大きな弧を描いている。

◉── 015

刈入れ

『聖イジー女子修道院の聖務日課書』
（7月の表象）
1400年頃（▶図◉024）

頭を包んだ長衣の女性が、一握りずつ刈り取り、束ねて置いている。

◉── 016

刈入れ

『聖十字架修道会総長レフの聖務日課書』
（7月の表象）
1356年頃（▶図◉002）

大きな半円鎌の太い柄を握る刈入れ人を描く。一摑みの穀物を地面に近いところで刈り取る作業。太陽が照りつけるため、服をまくってつばの広い帽子をかぶっている。

麦の落穂を拾い集める聖書のルツの物語は、このような収穫場面を描く写本彩飾師に格好の題材を与えた。夏の暑さのなか、2人の男性は裸足でベルトも締めていない。彼らは腰を深くかがめながら、緩やかにカーブしたギザギザ刃の大きな鎌を使って穀物を刈り取り、束ねてゆく。ベルトの付いた長袖の質素な服をまとい、頭にヴェールをまいた女性のうち、1人は刈入れを手伝っているが、もう1人は落穂を拾い集めている。右側にたつ監督者は短いベルト付の服を着て、フードをたらし、ベルトには財布をつけ、短靴を履いている。彼らと会話しながら指示を与えているようである。

◉—017

刈入れ

『オロモウツ聖書』
1417年

▶オロモウツ（北部モラヴィア）で制作されたチェコ語聖書。オロモウツは、前述のように（▶図◉001訳註）、分国侯の居城となった町のひとつ。また、1063年にはオロモウツ司教座がおかれて宗教都市としても栄えた。チェコでは14世紀後半から聖書の翻訳が盛んになる（▶図◉018訳註）が、オロモウツはそうした活動を支える舞台となった。15世紀にチェコ語へ翻訳された聖書は、他に『リトムェジツェ＝トゥシェボニュ聖書』（▶図◉089訳註）が知られており、両者には共通する部分もあるという。「創世記」、「出エジプト記」の他、「シラ書」のような外典も含む。テキストに比して挿絵数は少ないが、金を多用した豪華な仕上がりとなっている。

◉──018

落穂拾い

『クレメンティヌム聖書』
1440年頃

聖書のルツが、長い幅広の袖のベルト付服を身につけた女性市民として描かれている。

▶「ルツ記」2章。モアブの女ルツは、夫に先立たれた後も義母ナオミとともに暮らし、姑に仕えた。そのことを聞き知ったボアズの厚意により、彼の所有する畑で落穂を拾うことを許される。その後、ボアズはルツを妻に娶り、2人の子孫からダビデが生まれる。図◉017では、右側で指示を出している男性は監督者と説明しているが、聖書の記述に従うならば、彼はボアズと読むべきだろう。この場面には「農夫を監督する召し使い」も登場するが、主要人物のボアズを描かずに召使だけを目立たせる必然性はない。ボアズはルツに、農場の女たちの後についていきなさい、若者には落穂拾いの邪魔をしないように命じておくから、と述べる。

ヨーロッパでは中世盛期から都市が発展すると、上層市民の識字率の向上も相まって、一般信徒でも聖書を自ら読もうとする志向が顕著となる。一方、人文主義者による古典研究の進展は、聖書の翻訳活動を促進した。14世紀のチェコでは、5か国語（チェコ、ドイツ、フランス、イタリア、ラテン）を操ったカレル4世の影響もあり、人文主義の摂取（▶図◉045訳註）と聖書の翻訳がすすめられた。さらに、説教師による俗語説教の推進もあり、15世紀には多くのチェコ語聖書が作成された。この聖書は特筆すべき彩飾写本というわけではないが、戦闘描写にフス派戦争の影響をみてとれるという。

◉── 019

刈穂積み

『ヴェリスラフ聖書』（▶図◉010）
1340年頃

聖書中のエジプトにおけるヨセフのモチーフは、この聖書の挿絵のように、穀物を集積する農夫という題材を与えた。収穫された穀物は納屋や穀物の山を覆った穀倉に入れて、悪天候から保護しなければならなかった。画家はこのように枝編みで覆われた建物として穀倉を描いた。倉のなかの麦束は、穀物も麦わらもどちらも傷つけないようにきれいに並べられている。

▶「創世記」41章。ヤコブとラケルの息子ヨセフは、兄弟たちを支配するようになる夢を見たことを彼らに告げたため、恨まれて商人に売られる。エジプトの高官に買われたヨセフは、ファラオの夢解きをしたことから知恵者として信頼を得て、国の統治を委託された。場面は、7年続く豊作の後に訪れる7年の飢饉に備えて、エジプトの国中の食料を集めさせ、町々で備蓄させるところ。左端には作業を監督するヨセフが描かれている。彼は頭に巻いた装飾品と衣服の文様により、他と区別される。この後、カナン地方も飢饉に襲われ、ヨセフの兄弟たちがエジプトへ派遣される場面へと続く。

◉── 020

収穫と運搬

『ドブジェンスキー・コレクション』
1582年

ドイツのチューリンゲン地方に隕石が落下した異常事件を報告している。設定された落下の場面は、収穫作業真っ只中の農村。中欧の農業技術に関する注目すべき資料は、梯子型の横木の付いた干し草運搬車である（ただし、横木部分は干し草に埋もれてよくみえない）。

▶16世紀のプラハ旧市街市民ヴァーツラフ・ドブジェンスキーによるコレクション。彼は多種多様な記念印刷物やパンフレットの収集を趣味とした。彼の熱心な収集癖のおかげで、この図のような後世に残りづらい資料を我々は目にすることができる、広範な内容と膨大な量を兼ね備えた彼の収集成果は、プラハ城の背後にあるストラホフ修道院の図書館に保管されることになった。チェコ随一の蔵書数を誇るこの修道院図書館は、「神学の間」、「哲学の間」の絢爛豪華な内装が知られているが、一方では、後の博物館につながるような珍奇な動植物の標本も収集しており、優美な外見の内側に雑多なコレクションを抱えていた。

「隕石」に関してドイツで歴史的に有名なのは、1492年にエルザス（アルザス）地方のエンシスハイムに落下した事件である。多くの人々に目撃され、セバスティアン・ブラントの風刺作品『阿呆船』の挿絵などが残されている。その後、1528年にドイツ南部のアウクスブルクに落ちた隕石も知られているが、ここで述べられている16世紀チューリンゲンの異常事件とは、1581年7月26日にニーダーライセン市でおこった隕石落下を指す。翌年にはこの図像によりプラハでも知られるようになったが、1599年にはイェーナ大学で化学者アンドレアス・リヴァビウスが報告している。

この聖書には非常に多くの農夫や職人の作業風景がみられる。腰をかがめた3人の男性は、わずかに曲がった小さな鎌で穀物を刈り取っている。彼らは長靴を履き、腰には小袋を下げている。中には重労働にみあう1日分の食料が入っていた。このうちの1人は、照りつける太陽を防ぐための幅広の帽子を背中へまわし、首回りで結んでいる。

◉—021

刈入れ

『チェコ王ヴァーツラフ4世の聖書』

(▶図◉025)

1389-1400年

▶「列王記下」4章。預言者エリヤの後継者エリシャがおこした数々の奇跡のうちのひとつ、「シュネム人の息子の蘇り」の場面。エリシャの聖性に心打たれ、彼のためにいろいろと便宜をはかってやる裕福なシュネムの婦人がいた。彼女は長年子供ができなかったが、エリシャの予言を受けた翌年に待望の子を授かる。ところが、成長したその子は、農場で刈入れの監督をしている父のところへ行ったとき、急に「頭が、頭が」といい始め、じきに死んでしまう。挿絵は父の畑で刈入れをしている人びとを描く。頭痛を訴えはじめた主人の子に視線を送っているところだろうか。亡くなった子供は、婦人に救いを求められたエリシャの祈りと措置により無事に生き返る。

◉——022

収穫中の休憩

『ヤン・ヴィレンベルクの暦』
（8月の表象）
1604年

プルゼニュで出版されたこの版画の風景は、この種の農事暦の見出しとしてはありがちなものである。画家はステレオタイプに影響されながらも、豊かな農村風景の背後にチェコの町と城を描いた以前の画を用いて、チェコらしい光景を強調しようとした。象徴的に描かれた収穫場面は肥沃なボヘミア中部に設定されている。この地方では、早くも16世紀には、収穫時に鎌以外の道具も使われていた。休憩中の右側の2人のうち、立っている人物は改良された穀物用大鎌の柄を握っている。

▶ヤン・ヴィレンベルク（1571-1613）は現ポーランド領ブロツワフ生まれ。生後間もなく両親がモラヴィアへ移り住み、11歳でオロモウツのフリードリヒ・ミリフトハーレル印刷工房に弟子入りした。フリードリヒはニュルンベルクの有名な印刷工房経営者の一族で、チェコの著名な印刷業者ヤン・ギュンターに招聘されてモラヴィアへやってきた人物。ヴィレンベルクは10年以上このフリードリヒの下で修業を積み、その後ロウカ修道院で職を得た。さらにプラハの印刷工房へ転職したが、時代はまさにルードルフ2世治世（▶図◉032訳註）、珍奇なものが好まれた時代とあって、ヴィレンベルクは旅行記の異国の風景を木版画に彫り、名を挙げた。

ボヘミア西部の中心都市プルゼニュは14世紀に数千人の人口を数え、プラハ、クトナー・ホラに次ぐボヘミア第三の都市として発展した。また、チェコで最初に印刷工房が設立された町でもある（221頁参照）。プラハの宮廷文化や大学の学問を衰退させたフス派戦争中も、カトリック陣営に属してドイツなどとの交流を維持した。日本でもおなじみの黄金色に輝くピルスナー・タイプのビールの発祥地として世界的に名高いが、下面発酵の技術が開発されるのは近代のことであり、本書にその場面は登場しない。

▶聖書名にある「ヴァーツラフ4世」はカレル4世の長子で、父からチェコ王位だけではなく、神聖ローマ皇帝位も引き継いだ。しかし政治能力に欠け、14世紀末にはチェコ貴族に反乱をおこされている（▶図◉025訳註）。さらに帝国でも諸侯の不満が高まり、1410年に廃位された。皇帝位はのちに弟のジギスムント（1419-37）が引き継ぐが、ヴァーツラフの死後、チェコ貴族はジギスムントの即位を拒み、フス派戦争へと突入してゆく。

◉—— 023

脱穀

『聖十字架修道会総長レフの聖務日課書』
（8月の表象）
1356年（▶図◉ 002）

▶現在、聖十字架修道院（▶図◉ 002訳註）は聖フランシスコ教会と名を変え、プラハ城と旧市街を結ぶカレル橋の、旧市街側の袂に鎮座している。中世のプラハは、もともとヴルタヴァ川左岸の丘上にプラハ城が、その対岸に商人居住地が発展して成立した。その後、城下にも集落が展開し始め、旧来の居住区は「大きな町」、新たな城下町は「小さな町」と呼ばれるようになる。さらに、14世紀半ばにカレル4世が「大きな町」の外側に広がる集落——図54の聖ミハル教会がたつオパトヴィツェやズデラスなど——に都市法を与えたことにより、「新市街」が成立した。これ以降、「大きな町」は「旧市街」、「小さな町」は「小地区」が通称となった。歴史的なプラハ市は、それぞれに都市法と市壁をもつこれら旧市街、新市街、小地区に加え、城直属のエリアである「フラッチャニ」から構成されている。

◉—— 024

脱穀

『聖イジー女子修道院の聖務日課書』
（8月の表象）
1400年頃

8月から春まで、納屋に積み上げられた麦束がしだいに消えてゆき、その分だけ麦わらの山が大きくなってゆく。

▶プラハ城内にある聖イジー女子修道院の成立は10世紀前半にさかのぼる。まず現在も残るロマネスク様式の聖イジー教会が建立され、同世紀の後半に隣接してベネディクト会女子修道院が創建された（現在は国立美術館の一部門）。その後、13世紀に写字室が成立し、14世紀初頭にはチェコにおける写本文化の中心地となった。フス派戦争では大きな打撃を受けたが、この聖務日課書はその直前に制作されている。聖務日課書とは、聖職者が毎日所定の時間に唱えるべき祈りをまとめた冊子である。チェコでは、右頁の『聖十字架修道会総長レフの聖務日課書』が有名。

●—— 025

穀物の袋詰め

『チェコ王ヴァーツラフ4世の聖書』
1389-1400年

この聖書の画家は、図● 019の画家と同じように、聖書におけるヨセフのモチーフからインスピレーションを受けている。

▶前述のように（▶図● 021訳註）、政治能力に乏しいヴァーツラフ4世だったが、その一方で文芸のパトロンとして名高く、この聖書ばかりでなく、父の発布した「カール4世の金印勅書」（1356年）——選定侯による皇帝選出のルールを定め、主権的な領邦の存在を認めたことが名高い——を豪華彩飾写本に仕上げたことでも知られている（前者は1214葉654枚、後者は88葉48枚の細密画）。どちらも余白部分に多種多様な花鳥や野生人を描き、見る者の目を楽しませる。とくにカワセミが有名。他にない特徴は、王の入浴シーンが描かれていること、またそこに湯女がセットで登場することだろう。ヴァーツラフは1393年に貴族たちにより幽閉されたが、湯女ズザナの手引きで脱出したという伝承をもつ。国王はそれ以外にも自身のイニシャルW（ラテン語名はWenceslaus）に挟まれた姿——幽閉を想起させる——でそこかしこに登場する。この聖書以外にも、王が制作させた彩飾写本に彼らの姿はみられる（▶図● 137の右端の女性がズザナ）。

◉── 026

干し草刈り

『ヤン・ヴィレンベルクの暦』（▶図◉022）
（7月の表象）
1604年

◉── 027

亜麻の砕茎と脱穀

『ヤン・ヴィレンベルクの暦』（▶図◉022）
（11月の表象）
1604年

画家は、亜麻が広く栽培されているボヘミア北部の風景に（おそらく想像上の）城を配し、チェコらしい景色を描いた。それだけではなく、チェコ風の農民服も演出に一役買っている。女性の1人は破茎機で一摑みの亜麻の茎を打ち、もう1人は叩いて亜麻屑の繊維を取り除いている。開いた納屋から出てきたのは脱穀人である。

7世紀にも、そして1000年たった17世紀にも同じように、農民の小屋には鉄の刃先を備えた木製シャベルがあった。すべての鋤を鉄で製作できるようになるためには、鉄生産の進歩を待たねばならなかった。

◉—028

果樹園の鋤返し

ピエトロ・ディ・クレッシェンツィ『農事論』

1400年頃（▶図◉005）

◉── 029

干し草刈り

『聖イジー女子修道院の聖務日課書』
(6月の表象)
1400年頃(▶図◉ 024)

◉── 030

果樹園の鋤返し

『聖イジー女子修道院の聖務日課書』
(2月の表象)
1400年頃(▶図◉ 024)

この挿絵で芸術家は、鉄の刃先をつけた木製シャベルをもつ庭師を描いた。2月は庭園や果樹園での作業がはじまる月である。

◉——031

ブドウ畑の鋤返し

『リトムニェジツェ聖歌集』
1511-14年

画家は形式通りに植物の装飾様式を用いて頁を装飾したが、このときブドウの蔓とブドウ栽培の作業というモチーフを利用している。どちらもこの地域にとって、とくにワイン都市たるリトムニェジツェにとって特徴的だったからである。平らな麦わら帽子をかぶった筋骨隆々のブドウ栽培者は、疲れた様子で、葉の形のブドウ用鍬を用いてブドウの樹を掘り起こしている。

▶リトムニェジツェはボヘミア北部の、プラハからドイツ東部へ抜ける街道の要衝に位置する代表的な国王都市。チェコ西部のボヘミアは気候が寒冷であるため、あまりブドウの栽培には適しておらず（▶図◉035訳註）、むしろビールの醸造が盛んである——ただし、オーストリアと接するチェコ東部のモラヴィアはワイン醸造が主。このリトムニェジツェは、ボヘミアでは珍しいブドウ栽培／ワイン醸造の中心地のひとつ。この聖歌集は、同時代のもっとも価値ある彩飾挿絵芸術に数えられ、またヤン・フス処刑の挿絵によっても知られている。

◉—— 032

ブドウ畑での作業

ルーラント・サーフェリー
『ペトシーン丘から新市街を臨む光景』
1610年

プラハの皇帝宮廷で活動していた画家は、ペトシーン丘のふもとで忙しく働くブドウ栽培者に魅了された。絵はブドウ畑の春の作業を捉えている。刈込みをしている者もいれば、ブドウの支柱を運んで突き刺している者もいる。また、ある者は若いブドウの木の巻きひげを絡ませている。

▶ルーラント・サーフェリー（1576-1639）はオランダ出身の風景画家。皇帝ルードルフ2世（1576-1612）に招聘され、ジュゼッペ・アルチンボルドやバルトロメウス・スプランヘルらとともにプラハ宮廷で活躍した。花や鳥獣の描写を得意とし、絶滅したドードーの絵を残したことでも知られる。ヨーロッパには生息しない鳥の絵をスケッチできたのは、ルードルフが珍しい動植物を収集する嗜好の持ち主だったおかげらしい。1604-1613年のチェコ滞在中に、プラハのスケッチをいくつも残しており、本書でも▶図◉072などが掲載されている。皇帝の死後はオランダに戻って後半生を過ごした。

ペトシーンはプラハ中心部のプラハ城に連なる丘。『コスマス年代記』はその地名の由来を、岩（ラテン語でpetra）だらけの山だから、と説明している。プラハ城以外に、ストラホフ修道院（▶図◉020訳註）もこの丘の上にたつ。ところで、ペトシーンは、「飢えの壁」と呼ばれる城壁に囲まれている。伝承では、カレル4世が飢饉のさいに貧民に仕事を与えるために建造させたのだという。

◉—033

ブドウ畑での作業三態

『ヴェリスラフ聖書』（▶図◉010）
1340年頃

ブドウ畑の表象はキリスト教信仰において非常に古い伝統をもち、中世にも本の装飾モチーフとして大いに好まれた。この画家はひとつの段にブドウ畑における作業の全サイクルを示している。まず、ブドウの樹を栽培するために土壌が掘り返されなければならない（左および下図）。次にブドウの房を摘み取り、彼の頭上で揺れる大きな籐籠に入れる（中央）。ブドウの樹は、幹から葉や果実にいたるまで、様式化された装飾として造型されている。いっぱいになった籠は圧搾機へ運ばれる（右）。

◉── 034

ブドウの採取と運搬

『リトムニェジツェ聖歌集』（▶図◉031）
1511-14年

後期ゴシック様式の画家は▶図◉031と同じく、ワイン都市リトムニェジツェの寄進者に応えて、聖歌集をブドウ栽培のモチーフで装飾している。画面の長髪をゆったりとおろした3人の少女。おそらく市民である彼女たちは、ブドウの房を摘み取り、圧搾機までブドウを運ぶ男性の背中の木桶に入れている。

▶「創世記」9章。場面は、洪水後に箱舟から出てきたノアと息子が農耕を始めたところ（9節「さて、ノアは農夫となり、ぶどう畑を作った」）。異時同図法により、左側でブドウ畑の鋤返しをしているノアが、中央ではブドウを摘み取っている。収穫されたブドウの籠を運んでいる右側の人物は息子のセムもしくはヤフェト。下の図は「キリスト伝」の「ぶどう園と農夫」のたとえ（「マタイによる福音書」21章）。ある家の主人が「ぶどう園を造り」貸し与えたが、収穫期に下僕を送ると、その者は農夫たちに殺されてしまった。さらに息子を派遣したが、彼すらも殺されてしまう。主人は神を、ぶどう園は世界を、農夫たちはユダヤの指導者を、殺された僕は預言者を、息子はイエスを象徴しているとされる。図は最初のぶどう園造りの場面。

◉—035

ブドウの圧搾

カルルシュテイン城大塔の壁画
1360年頃

踏み潰されたブドウは大桶から圧搾機へと旅をする。桶に流れ出た果汁は、たしかに第一級のワインというわけにはいかなかったが、同時代人は十分にそれを珍重していた。この『聖ヴァーツラフ伝』サイクル（▶図◉075訳註）を描いた画家は、細かい部分にかなり注意を払っている。彼は大工仕事に精通していたらしい。

▶カレル4世は即位するとすぐに、プラハ新市街の創設、カレル大学の創設といった王国首都の発展政策に着手した。聖ヴィート大聖堂（▶図◉073訳註）もゴシック様式への改修がすすめられる。一方、皇帝でもあったカレルは、プラハから南西に20キロ程のベロウンカ河畔に、帝国宝物の安置場所としてカルルシュテイン（カールシュタイン）城を建設した。この城は皇帝居所に隣接して2つの塔をもつ。小塔には聖母マリア礼拝堂が内設されており、聖書の場面の他、フランス王太子などとの対面の様子も描かれている。『聖ヴァーツラフ伝』は隣接する大塔の聖十字架礼拝堂へ向かう階段の壁画にある。聖十字架礼拝堂では、四方の壁に描かれた129名の聖人や預言者が訪問者を迎える。

●──036

ブドウの圧搾

プラハのエマウス修道院回廊壁画
1370年以降

圧搾機の構造が同じであるため、右の絵と同じく、王宮の絵画工房によって制作されたものであることがわかる。しかし、図像学の形式に制限され、キリストは圧搾人として大桶のなかでブドウを踏み、ブドウ栽培者と同じように木杖でブドウを打っている。

▶プラハ新市街のエマウス修道院は、1347年にカレル4世によって創設された（現在の建物は第二次世界大戦後に再建されたもの）。聖母マリアとともにスラヴの諸聖人をパトロンとする。カレルは皇帝として西方キリスト教会を保護する立場にあったが、一方ではスラヴの血を引く者として、クロアチアの修道士を招聘し、キュリロスとメトディオス兄弟の伝統をひくスラヴ語典礼をチェコに復活させた。こうしてエマウス修道院はスラヴ式典礼を伝承するための一大拠点となった。

「神秘のブドウ搾り」は中世後期以降に流行した図像モチーフ。旧約聖書を新約聖書の予型とみる、予型論的解釈に基づく。ブドウの果汁からつくられるワインがイエスの血とみなされたことに関連し、「民数記」13章でイスラエル人が切り取ったブドウの房や、本書序文でも言及される「イザヤ書」63章および「ヨハネの黙示録」14章の主の怒りとブドウ搾り等の記述を根拠に、イエスは約束の地のブドウであり、ブドウ搾りにかけられたのだ、とアウグスティヌスが説いた。初期にはイエスがブドウを踏む姿で表現される。図●035および図●036はその段階の図像。のちにイエス自体が潰されたブドウとみなされ、自ら圧搾機となってブドウの果汁／血を絞り出すイエス像が十字架像と重ね合わされた（▶「序」の挿図［12］）。

▶ブドウ栽培の北限はフランス東部からドイツ西部、そしてオーストリアあたりに位置する。チェコは栽培環境としてはそれほど恵まれていない。そのため中世のチェコでは、教皇から聖餐に必要なワインの代用品としてビールの使用を認められていた。ワインはビールより10倍ほど高い奢侈品であり、君主の祝宴の記録には、必ずといってよいほど、ふんだんにワインが提供されたことが報告されている。ちなみに、この壁画が制作された14世紀後半の物価では、オーストリアから輸入したワインは、「第一級というわけにはいかない」チェコ産の3倍から7倍もしていた。

◉—037

接ぎ木

ピエトロ・ディ・クレッシェンツィ『農事論』
1400年頃（▶図◉005）

接ぎ木の指南書は中世に数多く著された。このイニシャルは、慣習的な接ぎ木作業を示している。そのやり方は基本的に今日まで変わっていない。しかし、接ぎ木には豊かな経験、自然とその変化に関する知識が必要になる。

▶ 左図は「レビ記」19章に対応しており、具体的な果樹栽培の作業と聖書の記述は関係しないが、「あなたたちが入ろうとしている土地で、果樹を植えるときは、……5年目にあなたたちはその実を食べることができる、こうすれば収穫は増し加えられる」を踏まえている。ここで挙げられている果実のほとんどは、中世ヨーロッパで流行したイブン・ブトラーン『健康全書』に登場する。

◉—038

リンゴの収穫

『チェコ王ヴァーツラフ4世の聖書』
1389-1400年（▶図◉025）

この聖書の別の個所（本書未掲載）では、様式化された庭園でリンゴを収穫する若者が描かれている。もちろん西洋ナシ、サクランボ、スミミザクラ、プラム、スモモ、西洋カリン、マルメロ、モモ、メロン、クルミ、ヘーゼルナッツなども収穫できる。これらすべての果物とその品種は、他の中欧諸国と同様、14世紀のチェコでも栽培されていた。この書物は、さまざまな種類の果物がどのように改良されたのかを教えてくれる。

◉── 039

ブドウ畑の鋤返し

『聖イジー女子修道院の聖務日課書』
（4月の表象）
1400年頃（▶図◉024）

ブドウ畑で杭の合間に植えられたブドウの樹を、三角鍬で鋤き返す男性がみてとれる。彼は麦わら帽子をかぶり、ブドウ栽培者用の剪定刀をベルトに差している。春に畑を掘り起こし始める前に、ブドウの若芽がどのように冬を越したのかを確認し、適切に剪定しなければならない。

◉── 040

ブドウの収穫

『聖十字架修道会総長レフの聖務日課書』
（9月の表象）
1356年（▶図◉002）

中世の暦の表象では、ブドウの収穫はたいてい9月に配置されている（左図）。しかし、下図のように、10月に登場する場合もある。

◉── 041

ブドウの収穫

『聖イジー女子修道院の聖務日課書』
（10月の表象）
1400年頃（▶図◉024）

◉── 042

ブドウの収穫と圧搾

『ヤン・ヴィレンベルクの暦』（10月の表象）
1604年（▶図◉022）

版画家は他の手本を参考に、暦の10月の見出しに秋の農夫の典型的な作業を描いた。畑から始まったブドウの旅は大桶で終わりを迎える。ここでさらに男性がブドウを踏み潰し、果汁が絞り出される。果汁は樽へ注がれ、地下室で最高級のワインとなるまで熟成される。

◉── 043

ワインの口開け

『ワインの貯蔵と管理の書』
1563年

ワインは大樽に入れられ、貯蔵庫のワイン梯子の上にきちんと並べられた。これらの大樽は、醸造者が品質を確かめ、出荷時期と判断するまで、数か月間、ときに数年間も保存された。

▶ この書物はおそらく、1558年にオロモウツで出版されたヤン・ハト『たくさんの収穫を得るためには、ブドウ畑はどのような場所にあるべきか、人々はどのように作業すべきか。そのさい、ワインはどのように貯蔵、管理されるべきか』の、第何版かを指す。この時代にありがちなローマ時代の農書を元ネタとするものではなく、プラハの教育者が自らの経験に基づいて執筆した、チェコで初めての専門的なブドウ栽培指南書。チェコ語で書かれ、じきにマイセンでドイツ語訳も出版された。近世のオロモウツはチェコの印刷拠点のひとつであり、こうした所領経営の指南書などの実用書も数多く印刷されている。

聖書では牧人生活の様子が数多く触れられているが、この写本彩飾師は、同時代の作業を描くためにこの場面を選択した。数世紀ものあいだ、加工用の羊毛を刈り取るためには、単純な専用の鋏だけで事足りた。この作業は今日でも伝統的な道具と羊飼いの熟練の技を必要としている。

◉—044

羊毛の刈取り

『チェコ王ヴァーツラフ4世の聖書』
1389-1400年（▶図◉025）

▶ヤコブの息子ユダと彼の息子の未亡人タマラの物語（「創世記」38章）。ユダは亡き長男の嫁を次男オナンと娶せるが、彼はその子孫が亡兄のもとのなることを知っており、子種をすべて地面に流す。神の意に反するこの行為のゆえに次男は殺される。そこでユダはタマラに、まだ幼い三男が成人するまで寡女暮らしを続けるように告げる。月日が流れ三男が成人する頃、タマラは舅の意志を確認すべく、羊毛の刈取りにやってくるユダを待ち受けた。ユダに正体が知られないように、タマラはヴェールで顔を隠している。

▶図045はいわゆる携帯用聖務日課書の挿絵。カレル4世の尚書局長をつとめたヤン・ゼ・ストシェディは、ペトラルカと文通し、チェコ王国の尚書局に当代一流の人文主義者の文体を導入したことで知られる。また、新設のリトミシュル司教からオロモウツ司教に転じた後は、当地の聖職者の教育に力を尽すなど、14世紀チェコの人文主義の発展に大きく貢献した。画家の名前は伝わらないが、鳥獣や植物の描き方は当時のプラハ宮廷文化と共通している。

◉── 045

羊番

『リトミシュル司教ヤン・ゼ・ストシェディの旅行用の書』
1360-64年

豊かな想像力と高度な技量、そして芸術家としての成熟に恵まれた画家は、聖務日課書の下縁の挿絵として、牧人にキリストの降誕が告知される聖書の場面を選択した。彼は、ヨーロッパのゴシック写本彩飾師のなかでも傑出した人物の1人である。ここにみられる牧人は、とりたてて他人がつくった特別な道具を準備する必要がないらしい。角笛も杖も彼らは自分でつくる。牧羊犬も自分で訓練する。牛角からつくられた笛の音は朝方の村に響いた。それを耳にした農民は自分の家畜を群れへと追い立ててゆく。牧人は牧場や休耕地や森の放牧地で、そして高台で、群れを勤勉に見張った。彼らは、どこの牧場の土壌が痩せているのか、どこの土壌が酸性化し牧草の生育が悪いのか、あるいは動物には何が良くて何が悪いのかを知っている。

▶「ルカによる福音書」2章。ガリラヤ地方の「羊飼いたちが野宿しながら、夜通し羊の群れの番をしていた」ところ、天使が彼らに告げた。「今日ダビデの町で、あなたがたのために救い主がお生まれになった。この方こそ主メシアである」(8–11節)と。通常は、3人の羊飼いが旅嚢を背負った巡礼姿で描かれるが、ここでは1人少ない。また、外套を羽織ってはいるが、荷物は見当たらない、天使とともに光(主の栄光の象徴)が表現されていない、などの違いがある。福音書では、羊飼いたちは天使の指示に従って飼い葉桶のなかで寝ている乳飲み子イエスを見にゆき、マリアに天使のお告げを語って聞かせる。彼らの礼拝場面も人気のあるモチーフである。

◉―046

羊毛の刈取り

フス派『イェーナ冊子本』
16世紀初頭

風刺に富むこの冊子本は、教会の象徴として羊毛を刈り取る（羊＝信徒から収入を徴収する）女性を選択した。

▶ 14世紀後半からチェコでは、教会の堕落を民衆にもわかるようチェコ語で説く、説教師の活動が目立ち始める。さらに、1400年頃にはプラハ大学総長ヤン・フス（1369頃-1415）が、イングランドの改革者ウィクリフの影響を受けながら免罪符批判を繰り広げ、教皇庁やチェコの高位聖職者と対立して民衆の支持を得ていた。1415年、ついにフスはコンスタンツ公会議へ召喚され、火刑に処される。さらにその4年後、フス派に理解を示していた国王ヴァーツラフ4世が亡くなる。弟の皇帝ジギスムントがチェコ王位を後継するはずだったが、彼をフス処刑の責任者とみたチェコ貴族や諸都市は即位を拒否した。そのため、ジギスムントはチェコを異端の国と断定し、十字軍を率いて攻め込んできた。ここに約20年間におよぶフス派戦争（1419-36）が始まった。

フス派戦争の描写、とくにヤン・フスの処刑場面で知られる『イェーナ冊子本』は、15世紀末から執筆されていたテキストをもとに16世紀初頭に制作された。冊子本は、成立後まもない16世紀30–40年代にドイツへ流出する。長らくイェーナ大学図書館が所蔵していたが、東ドイツの初代大統領により1950年代にチェコスロヴァキアへ贈与された。教会を象徴する女性は、信徒たる羊の群れの司牧を神より任されているにもかかわらず、ただ羊毛を刈り取るのみで、石が転がり、牧草のわずかな野原に羊を放置している。丸裸にされた羊たちは水（罪）のなかに落ちてゆく（中央下部）が、彼女は彼らを助けるそぶりを見せていない。一方で、自身は高価な装身具で身を飾っている。

●—047

乳搾りとバターの攪拌

『ヤン・ヴィレンベルクの暦』
(4月の表象)
1604年（▶図●022）

古い時代の図像では、牝牛の乳を搾る女性はたいてい跪いている。このことから、当時の牝牛は小さく、背が低かったことがわかる。左手の隅では、女性が攪拌桶でバターをつくっている。今でも農村では、このような作業をする年配女性をいたるところでみかける。

●—048

乳搾りと牛乳の加工

ミクラーシュ・シュート『暦書と占書』
(4月の表象)
1554年（▶図●011）

この小さな画面のなかに、当時の牛乳の加工方法がすべて示されている。乳搾り（左）、バターの攪拌（右）、そしてチーズを作るために型へ流し込まれた凝乳が圧搾されているところ（中央）が描かれている。

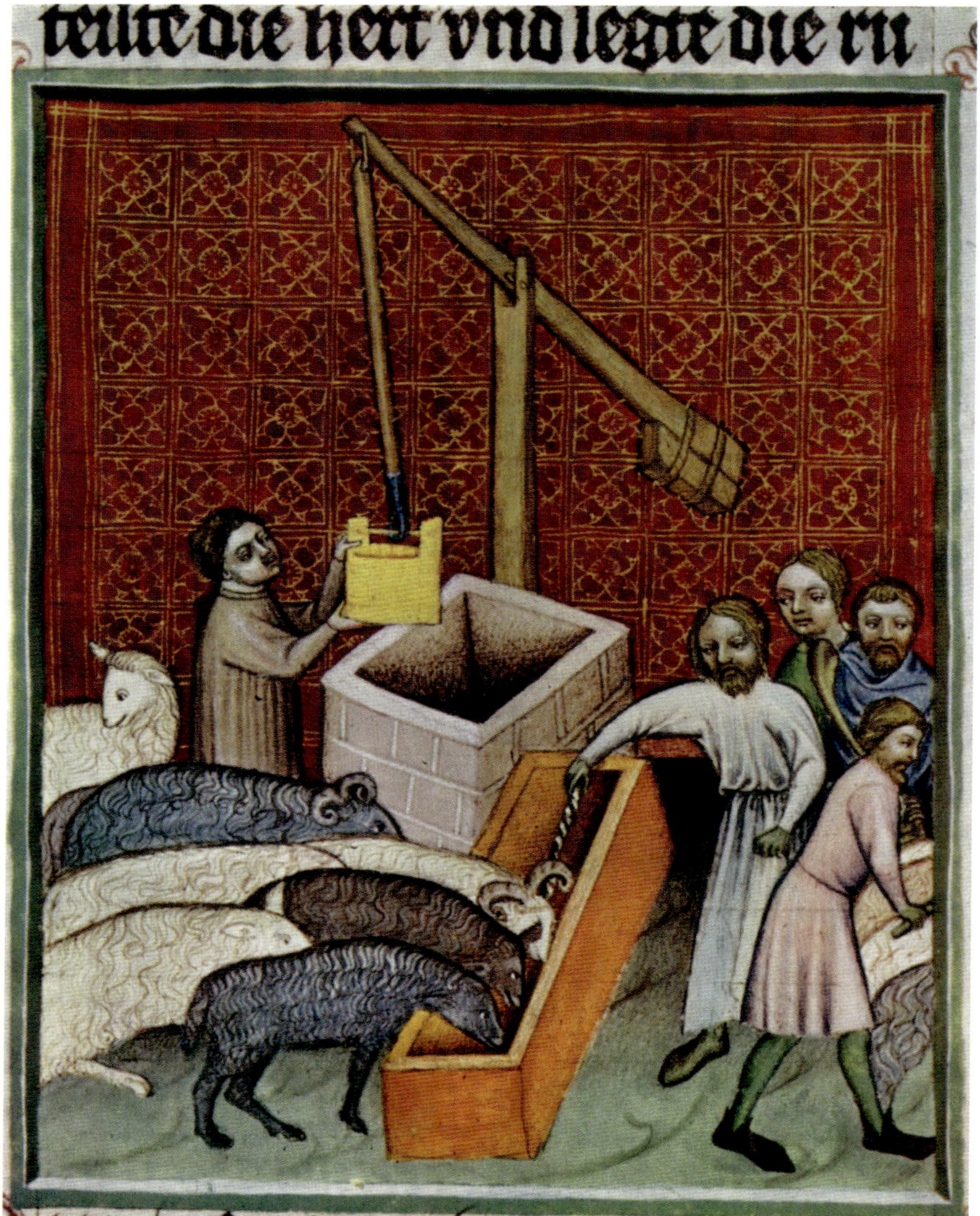

◉──049

羊の水やり

『チェコ王ヴァーツラフ４世の聖書』
1389-1400年（▶図◉025）

写本彩飾師は、のどの渇いた羊の群れに井戸で水を飲ませる牧人を、頁全体を使って描いた。家畜に水をたっぷり飲ませるために必要な作業がみてとれる。顎鬚をはやし、長いベルト付スモックを着た右端の牧人は、すでにたっぷり水を飲んだ羊を飼い葉桶から追い払っている。渇きを癒そうとしている他の羊に隙間をつくってやるためである。さもないと家畜は水に殺到してしまう。

◉── 050

漁労

『女子修道院長クンフタの殉教者受難物語』
1314-21年

プラハ城の聖イジー女子修道院で作成された宗教書写本の、聖書における「奇跡の漁」の場面。この作品はチェコのゴシック挿絵の始まりを示す。2艘の小舟の間に長い底引き網が広げられている。挿絵画家は左下部に焼き網の上で焼かれている魚を描き添えた。

▶いわゆる「使徒の召命」。「マタイによる福音書」4章、「マルコによる福音書」1章、「ヨハネによる福音書」1章。イエスはガリラヤ湖のほとりを歩いているとき、網を打っているペトロ（シモン）とアンデレの兄弟をみて、「人間を漁《すなど》る漁師」となるよう説く。兄弟はすぐさまイエスの弟子となった。続いて、舟で網の手入れをしているゼベダイの息子ヤコブとヨハネに出会う。この兄弟もただちにイエスの声に従った。一方、「ルカによる福音書」5章では、イエスは4人に2艘の船を漕ぎ出させて、群衆に奇跡の漁を示す。挿絵は4人の漁師を一画面に描いていることから、後者の記述を下敷きにしていると思われる。

写本の名の由来となっているクンフタは、1265年にチェコ王プシェミスル・オタカル2世の長女として生まれた。周辺諸侯との2度の婚約の後、12歳のときに聖アネシュカ修道院（現在は国立美術館の中世部門）へ入った。父の死後、弟の懇願によりポーランド諸侯の1人に嫁いだが、10年余りで結婚生活を解消し、今度はプラハ城の聖イジー女子修道院の院長となった。クンフタは院長時代に、修道院参事会員ベネシュに挿絵を制作させている。26枚にわたる色彩豊かな挿絵には、西ヨーロッパだけではなく、ビザンツ美術の影響もみてとれる。

▶挿絵は「創世記」のヤコブの物語である。イサクの祝福を得たことで兄エサウに憎まれるようになったヤコブは、伯父ラバンのもとへ逃亡する。そして彼の羊の世話をすることで従妹ラケルを妻に与えられた（彼らは▶図◉019のヨセフの両親にあたる）。その後、故郷へ帰ることを申し出たヤコブに、伯父は報酬を提案する。ヤコブは一計を案じ、報酬として得られる羊だけが増えるよう家畜の水飲み場に細工した（30章）中央の水船に、ヤコブが細工の肝となる若枝を入れている。

◉—051

豚の屠殺

『ヤン・ヴィレンベルクの暦』
（12月の表象）
1604年（▶図◉022）

ここには、農村の典型的な冬の光景、豚の屠殺がみられる。肉屋はまさに豚の内臓を取り出しており、他方では女性が暖炉で脂身を溶かしてラードをつくっている。彼女は作業に没頭するあまりに、隣の部屋でおこっていることに気付いていない。猫が竿に吊るしてあったソーセージを持ち去ってゆく。

▶原著者フサはたびたび、中世の作業風景が今でもチェコの農村でみられる、と述べる。豚の屠殺なども各農家でみられた作業である。実際にいつまでおこわなれていたのか、という問いには答えづらいが、1980年に公開されたチェコ映画『剃髪式』で在りし日の風景を目にすることができる。『厳重に監視された列車』『スイート・スイート・ビレッジ』などで知られるイジー・メンツェル監督が、チェコの人気作家ボフミル・フラバルの小説を映画化したこの作品では、冒頭から豚の解体、そしてソーセージ作りの模様を映し出している。物語は、1919年に生まれ、ビール醸造所の所長一家に育ったフラバルが、自身の両親をモデルとしたものといわれる。フサは1906年生まれ。フラバルより一回り以上年長の彼にとっては、ごくありふれた風景だったのかもしれない。

◉—052

漁労

『人類救済の鏡』
1400年頃

漁をモチーフとした挿絵ではさまざまな形態の網を目にする。ノヴァー・ジーシェのプレモントレ会修道院で制作されたこの写本では、上部の紐に木製の浮きをつけた短い引き網が忠実に描かれている。

▶ノヴァー・ジーシェはボヘミア＝モラヴィア高原に位置する。13世紀初頭にプレモントレ会修道院が創建された。中世後期に流行した『人類救済の鏡』は、予型論的解釈に基づき、旧約におけるアダムとエヴァ以降の人類の堕落と新約における人類の救済を対比させた物語である。聖書の物語とイエスの生涯を民衆に理解させるために豊富な挿絵付で、初期の活版印刷本（インキュナブラ）としても人気があった。14世紀前半にザクセンのドミニコ会士が執筆し、周辺諸国へ広まったという。挿絵画家の名前は伝わっていない。

ie spinnet. Adam rodet Abel opfret ein lam Cain
eine garue
in slet sinen bruder abel
Got fraget cain wa sin bruder

◉── 053

糸紡ぎと鋤返し

『聖母マリアの典礼次第』
1200-30年

おそらくモラヴィア南部ロウカのプレモントレ会修道院で制作された、図像学的な価値の高いロマネスク様式写本。上段左側が、聖書のイヴのモチーフとして糸を紡ぐ女性を表したスラヴ地域で最古の図像。女性は短い肌着を着て、古風にも糸巻き棒を自分の膝の間に挟んでいる（上段の一番左）。男性は三角鍬で鋤き返している（上段の左から二番目）。

▶現在は、中世の彩飾写本コレクションで知られるニューヨークのモルガン・ライブラリー所蔵。モラヴィア南部ズノイモ近郊にあるロウカ修道院は、1190年にボヘミア大公コンラート・オタ（1182, 1189-91）によって創設された。この修道院に典礼書を発注したのは、モラヴィア辺境伯ヴラジスラフ・インジフ（1192-94, 1197-1222）とその妻クンフタで、姪の聖アネシュカへ贈与するためだった。この書物は暦部分と聖書の場面を描いた挿絵部分から構成されている。上下2段ないし3段に分割された挿絵頁は32枚におよび、おもに「創世記」、「出エジプト記」、「イエスの生涯」を描く。画家の名は伝わっていないが、人物造形の特徴からドイツ南部もしくはオーストリア北部の影響が想定されている。なお、労働を描いているわけではないが、上段の右側はカインとアベルの兄弟が神へ奉げ物をする場面。下段の左側でカインがアベルを殺害し、右側では神がカインを問いただしている。

◉— 054

煮炊き

『聖ミハル教会の昇階誦』
1578年

プラハ新市街の、聖ミハル教会でつくられたチェコ語とラテン語併記の昇階誦。その一部にキリストの降誕の場面が表現されている。赤くなった鍋を取り出そうとして、燃え盛る暖炉に手を伸ばしている女性の絵は注目に値する。暖炉の上には水の入った重い大鍋がかけられている。

▶「ルカによる福音書」2章。福音書では、天使が羊飼いにイエスの降誕を告げる（▶図◉045）前に、イエス誕生の記述がある。ヨセフとマリアは住民登録のためにナザレからダビデの町（ベツレヘム）へ向かったが、「彼らがベツレヘムにいるうちに、マリアは月が満ちて、初めての子を産み、布にくるんで飼い葉桶に寝かせた。宿屋には彼らの泊まる場所がなかったからである」。ただし、図像全体をみてみると、マリア（?）が食事をつくり、ヨセフ（?）が食卓へ座る3人の天使の下へ皿を運んでいる場面となっている。

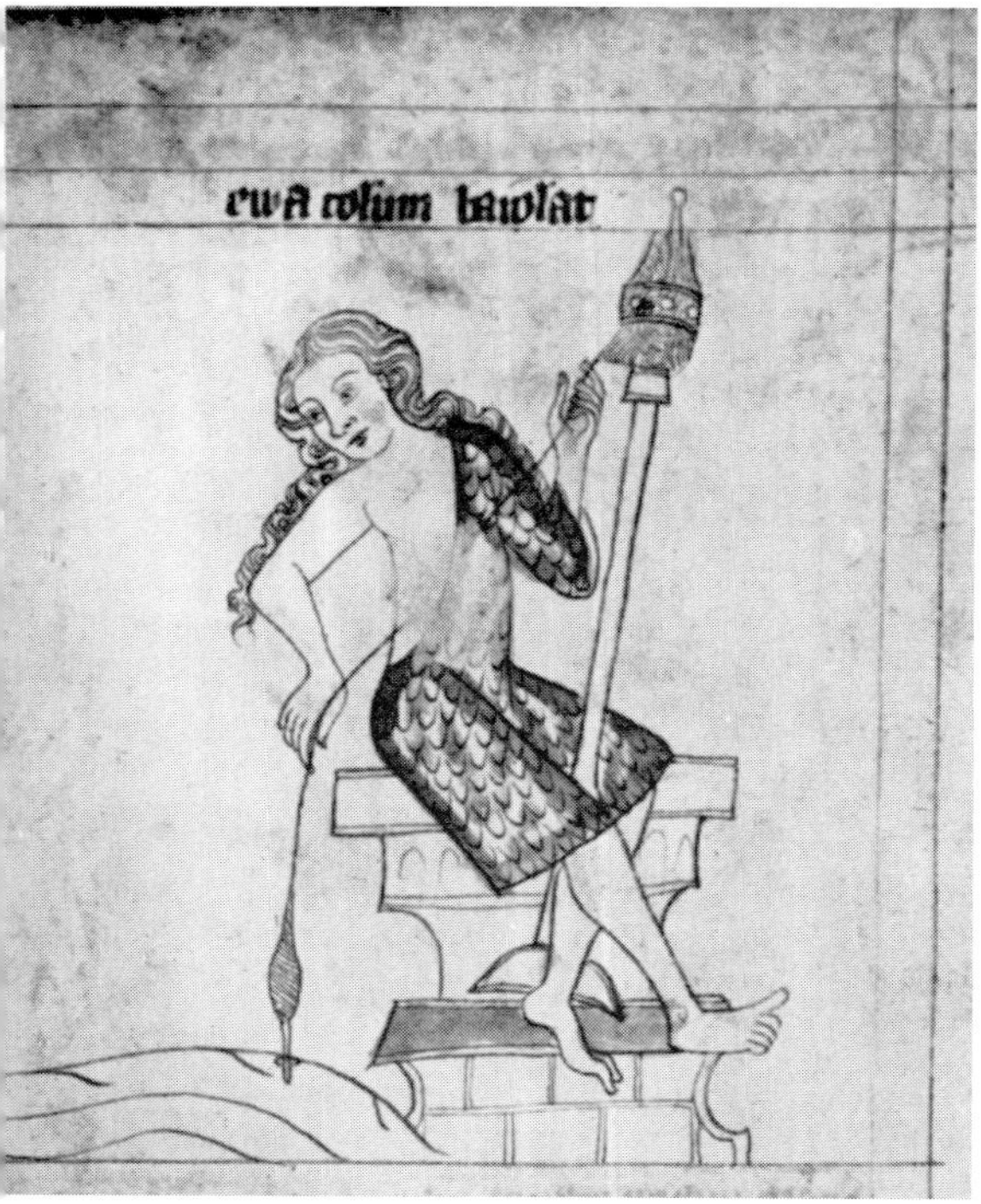

◉— 055

糸紡ぎ

『ヴェリスラフ聖書』（▶図版篇◉010）
1340年頃

糸を紡ぐイヴ、という聖書の人気モチーフの数あるパターンのなかのひとつ。毛皮の前掛けを身につけた女性が、膝の間に糸巻き棒をはさみ、幅の狭い紡錘帯によって装飾された糸巻き棒から亜麻の繊維を引っ張っている。彼女はもうひとつの手で吊るされた紡錘を自由にまわしている。

◉—056

洗濯

『チェコ王ヴァーツラフ4世の聖書』
1389-1400年（▶図◉025）

家事のなかでももっとも骨の折れる仕事を描いている。古い洗濯のやり方は、「ピストン」とよばれる木槌で、濡れた布から文字通り汚れをたたき出すものだった。洗濯は戸外の小川か池の側で、あるいはこの絵のように井戸端でおこなわれた。

▶ダビデとバト・シェバの物語（「サムエル記下」12章）。散歩中に水浴びしている美女に目をとめたダビデは、その女バト・シェバの夫ウリヤを戦死させ、彼女を奪ってしまう。その不義のために彼らの最初の子は主に打たれる。ダビデは子のために祈るが、子が死ぬとすぐに食事を始めた。バト・シェバはその後、再びダビデの子を身ごもる。彼こそが賢王ソロモンだった。ただし、挿絵のような洗濯の場面は聖書の記述からは確認できない。バト・シェバの表現も通常は水浴シーンが選ばれる。

▶「創世記」3章。最初の人類アダムとイヴは、蛇に唆された後者が誘惑に負けて禁断の果実を食べてしまったことにより、神の怒りを買って楽園から追放される。追放後、「主なる神は、アダムと女に皮の衣を作って着せられた」（21節）が、この挿絵ではいちじくの葉を縫い合わせた衣服にみえる（25頁の挿図［12］参照）本書には掲載されていないが、イヴの左側には鉄の刃先をつけたシャベルで畑を鋤き返すアダムが描かれている。鋤返し、種播き（▶図◉010）、刈入れ（▶図◉012）という農耕サイクル。

◉──057

糸紡ぎと鋤返し

『チェスキー・クルムロフ宗教論集』
1420年

ここでは非常に古い家族分業の象徴が繰り返されている。女性は家庭用の簡素な白衣を着て、赤ん坊に授乳している。先ほどの図◉055と異なり、糸巻き棒の上の紡錘帯が幅広であることに注目。少女が求婚者から糸巻き棒を飾る鮮やかなリボンを受け取ることは、民衆的な習俗だった。絵画に描かれた装飾的な紡錘帯は、この伝統の起源が15世紀まではさかのぼれることを証言する。

▶文字通り湾曲（チェコ語で「クルムロフ」）するヴルタヴァ川に抱かれたチェスキー・クルムロフ（ボヘミア南部）は、日本でも人気の世界遺産都市である。この都市は、中世チェコの大貴族ロジュンベルク家に支配されていたため、町や城のいたるところでバラの紋章を目にする（ロジュンベルクとはチェコ語で「バラの城」の意味）。

この書物は、冒頭に旧約聖書と新約聖書を対比させた『人類救済の鏡』（▶図◉052訳註）を含むが、その他はチェコの初期宗教改革者トマーシュ・ゼ・シュチートゥネーホ（1333頃-1401/09）、ヤン・フスらの宗教パンフレットを収録した冊子本。推定されている1420年という成立時期はフス派戦争の開始直後にあたり、そうした社会的背景をもとに、宗教パンフレットも宗派性が色濃く出ている。本書未掲載の別頁の、勝利するダビデの盾には聖杯（フス派のシンボル）が描かれており、フス派側が制作させたことは明白。

第Ⅱ章

職と商

ゆるやかに分業のプロセスがすすみ、手工業は農業から最終的に分離した。とはいえ、続く数世紀のあいだはなお、二つの職業は相互に依存しあう関係にあった。農業の発展は手工業の発展に影響したし、逆に製鉄工、鍛冶屋、陶工、織工等の改良なくして農業の進展は考えられない。手工業は突然成長するわけではない。原初の自然経済の下では、必要なものはすべて自分自身で生産していた。この制約から自由になることが必要だった。その後、封建社会が始まると、封建領主は職人の技術と技巧を独占するようになる。しかし、やがて自由な職人が登場し、ときに渡り歩き、ときに中世都市の萌芽となる城の外郭に定住することもあった。こうして手工業の中心地が各地に発生すると、今度はどのような役割であれ畑仕事を放棄した元農民がそこへやってきた。以後、彼らは比較的作業の容易な仕事に専念したため、新たな仕事の技術と経験をすぐに身につけていった。

衣服と皮革

（▼図版篇◉058–068）

中世の手工業は、当初、それほど明確に農業から分離しておらず、家内工業とほとんど変わらなかった。序章ではそのなかから織物生産の名を最初にあげた。織物業の象徴として図像資料にもっとも登場するのは杼《ひ》である。今日、生地生産の技術に関しては、考古学資料からも言語学資料からも、十世紀以前にまでさかのぼってある程度のことがわかっている。しかし、チェコの中世細密画からは織機の挿絵が見つかっていない。そのため、やむをえず近隣諸国の資料から類推すると、中世初期には幅の狭い帯を織る水平織機に加えて、垂直織機もすでに使用されていたと考えられる。ただし、より進歩した、杼を貫通させる杼道を備えた水平織機の登場時期を答えることは難しい。考古学遺物によってもそれを明確に印付けることはできない。とはいえ、中世初期には西スラヴ人もこの種の織機を知っていたと思われる。さらに十四世紀になると、このタイプの織機はほぼ完成した形を示す。のちに踏み台が付け加えられ、より複雑な織り方でも杼が経糸を通すようになった。機械で生地を生産するようになるまでは、これらの木製織機で麻でも羅紗でも織っていたのである。もちろん、織工も自身の道具の改良に知恵を絞り、より早く織ることのできる装置を開発した。小さな手動のリールから、大きくてもっと複雑な木製の部品、巻き枠などまで、整経装置に関するかぎり、織布工房の設備は手動織機の時代を通

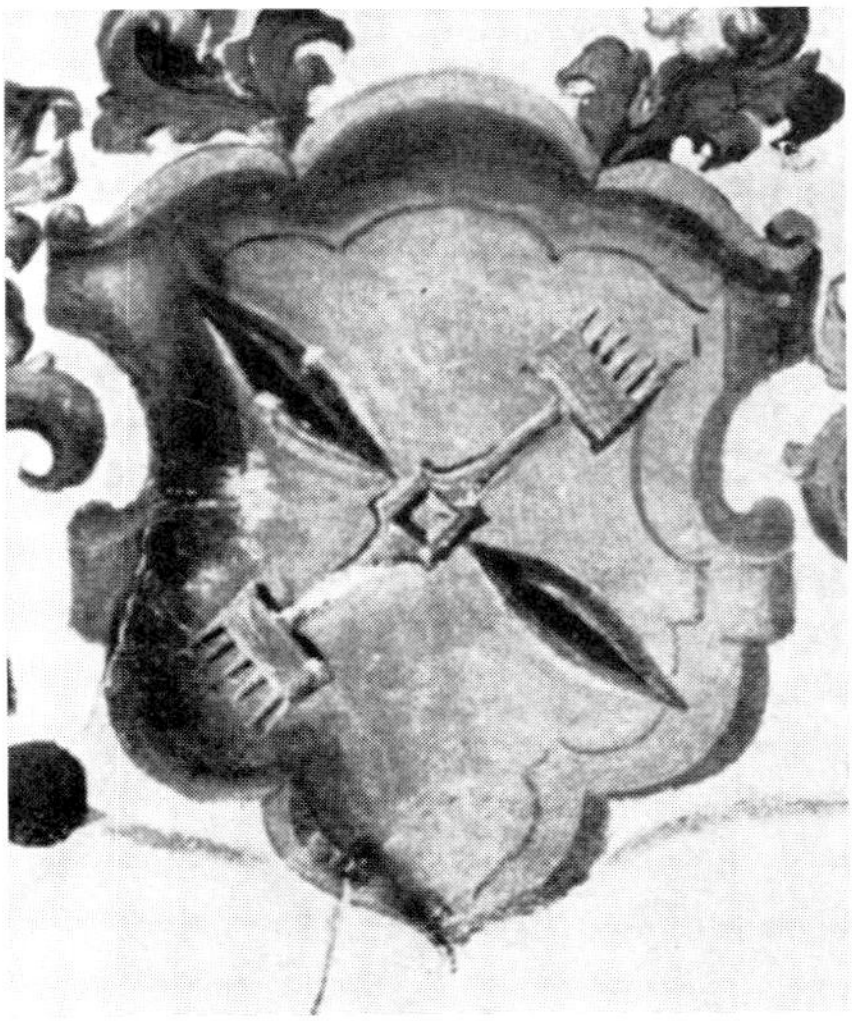

［2］杼と櫛
『プラハ小地区の昇階誦』（▶図版篇◉070）
1572年
織工の基本的な道具。この昇階誦には、鍛冶屋（図［15］）や理髪師（▶図版篇◉104）、肉屋（▶図版篇◉070）などの紋章も描かれている。

［1］職人紋章
スラニーのヴェルヴァリ門
1460年
スラニーはボヘミア中部の都市。東側の市門の紋章版には、織工、紐作り、モルト製造業者、剪毛工、陶工、車大工の同職組合の紋章が彫られている。図は左から順に後三者の紋章。

じてほとんど変わっていない。十五—十六世紀の専門用語からもこのことは明らかである。

生地生産における仕上げと最終加工プロセスの発展に応じて、織物業の水準も確認することができる。まずは毛織物の仕上げを仕事とする羅紗職人が織工から分かれた。やがて、染物職人やローラー掛け職人なども独立した部門として成立してゆく。また、麻織物の仕上げは非常に簡単だった。麻織物は、まったく未加工の状態のままで放置されることはほとんどないが、たいていは染色されなかった。麻の布片は草の上に広げられ、それを漂白するために水が浴びせられた。現在でも農村の主婦は白い洗濯物に同じことをしている。麻織物は煮沸され、ときに糊付けされ、そしてローラー掛けされた。やがて着色された麻織物も現れてくる。一方、毛織物の仕上げはもっと複雑だった。中世初期から羅紗は非常に簡単な方法で、すなわち水に浸けて木槌で叩いて縮絨《しゅくじゅう》されていたと想定できる。十四世紀にはおそらく水力縮絨機が用いられており、十五世紀にはそのやり方が一般化していった。縮絨機は、水を動力とする点で石臼とほとんど違いがなかったため、都市の水車小屋に併設されることが多かった。

織り上げられた未加工の毛織物は、特殊な鉄製ナイフ（ネップ取り）を使って繊維の節玉を取り除かれた後、生地の目を詰めるために洗浄し、縮絨される。縮絨は、

［3］羅紗織職人の紋章
『フラヌス聖歌集』
1505年
裁ち鋏が描かれている。この昇階誦はヤン・フラヌスの名を冠しているが、細密画はピーセクのヤニーチェク・ズミレリーの作品と想定されている。

中世には「小姓」とよばれたバイオリンの弓のような道具（起毛弓）によってなされていた。この道具は羅紗織物業の紋章によく描かれている。まず弦で縮絨された布地を叩く。次いで「羊毛打ち職人」が羊毛を打って起毛する。すると繊維がまとまった。何度も縮絨され、目詰めされた布地には、さまざまな長さの厚い短絨毛が残った。そのため、梳毛工《そもうこう》の出番となる。毛を一方向に寝かせるために、彼らは特殊なラシャカキグサでつくられたブラシで糸の縺れを梳《くしけず》った。最後に、布地は台上に広げられ、巨大な裁ち鋏が羊毛の上を走った。これは染色前の最後の工程である。仕立屋の鋏が小さく描かれるのとは対照的に、この巨大な鋏は羅紗織物業の象徴としてよく用いられた。とりわけ十六世紀からはチェコの各都市で同職組合の印章とされている。プラハでは、羅紗織職人が羅紗織物用の裁ち鋏をもった手を、十五世紀末から同職組合の印章に採用している。剪毛は長い伝統をもつ技能であり、十四世紀には剪毛工に関する言及がみられる。織目が粗く安い布地は、たいてい羊毛本来の色である灰色のまま加工されなかった。質の良い布地は、いわゆる黒染め職人により黒ないしは青に染められた。一方、他の色に染める者を色染職人と呼んだ。黒専門の染色業者は非常に数が多く、彼らが一番使用していた黒の染料はオーク没食子だった。十六世紀になると、オークのおがくずやある種のベリーも黒色を出すために

［4］羅紗織道具
リベレツの羅紗織職人同職組合の水差し
1631年
錫鋳物工アブラハム・トゥーゲマン作。
下部に見える交差した道具が「小姓」。
リベレツ（ボヘミア北部）はズデーデン地方の中心都市のひとつ。

使われるようになる。また、藍やインディゴは青色を生み出した。インディゴは大航海時代以降に導入され、藍との競争では優位に立ってゆく。色染の染料となったのはたいてい動植物由来のものであり、国産品と輸入品とが存在した。布地は熱い染料溶液を入れた鍋に浸された。麻織物の染色も、基本的には同じである。これらの染物職人はローラー掛け職人と同じ同職組合に属した。中世の細密画のなかで人物が身につけている羅紗織物の衣服は、さまざまな羅紗の色調のサンプルとなる。しかし、描かれた衣装が外国産、とりわけイングランドやフランドルから輸入した豪華な衣装だった可能性も想定しなければならない。

染めた毛織物も麻織物も、どちらも中世の流行に影響を受けていた。とりわけ麻織物に関しては、ある時点で白が好まれていたとしても、すぐに色染が流行することもあり、注意してみる必要がある。十五―十六世紀の織工は、丈夫で粗い麻織物から柔らかく透明なヴェールまで、組み合わせ、密度、幅の異なる実に様々な種類の麻織物を織りあげていた。ヴェールは中世の美というもいうべき織物である。十三世紀から十四世紀に入ると、麻糸と綿糸をより合わせた布地、すなわちバーシェント織の生産について、文字資料でも記されるようになる。そのため、未加工の綿が輸入された。絹織物もまた、嗜好品としておもにビザンツから運ばれてきた。十五

［5］紋章の帽子3種
『十字架昇階誦』
1573年

帽子が図像的に豊富に描かれるようになるのは14世紀から。彩飾したのはハプスブルク家お抱えの画家マティアーシュ・フツキー（1546-99）。『聖ヴァーツラフ伝』の挿絵で知られている。

世紀以降には、綿や絹の生産もときおり試みられたが、チェコでは成功しなかった。

中世初期のスラヴ人はフェルト加工の知識があり、毛布を生産していたように思われる。しかし、この技術が花開いたのは中世ではもっと遅く、帽子作りの発展にともなってのことだった。帽子作りの紋章に羅紗織職人の利用していた「小姓」を見出したとしても、それはとくだん驚くほどのことではない。どちらの職人も似たような道具を使っていたからである。また、非常に原始的な編み物技術も、中世初期の人びとは知っていた。ただし、一七〇〇年前後になるまでそれほど広まっていない。もちろん、ここでも理由は流行だった。足には編んだストッキングを、手には毛糸の手袋を着けることが大流行したのである。ストッキング職人の同職組合は全体的に仕事が潤沢にあった。彼らは素早く鈎針と編み針を動かして、糸を特別な形に編み上げていった。

紐作りもまた最古の仕事のひとつといえる。紐は人間の生活のさまざまな局面で欠かせない、重要なものだった。まず農夫と漁師は、大麻もしくは鞣皮を使って自分で紐を編んでいた。荒梳きされた大麻の繊維が束から引き出され、簡単な木製の鈎でよられた。そうしてできた複数の糸が紐として巻き取られた。しかし、ここでもより進歩した技術が支配するようになった。すなわち、紐巻取り車輪が発明されたのである。

こうした仕事も、仕立屋や靴屋、皮革職人と同じく、長らく家内生産と未分離だった。仕立てに欠かせない道具は、中世初期から針と鋏と決

[6] ストッキング作りの道具
クトナー・ホラのストッキング職人同職組合の印章
1626年
ストッキングも同じく14世紀から図像として登場する。

まっている。当初の鋏は軽快さを備えたもので、羊毛刈り鋏と似ていた。しかし、十一世紀からはもっと新しい形状のものが使用され始める。靴屋は鉄の千枚通し、皮革裁断用ナイフ、さまざまな身幅の鏨《たがね》、靴型、革紐を使った。もちろん、靴屋の椅子も。靴作りが座り仕事であることは言うまでもないだろう。九世紀から十世紀にかけて、仕立屋、靴屋、馬具職人、そのほかの職人は、封建領主のためだけに城下で働いていた。その後、都市が成長しはじめると、しだいに彼らは市民や自由農民のなかにも顧客を見出すようになっていった。

　皮鞣《なめ》しは、化学的手順を経験的に利用した手工業としてはもっとも早くに現れる。その手順は、世代をこえて受け継がれる処方箋も含めて、非常に長期にわたる経験を通じて定まっていった。そうしたレシピにしたがって、すでに中世初期には、石灰と灰を桶のなかで溶かしたアルカリ性溶液に浸すことにより、獣皮から毛を取り除く作業がおこなわれていた。生産者は当然のごとく、溶液の配合だけではなく、漬け込む時間も正確に継承していた。また、オークの樹皮から採取したタンニンによる皮鞣し技術も知られている。皮鞣し工、毛皮職人、油鞣し職人、羊皮紙職人などの皮革関係の職人はみな、半月型のナイフや革から肉を削り取る裏打ち用作業台など、使う道具が似通っていた。一方、馬具職人と鞄職人は靴屋と同じ道具を使っている。もし彼らが作業中に木材を必要としたときは、馬具職人と同様に、一般的な切削工具も自ら用いていた。

　当初は馬具職人と手綱職人、鞄職人、そのほかの皮革職人の間に目立った違いはなかった。しかし、十四世紀になると、数多くの独立した職業が登場し、皮革に関わるものだけでおよそ二十余りが数えられるようになる。手袋職人が馬鞍をつくらなかったのはなぜか、古い靴を修繕する職人と新しい靴を製作する靴職人の間に違いがあったのはなぜか。その理由は理解しやすい。その一方で、手綱職人が鐙職人と区別されたこと、さらには財布職人、室内履きのみ製造する職人、小銭入れ専門の職人まで存在することの必然性は、なかなか理解しがたいだろう。

皮革の染色は織物の場合と同じように、中世を通じて徐々に発展していった。化学的手順の経験が蓄積された結果である。他の同職組合との競合に対面して、染物職人は躍起になって処方箋を秘匿しようとするのがつねだった。原料はだいたい織物と同じだったが、染料が表面に塗られる点において両者は異なっている。十五世紀の都市には、その分野でとくに秀でた匠が現れた。

食料加工

（▼図版篇●069–075）

食料加工もまた中世を代表する都市に多い職業だったが、一方では農業にともなう家庭内の仕事と長らくみなされてきた。中世の農夫は家畜の肉を加工し、穀物を挽き、パンを焼く方法を知っていただけではなく、自分でその作業を実践することができた。中世人は、木槌や斧、ナイフ、砥石、まな板、簡単な燻製室などを使って手作業で食肉を加工していた。これらの道具の数々は、その後の小規模生産の肉屋へと受け継がれている。さらに肉屋の同職組合は屠殺場

［7］水車
インジフ・ヒズルレ・ズ・ホドヴァ『旅行記』
1612年
インジフ・ヒズルレ（1575-1665）はチェコの貴族。従軍経験が長く、対オスマン戦争における体験を自伝として著した。本図がどこの風景を描いたものかは不明。

を共有し、組合所属の個々の職人は自分の店で品物を並べるようになった。

古い同職組合の印章に、道具や製品の絵、あるいは守護聖人が描かれていないものはほとんどない。肉屋は、同職組合の紋章という点では、この少数派に属する。とはいえ、プラハの肉屋は十四世紀初頭には同職組合の独自の印章——高貴な王国の獅子*——を使っていた。おそらくプラハの手工業ではもっともはやい部類になる。後になって道具が追加され、チェコ各地の都市の肉屋の印章では、獅子が身幅の広い斧を前足にもつようになった（▼図版篇◉069）。

家庭で石臼をまわしておこなう粉挽きについてはすでに述べた。十二世紀にはチェコスロヴァキアの小川で水車の音が響いていた。水車の普及はそれより二世紀は早かったということも、ときに主張されないわけではない。しかし、考古学的にも

[8] 水車
コンラート・キーザー
『軍備論』
15世紀初頭（▶序章図[22]）
キーザーのスケッチは、実在の風景を写したものではない可能性がある。

[9] 水車
『プラハ小地区の昇階誦』
1572年（▶図版篇◉070）
中央の塔のある建物の下に、小さく水車が描き込まれている。

*ボヘミアは赤地に二尾の銀の獅子を紋章とした。十四世紀初頭に成立した『いわゆるダリミルの韻文年代記』によれば、もともとボヘミア大公の紋章は鷲だった。しかし、初代チェコ王ヴラチスラフ（一〇八五—九二）に一代限りの王号を認めた皇帝が、称号と同時に獅子を紋章として使わせたという。その後、世襲王号を認められた三代目チェコ王プシェミスル・オタカル一世（一一九二—九三／一一九八—一二三〇）のときに二本尾をもつ獅子へと変更された。なお、モラヴィアは青地に紅白市松模様の鷲、シレジアは黄地に黒鷲を紋章とする。▼図版篇◉146も参照。

文字資料的にもその裏付けは乏しい。ゆっくりとした手動ないし輓獣による粉挽きは、しだいに水力および複雑な木製の動力変換機によって取って代わられる。これは、ある意味では中世技術の勝利といえる。水平軸の回転原理を垂直軸へ（必要に応じて逆方向にも）変換したことが、粉挽き用石臼を回転させただけではなく、ほかの機械——送水ポンプ、研磨機、圧縮ローラー、縮絨機、突固め機、圧搾機——の操縦も可能にした。粉屋になるということは、その当時知られていた動力変換機と水力の基本原理を理解していることを意味したのである。研磨工（研作工）、刃物師、刀工、羅紗織職人、麻織職人などの職人にとって、粉挽きの助力はなくてはならないものだった。誓いをたてて選ばれた優秀な粉挽き（誓約粉挽き）は、水に関わる作業を測定する専門家とみなされていた。彼らの参加なくしては、地上で大規模な水利事業をすすめることなどできなかった。

製粉機全体を動かしたのは水車だった。十五世紀以降になると、粉挽きの印章に、あるいは製作者が製粉業の象徴を表現しようとした場合には、必ず水車を目にするようになる。水車こそが、図像において他の建物と製粉機を区別する目印となった。製粉機は、当初こそ構造の基本部分で単純な手動の石臼と似通っていたが、しだいに独自性をもつものへと改良された。

穀物の粉を篩《ふる》いにかける作業はパン屋の職人が自らの手でおこなった。彼らは十五世紀半ばまで、粉を篩うときには織り目の粗い麻袋を使用している。「篩い棒」——水力で動く篩の機械——の発明は、作業速度を非常に速めたが、一方では多く

[10]† パン屋の紋章
『ロムニツェ昇階誦』
1578-82年（▶図版篇● 058）
パン屋の紋章には、基本的にこの形状のパン（プレッツェル）が描かれている。

の職人から生活の手段を奪うことにつながった。篩い機が導入されたとき、チェコの多くの都市で騒擾がおこったこともうなずけよう。そうは言いながらも、結局のところ新しい発明は定着した。十五世紀の末になると、「篩い棒」は製粉機に不可欠なパーツとなっている。こうした状況は、ローラー製粉機が使用されるようになる十九世紀まで変わることはなかった。

一方、チェコ諸邦では天にそびえる風車の腕を目にすることがめったになかった。この地域では、予測のつかない風よりも水力の方がずっと信頼できたからである。十五世紀以降、チェコの都市や村では水力製粉機が日常的にみられるようになるが、風車を描いている図像はほとんどみられない。そのまれな例が一五六二年のプラハの風景画（右下図）、およびそれを後世に模倣した画である。

独立した仕事になるまでのパン類の生産は、家庭でのパン焼きと比べても、とくに大きな技術的改良はみられなかった。各家庭で簡単な粘土製竈を使って焼いていた様子は、十四世紀の図像で頻繁に目にする。この竈はかなりのちの時代まで使われていた。もちろん、しだいにパンの種類も増え、とりわけ十五世紀になるとパン焼きが専門化した。ここでは、パン製品のなかでもっとも甘いペルニーク（ハチミツやスパイスを入れた菓子パン／ジンジャーブレッド）についてだけ触れておこう。これは形、味、香りの豊かさで知られ、中世に菓子パン作りを成立させることになった。ペルニークは熟練の技で巻かれたり、さまざまな形に飾られたりした。その形状は

［11］プラハの風車
ミハル・ペテルレ
『ボヘミアの首都プラハ』
1562年
ペテルレ（1537-88）が彫り、
印刷業者ヤン・コゼル（?-1566）が出版したプラハの眺望。
プラハ城の背後に描かれたの丘上の風車小屋。

同職組合の印章にみられる。

チェコ諸邦で、とくに十五世紀から十六世紀にかけて広まった食品加工業といえば、ビール醸造およびこれと関連するモルト製造である。この産業を有名にしたひとつの到達点は、透明な黄金色の泡立つ飲料だった。そのプロセスは何にもまして実用的な有機化学の知識に依拠していた。チェコの人文主義者タデアーシュ・ハーイェク*は、一五八五年に小冊子『ビールについて』のなかで、醸造研究は自然科学の一部門であると声高らかに述べている。同書において彼は、控え目ではあるが、発酵のプロセスに力学的な説明を与えている。

しかし、中世チェコの図像では、モルトの製造プロセスを明確に示すものは存在しない。そのため、モルト製造業者のシンボル、櫂で満足するしかない。これは彼らの同職組合の印に描かれている。ビール醸造と製造上の秘密に関するこれ以外の図像資料は、十七世紀半ば以前には見当たらないのである。一方、文字資料は豊富に残っている。そのおかげで、モルト製造とビール醸造の技術をかなり詳細に知ることができる。すなわち、いかにして上面発酵ビールを製造したのか。いかにしてヨーロッパの他地域に先駆けて、十五世紀に下面発酵ビールを創りだしたのか。上記以外にモルト製造用の櫂は描かれなかったものの、その代わりに、十六世紀初頭からはかなり頻繁に、蒸留酒をつくるために不可欠な蒸留装置が描かれるようになる。蒸留酒製造は、チェコでは十四世紀以降に広まった。

＊ハーイェク（一五二五―一六〇〇）は、プラハ、ウィーン、ボローニャ、ミラノで学んだ自然科学者、医師。

［12］ビール醸造用の櫂板
スシツェのビール醸造人の印章
1614年
スシツェはボヘミア南部の都市。当時、ビールの産地として知られていたわけではないが、多くの都市では地産地消用のビールが醸造されていた。

金属加工

（▼図版篇◉076–080・100・101）

中世のあいだに、かつては一体だった製鉄業から鍛冶屋が独立した。その親方たちは、十世紀以前には、刀工の道具を生産するさいに柔らかく鍛造性のある鉄と鋼を溶接する技術を知っていた。当然、焼き入れと焼き戻しの技術も。鍛冶屋の成熟こそが中世の技術発展を貫くポイントであり、ある意味ではその前提となったといっても過言ではない。かなり早い段階から、多くの専門化した金属加工職が鍛冶屋から独立し、独自の発展の途をたどっていった。十四世紀からは、犂刃、鎌、大鎌、さらには重量のある製品を成形するために、水力ハンマーが鍛冶場で使用された。そしてこのことは、すでに鍛冶の技術が新たな発展段階に到達していたことを意味する。しかし、これまで鍛冶屋が手作業でおこなってきた伝統的な仕事も残っていた。道具や車輪、荷車の金具の修復や装蹄などである。こうした作業にとっては、古くから伝わる少数の道具があれば十分だった。

非鉄金属の鋳造や鍛造もまた、中世に入ってまもなく技術の頂点をむかえた。繊細な粒状の宝石、金銀の透かし網細工、黒金《こっきん》は、九世紀にはモラヴィアの宝石細工師の工房で製作されていた。それらは、美しさばかりでなく、技術改良という意味においても、中世ヨーロッパの金銀細工師の製品として最良のランクに入るものと評価できる。金属鋳造工房で使用される携帯可能なドーム型竈も発見されており、

［13］蹄鉄、ペンチ、鉄床
鍛冶屋のグラスの装飾画
1580年
16世紀半ばから
こうしたグラスに彫られた
図像も増えてくる。

モラヴィアでは九世紀に鐘造りが始まっていたという想定を後押しする。この職業には、これ以降の中世技術の厳密な熟練の業と化学的手順の知識、そして力学が示されている。

ビーティーシュカのヴァヴシネツ・クシチカ（▼図[17]）は、一五六〇年に工房の作業マニュアルを執筆した。そのなかで彼は、鋳物工場、水差し作り、鐘鋳造、揚水機製作について非常に包括的に記述しており、さらに厳重に守られていた鋳造所と兵器製作所の秘密を垣間見せている。ヨーロッパの技術史家にとってのこの写本の重要性は計り知れず、本文につけられた豊富な説明図がさらにその価値を高めている。チェコの大砲は、十五世紀中にヨーロッパ全土にその名をとどろかせた。クシチカの文章からはその水準の高さがうかがえる。たとえば、榴散タイプの弾の構造や製作過程が描かれているが、その知識は中東から伝わったものに違いない。プラハの大砲製造工がこれを製作していた同じ頃、西欧ではまだ知られていなかった。彼が記述する鋳造の技術と方法は、先進的なヨーロッパ諸国のそれに匹敵した。粘土に入れて成形する基本的な製造手順は、近年でも根本的には変化していない。また、彼の鐘鋳造技術も、現代の鋳造技術と何ら異なるところはない。揚水機の構造の項目には、技術的な線描画も挿入されている。レオナルド・ダ・ヴィンチは図示するさいに、斜めから見た角度で平面図を描く方法を用いたが、クシチカの描き方のほうがよりわかりやすい。

［14］鍛冶屋
『聖教父伝』
1516年
金槌をふるい鉄床の上の鉄製品を鍛造している。

木工と建築

原材料となる木材に関わる作業は、中世を通じて、金属加工と同じくらい重要だった。しかし、チェコの図像資料には、指物師、車大工、樽職人などの作業を描いた挿絵はほとんど見られない。せいぜい、工房での大工を、あるいは同職組合の印章として彼らの道具の象徴を目にする程度である。斧や錐、金槌、木槌など古くからある道具は、都市でも田舎でも、どの家の財産目録にもみられた。それ以外のものは、もっぱら職人が使うものだった。この分野でも技術開発が道具と木工製品に大いなる多様性をもたらし、長い伝統をもつ道具が新たな目的と機能を獲得するようになった。たとえば、鋸の有用性が適切な評価を受けるようになるまでにはずいぶんと長い時間がかかった。最初に鋸を使用したのはおそらく大工である。彼はこれを用いて板を切断した（それ以前には、削るか楔《くさび》で割られていた）。一番遅く、おそらく十七世紀にようやく使い始めたのは樵《きこり》だった。大工と指物師が一体となって作業をすすめなければならない建築において、鋸の重要性についてはいまさら述べるまでもないだろう。おそらく十三世紀にはさらにレベルの高い機械作業へと段階がすすみ、次の世紀には水力製材機が一般化した。一方、旋盤による木材加工は、中欧では十世紀には知られていたが、集中的に使用するようになったのは十二世紀以降の職人である。

（▼図版篇◉081―096）

［15］蹄鉄と車輪
『プラハ小地区の昇階誦』
1572年（▶図版篇◉070）
本文にあるように、
車輪の金具の製作と修復は
鍛冶屋が請け負っていた。

中世建築に関しては、チェコではわかりやすい図像資料が非常に豊かに残っており、この分野での技術的な成熟と職人や道具の高い能力を示している。

木材をあつかう職種のなかで、大工は建築業に属した。木材は、中世初期だけではなく、続く数世紀にわたって重要な建築資材だった。若枝、粗朶《そだ》、麦わら、粘土など、他にも資材はあるが、農村の建築物は木材抜きに建てることは難しい。もちろん、九世紀以降の教会の伝統建築や宮殿のように石材を使った建物もある。しかし、屋根組や内装における正確な大工仕事は必須であり、これらなくしては完成できなかった。これらの仕事に関する初期の図像資料が残り始めた頃の中欧で、新たな資材とその製品の利用、抽象的な幾何学の発展、機械の発明がみられる。これらは（十三世紀以前の）建築技術の発展にとって大いなる意味をもっていた。建物は、切り出され、磨かれた石材を石灰モルタルと接着して建てられるようになった。これは新たな職種——石灰焼成業の成立を前提とする。日干し煉瓦も焼成煉瓦も、さまざまな形をもつが、それらは建築家が自ら作るものではなかった。磨き上げた石材はロマネスク様式の角石よりもはるかに強度が高く、起重機や滑車装置を利用して、ゴシック様式のアーチ型天井の骨組みの高さまで持ち上げられた。

十三世紀以降、とりわけ十四世紀から十五世紀までのチェコ・ゴシック様式の重要な建築物は、すばらしい芸術作

[16] 車大工
スラヴィェチーン教区教会の壁画
14世紀後半（▶図版篇● 003）
こちらは木製の車輪本体であるため、専門の大工が担当している。

品であるというばかりでなく、中世建築技術の成熟を示す証拠でもある。

煉瓦のブロックとアーチ用の切石、成形された煉瓦と舗石、タイル、瓦、加工された石材。これらは中世の職人の手によって、類型的に数多くの仕様が生み出された。建築資材を積み上げる方法はいくつかあった。何層にも積み重ねた壁、磨石材や煉瓦を組み合わせ、混成して型に入れた壁、木材の壁。また、支柱や弓型の控え壁をともない、美しい弧を描くリブ・ヴォールトや柱は、卓越した中世建築の技術的頂点をなすものといえる。続く時代には、そのほとんどでさらなる展開がみられ、貢献度も向上していった。建築は最初の専門職といってもよい。ここに抽象的な思考が実現した。幾何学が建築プランの前提のひとつとなるからである。大きな建築事業のさい、石工の工房は最初の技術学校でもあった。学校ではただ熟練した技術があればよいというものでない。ここから論理的な工業的思考へと道が広がっていった。その端緒をわれわれはルネサンス時代に想定している。

ルネサンスは、天井の構造をさらに発展させた。十字形よりも、さまざまなタイプの閉じられた（半円形、ドーム型）天井が多く生まれ、非常に巨大な控え壁、さらには焼成煉瓦が求められるようになってゆく。また、壁は漆喰で塗られるようにな

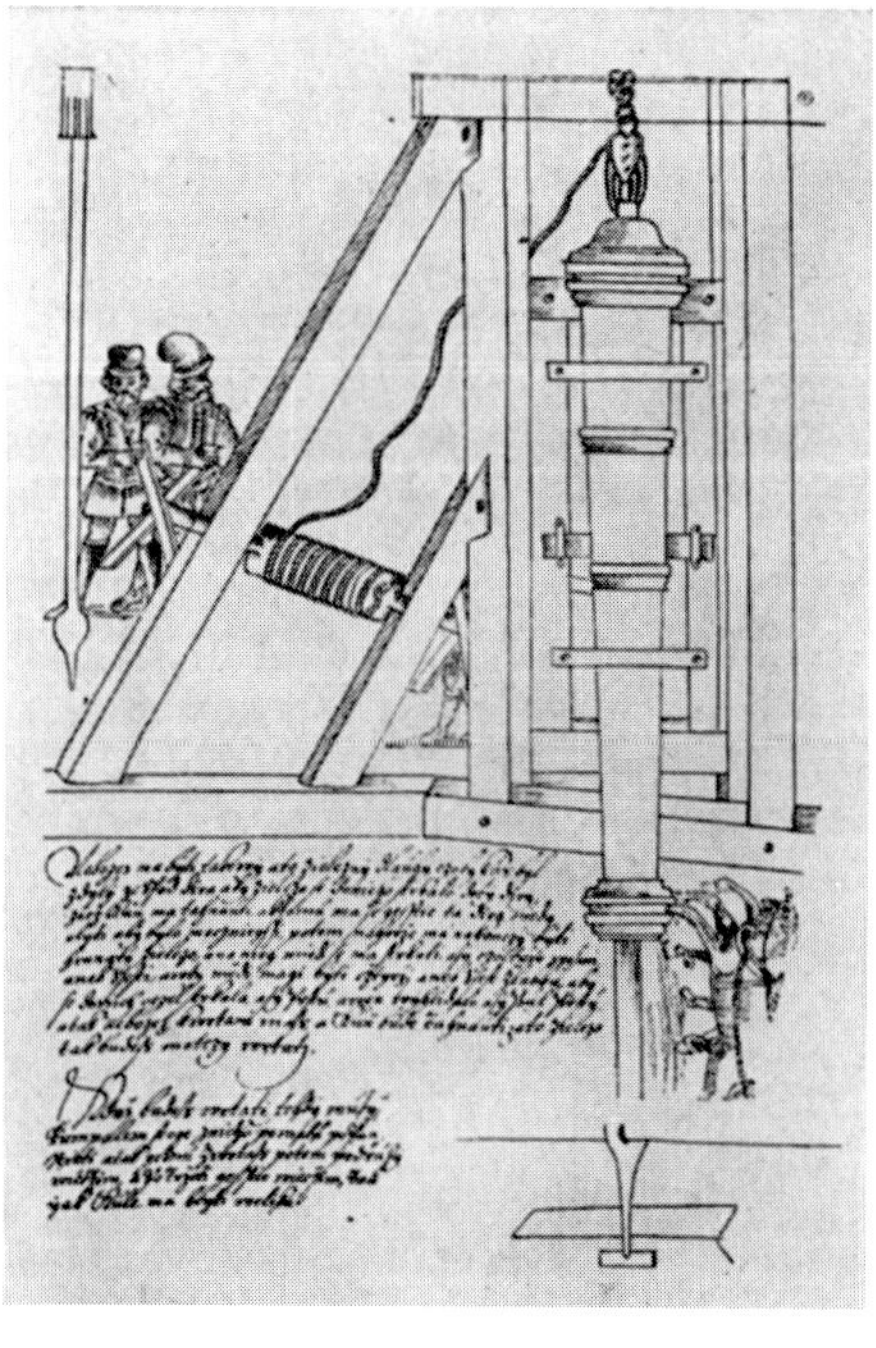

[17] 大砲用の穿孔機
ヴァヴシネツ・クシチカ・ズ・ビーティーシュキ
『ボヘミア学』
1569-76年
ヴァヴシネツ（?-1570頃）はモラヴィア小領主家系出身の鐘鋳造師。本文で紹介された工房の作業マニュアルにより名高い。

[18] 陶工
クトナー・ホラの聖バルボラ大聖堂
1548年
アダムとイヴが禁断の果実を口にする場面。果樹にまきつく蛇の下に、2人の陶工が描かれている。

[19] 陶工
陶工の同職組合の憲章
1567年
右手で壺の下部を支えながら、左手で口縁を成形している。

り、地域によっては化粧漆喰が石細工に取って代わることもあった。橋や建物の土台には、大きくて堅固な木製の基礎杭が打ち込まれた。

陶業

（▼図版篇●097―099）

焼き物に関わる職業のうち、中欧の陶器生産は、中世初期にはかなり高いレベルに達した。すでに九世紀のモラヴィアでは、ビザンツにも匹敵する素晴らしい陶器が轆轤《ろくろ》で作られ、陶芸窯で焼かれていた。一三〇〇年頃に、手動轆轤から二枚のペダル付轆轤による生産へと転換する。これにより足で速く回転させることができるようになり、成形するために両手を自由に使えるようになった。このように急速回転で成形された容器は薄く、

繊細で、それ以前のものよりもフォルムが完成されていた。かつては、粘土の塊をくっつけて、手間をかけてゆっくり動かして成形したのである。木製の陶器用轆轤は、チェコ図像ではよく目にするが、その構造は十八世紀末まで変わることはなかった。

輸送と交易

（▶図版篇◉108—123）

中世初期には、遠距離輸送と遠距離交易は切っても切り離せない関係にあった。時代の移り変わりとともに生産量が増大し、生産物の交換が発展したとき、ようやく輸送から交易は分離し、輸送技術も改良された。重い荷車やロバが荷を積んで内陸の交易路をめぐる姿がみられるようになる。旅する人びとは、浅瀬になっているところや、木橋が架けられているところを選んで川を渡った。十二世紀後半以降、プラハには石造の橋が存在したが、これは中欧で最初の石橋であり、チェコ人が大いに誇りとするところである。河川交通では、中世初期には丸太をくりぬいた船が使われていたが、しだいに筏や渡し船による商品輸送へと変わっていった。

十四世紀後半に、カレル四世の宮廷では非常に壮大な水運整備プロジェクトが検討されていた。大陸を縦断する運河を整備して、重要なヨーロッパの交易拠点をプラハと結び付けようというのである。谷間に堤防を築き、ヴルタヴァ川とドナウ川を運河でつなぐ計画は、けっきょく実現することはなかった。しかし、この頃から

［20］プラハ、ヴルタヴァ川の渡し場と漁師
ルーラント・サーフェリー『プラハ新市街の風景』1610年（▶図版篇◉032）
中州には漁に出る小舟が、手前の川岸に釣り糸を垂れる人びとがみえる。

河川を航行可能にするための整備がはじまり、とくに十六世紀以降に進捗してゆく。この頃、河川交通を管理する規則が定められ、プラハに造船所が建設されている。

チェコ諸邦では陸送が一番適していたことは言うまでもない。十四世紀にはより大きく、より丈夫な荷車が作られるようになり、その二世紀後には、図像資料でもみられるように、乗客も商品も、どちらもすぐれた水準で輸送できるようになる。技術的な完成度と軽量化に関しては、中欧の荷車は決して西欧や南西欧に劣るものではなかった。一方、十六世紀から十七世紀にかけては、舗道はほとんど整備されておらず、交易商人はそのことを嘆くのがつねだった。ただ帆布を天井に張っただけの大きな荷馬車のなかでずっと揺られなくてもすむように、旅行者がより快適に輸送される方法を考案しなければならなかった。一番快適だったのは、十五世紀以降では箱型有蓋馬車、その後十七世紀初頭からは、最初に幌付軽四輪馬車、次いでランドー型、ベルリン型と開発がすすんだ。それらの馬車は椅子籠や、冬には橇によって代替されることもあった。馬車は木製ないし籐製の天井をもち、椅子が貼られ、そしてときに石炭の足温器を備えていた。建築業や養魚業、鉱業、そのほかの職種は、家畜を使ったものであれ人力であれ、輸送のための特別な手段をもっていた。

[21] 筏乗り
プラハ筏師同職組合の印章
1574年
プラハは、都市の中央をヴルタヴァ川が流れている。14世紀半ばに石橋が架けられたが、その後も筏や船は重要な交通手段だった。

[22] プラハ、ヴルタヴァ川の渡し場
エギディウス・サデラー『プラハ眺望』
1606年
サデラー（3章図［12］）は出版業者。原画はオランダ出身のフィリップ・ヴァン・デン・ボッシェが描き、ドイツ出身のヨハネス・ヴェフター（1550?-1606?）が彫った。

職業としての交易は、一般的な生産と需要の水準ほどには、それ自身の技術的前提に基づくものではなく、生産品の交換制度の発展に依るところが大きい。我われはこのことを文字資料においても、図像資料からも確認できる。交易の発展にとって重要だったのは、度量衡システムの一般化と測量技術、貨幣金属の利用である。それらは十世紀にはチェコ諸邦でもはじまっていた。チェコでも十四世紀初頭には、程度の差こそあれ、統一された体系のなかで貨幣に依存するようになってゆく。この頃には交易商人たちも実務的な補助具——算術表やいわゆる「計算尺」台——を知っていた。これらの算術道具は、この後数世紀にわたっても、基本的な計算には十分役立つものである。交換制度には、銀行や為替の発展も欠かせないものだったが、それらはとりわけ十六世紀以降に著しい発展をみせた。

［23］商売の光景
スラヴィェチーン教区教会の壁画
14世紀後半（▶図版篇◉003）
黒ひげの男性は、腰に吊るした財布から
小銭を右側の女性に渡している。左はパンの売買。

［24］ワイン樽と大桶の計量
ヤン・コビシュ・ズ・ビーティーシュキ
『ワイン樽の修理とサイズについて』
1596年
初版は1574年だが現存しない。
ヤン・コビシュ（1540?-1600?）は、
一説によればヴァヴシネツ（▶図［17］）の兄弟。

第Ⅱ章◉図版篇

◉── 058

織布道具

『ロムニツェ昇階誦』
1578-82年

織工である寄進者のもの。亜麻織物生産で有名なこの都市の職工たちは、自らの手仕事のシンボルを聖歌集の頁に描かせた。機械全体は描かれていないが、織機の重要な3つの部品（余分な羊毛を梳いて取り除く梳毛《そもう》ブラシ、経糸の間に緯糸を通す杼《ひ》、通した緯糸を平行に押し込む筬《おさ》）が示されている。この時代のチェコの図像資料に織機全体を描いたものはない。

▶亜麻織物を特産とするロムニツェの発展は、名門貴族ヴァルテンベルク家がボヘミア北東部の所領の中心地として同地に城館を築いたことからはじまる。その城館も描かれている昇階誦は、まさにロムニツェの絶頂期に領主の発案によって制作された。挿絵のほとんどは、プラハ新市街の挿絵師ヤン・カントルが描いているが、一部にロムニツェの画家ダニエル・ゲリウス・キュリウス、別名ウシャークが参加しているらしい。

◉—059

亜麻布のローラー掛け

皇帝フェルディナンド1世の特許状
1562年1月17日付

この特許状は染色職人およびローラー掛け職人の同職組合規則を承認している。亜麻布はしっかりと縮絨され、漂白ないし染色されたのち、ようやくローラー掛け職人の手に渡された。ここから親方と徒弟が黒い亜麻布の仕上げにかかる。まずローラー掛け作業台の上に亜麻布を載せて熱湯をかける。続いて亜麻布の上で重い木製のローラーを往復させる。この作業により生地は滑らかにされ、引き延ばされる。

▶15世紀後半からチェコとハンガリーの国王を兼ねたヤギェウォ家の当主ルドヴィーク（1516-26）が、1526年にモハーチの戦いで戦死すると、ルドヴィークの姉を妻とするハプスブルク家のフェルディナンド（1526-64）が両国の国王に選出された。彼はオーストリア大公も兼任しており、オーストリア系ハプスブルク家の祖となる。1556年からは帝位にも就いた。

◉—060

杼

テルチ織工同職組合の印章
1524年

旗や長持、印章などに同職組合の紋章には、必ず杼《ひ》が登場する。

▶テルチはモラヴィアの中心都市ブルノとボヘミア南部を結ぶ交通の要衝として発展した。14世紀町を所有するフラデツ家はロジュンベルク家（▶図◉057訳註）と同族で、16世紀には養魚場の経営によって繁栄した。当時の当主ザハリアーシュは、1530年の火事で街が灰燼に帰した後、ルネサンス様式で統一したテルチの復興を思い立つ。イタリアから建築家を呼び寄せ、市民に邸宅のデザインを競わせ、こうして今に残るカラフルな街並みは完成した。この印章が製作されたのはその直前の時期。

◉—061

杼と梳毛ブラシ

セゼミツェ織工同職組合の印章
1579年

かつては杼以外にも、梳毛《そもう》ブラシが織工の道具としてよく印章に描かれていた。

▶セゼミツェはボヘミア東部の中心都市パルドゥビツェ近郊の小都市。フス派戦争中にフス派から攻撃を受け、徹底した破壊を受けた。その後、15世紀末にモラヴィアの大貴族ペルンシュテイン家の所有に帰したことにより安定して発展した町は、16世紀後半に2度の火事に見舞われたが、その都度復興した。この印章が制作されたのは、まさに1570年と1584年の火事の合間。

◉── 062

起毛

「ターボル羅紗起毛職人同職組合憲章」
1577年

2人の起毛職人が起毛ブラシで羅紗をこすっている。毛羽を出し、手触りや保温性を良くした後、生地は裁断され、衣服に仕立てられる。羅紗が掛けられている枠の横棒の上に、画家は羅紗織職人の紋章を書き加えた。起毛ブラシ、交差した2本の起毛弓（「小姓」）、さらに中央にも印章の押し型が2つある。親方は印章を押して羅紗の品質を保証した。1個から3個まで、印の数が多いほど品質はよい。

▶ターボルはフス派運動（▶図◉046訳註）の急進派の拠点。旧約の「士師記」4章に登場するタボル山にちなむ。もともとは小さな集落だったが、1420年にフス派信徒数千人が移り住んだ。彼らは、川の断崖と湖という天然の防御壁に恵まれたこの町を、さらに多角形の城壁で囲んで城塞化した。市街地は入り組んだ迷宮のようになっており、純粋に軍事目的で建造された都市であることがわかる。フス派戦争終結後の町の経済を支えたのは、この図像が示すように羅紗織物だった。画家ルートヴィッヒ・オーバードルファーについては、オーストリア北部フライシュタット出身のドイツ人であること以外は不明。

◉—063

起毛ブラシ

無名のラテン語典礼書
1521年

羅紗を起毛するための道具、起毛ブラシは、古い時代にも羅紗の起毛作業のシンボルとしてよく用いられている。起毛ブラシには、柄を貼ったラシャカキグサ（学名*Dipsacus fullonum*）の毬果が使われた。ヨーロッパでは15世紀の末から次々と、ローラー型の起毛用器具が発明されている。しかし、18世紀になってもなお、布地を裁断する前に毛羽立たせ、手触りをよくするために、この道具はとても役立つものだった。

▶典礼書は、司祭がミサを挙行するために祈禱文やミサの手順、聖歌などを収集したもの。チェコの彩飾写本を分析したブロツキーの研究書（巻末参考文献補遺Brodský, P., 2012）では、全部で34の典礼書が紹介されている。しかし、本図や図◉109を含むこの典礼書は掲載されていない。研究者はあまり取り上げられないものらしく、本書に載せた情報以外は不明。

●── 064

羅紗織道具

ヴォドゥニャニの織工同職組合の印章
1596年

羅紗織職人の印章には、古い時代ほど起毛ブラシが採用されている。しかし16世紀以降になると、起毛後に羅紗の毛羽をカットするための大きな裁ち鋏を用いることが一般的になった。ここでは、鋏の両脇に起毛ブラシと、布から節玉をとるためのナイフが描かれている。

▶ヴォドゥニャニは、ヴルタヴァ川の支流の支流、小さなブラニツェ川と複数の養魚池に囲まれたボヘミア南部の都市。13世紀の国王が築いた国王都市群のひとつが出発点。ターボルとは異なり、15世紀からは先述の養魚および金山によって栄えた都市で、必ずしも羅紗織物が主要産業というわけではない。16世紀半ばには、フェルディナンド1世（▶図●059訳註）から王立鉱山都市として認定されている。それを示すように、町の紋章にはボヘミアの獅子（▶140頁）と鉱夫のハンマーが採用されており、市民のアイデンティティはむしろ鉱山にあるといえよう。

●── 065

裁ち鋏

国王の仕立屋ペトルの印章
14世紀前半

職人個人の印章としてはチェコ諸邦最古の例。彼は自分の職業のシンボルを彫らせている。

座した靴屋は革紐で膝の上に靴を固定し、靴底を専用のナイフで成形している。つま先が大きく突き出た乗馬靴はゴシック様式のもの。

●— 066

靴の成形

スラヴィェチーン教区教会の壁画
14世紀後半（▶図● 003）

▶「サムエル記上」6章。モーセは十戒の内容を石板に刻み、箱に収めて保管させた。これを「契約の箱」という。その後、箱はイスラエルに勝利したペリシテ人により持ち去られる。ところが、災害に見舞われたペリシテ人は恐怖し、箱をイスラエルに返還した。彼らは2頭の牝牛に「契約の箱」を載せた車を引かせ、国境のベト・シェメシュまで運ぶ。ベト・シェメシュ人は喜び、「車に使われた木材を割り、雌牛を焼き尽くす献げ物として主にささげた」。図像はこの場面を示す。聖書の記述に従えば、雄牛ではなく雌牛だが、それはともかくとして、中世ヨーロッパでは牛がよく食べられていた。農事暦では豚の解体が印象的だが、牛の方が多かったともいう。

◉— 067

雄牛の屠殺

『チェコ王ヴァーツラフ4世の聖書』
1389-1400年（▶図◉025）

旧約聖書の犠牲の場面。斧で殴られるところが描かれている。

◉— 068

皮鞣《なめ》し

『チェスキー・ブロト聖歌集』（▶図◉ 007）
1552-70年

毛皮が手作業で製造されているあいだは、道具や方法にほとんど変化はなかった。右側で毛皮作業台に座っているのは親方。彼は固定された銓刀に水洗いした生の毛皮の内側をあてて、滑らかになるまで擦る。柔らかくなり、完全に皮がきれいになるまで、必要があれば糠を入れた水に再度浸し、大桶の中で踏みつける。その次に、ようやくシャツの袖をまくり上げた男たちの出番となる。ルネサンス様式の市民服で描かれた彼らは、細い棒で毛皮を打ち始める。水に浸したときに入り込んだ糠を毛皮からたたき出すためである。

◉── 069+†

肉屋の紋章

『プラハ小地区の昇階誦』（▶図◉070）
1573年

◉── 069

雄牛の屠殺

『チェスキー・ブロト聖歌集』（▶図◉007）
1552-70年

肉屋の同職組合は、寄進者たる彼らの職業が、典型的ではあるものの、教会の書物としてはいささか残酷な場面で表象されることを望んだ。画家は頁の端に古くからあるチェコの肉屋の紋章を描いている。獅子が肉屋の斧をもつ意匠（▶図◉69+／140頁）である。

●—070

雄牛の屠殺

『プラハ小地区の昇階誦』
1573年

プラハの肉屋同業組合の成立を、古い文学的伝統にしたがって描写している。たくし上げた白い前掛けは肉屋の作業着。その下には、流行したルネサンス様式の市民服がみえる。先頭の肉屋はベルトに砥石と鞘に入れたナイフをつけている。

▶チェコ語で聖歌を書き、ルネサンスないしマニエリスムの豊かな挿絵を付された、この時期のチェコの典型的な昇階誦。『ロムニツェ昇階誦』(▶図●058/080など)の挿絵を描いたプラハ新市街の写本装飾師ヤン・カントルが1巻を、未完の2巻をリンドペルクのマチェイ・オルニスが手掛けた。後者も▶図●009の『トゥシェベニツェ聖歌集』、『ムラダー・ボレスラフ聖歌集』など、関与した作品は多い。マチェイの才は写本彩飾だけに発揮されたのではなかった。皇帝に測量技師としても仕え、各地の国王都市の測量をおこなっている。

◉—071

モルト製造用の櫂板

『ロムニツェ昇階誦』（▶図◉058）
1578-82年

モルト製造業者とその同職組合は交差したモルト製造用の櫂板を紋章とした。乾燥させるモルトは乾燥室の桟棚におき、職人が図のような櫂をシャベルのように使ってかき回した。この作業は彼らの腕にかかっていた。職人は櫂板の湿り気とモルトの色をみて、作業を終了するかどうか判断したからである。そのため、櫂板はモルト製造の熟練の技を象徴するものとなった。

▶チェコは世界に冠たるビール大国（ビールの個人あたりの消費量が世界一）だが、ワインと比して関連する図像が少ない。既述のように、モラヴィアではワインの醸造が盛んなのに対して、より寒冷な気候のボヘミアでは中世以来、ビール醸造が産業として発達し、ホップの栽培も早くからおこなわれている。とくにジャテツ（ドイツ語名ザーツ）産のホップは高品質で、日本にも輸入されている。ホップは中世から栽培されており、有名なドイツの法書『ザクセンシュピーゲル』にも言及がある。ビール醸造の図版としては、ヨースト・アマンによる16世紀のものが有名（『西洋職人づくし』岩崎美術社）。

◉—072

製粉小屋

ルーラント・サーフェリー
『プラハ、ヴルタヴァ川の水車小屋』
1610年頃

川岸に設置されているのは下射式水力製粉機。単純な構造ではあるが、他と比較にならないほど効率的だった。農村では、そのガタガタという音が20世紀に入ってもなお響いていた。オランダの画家ルーラント・サーフェリーは、プラハのヴルタヴァ河畔の製粉機群に心惹かれたようである。プラハ旧市街の風景を描いたこの水彩塗料のペン画では、絵の前景を水車の巨大な羽根車が支配している。

▶聖ヴァーツラフ（921-929/35）はプシェミスル朝4代目大公。祖母ルドミラ（860頃-921）の養育により、敬虔なキリスト教徒として育つ。即位後、東フランク王ハインリヒ1世（919-36）に従属し、聖ヴィートの聖遺物を贈与された。この聖人に奉献されたのが、プラハ城内に立つ聖ヴィート大聖堂である。彼の親フランク的政策は弟ボレスラフ（929/35-67/72）一派の反発を買い、暗殺された。死後すぐに奇跡が語られはじめ、複数の聖人伝（▶図◉075訳註）が成立する。なお、彼の聖人伝は、祖母の聖ルドミラとセットのことが多い。カレル4世は自ら『聖ヴァーツラフ伝』を執筆し、またチェコ諸邦の統合の象徴として「聖ヴァーツラフの王冠」を作成した。ヴァーツラフはチェコの民族的守護聖人となり、その殉教日は今も祝日である。

◉── 073

粉挽き

カルルシュテイン城大塔の壁画
1360年（▶図◉035）

画家がこの壁画を制作した頃、チェコではどの地域でも水力製粉機によって小麦粉が挽かれていた。水力が利用されていた証拠は少なくとも12世紀までさかのぼることができる。しかし、画家は意図的に古風な表現をした。『聖ヴァーツラフ伝』の文学的伝統に則り、手動の石臼で粉を挽く聖ヴァーツラフを描いたのである。こうした光景はいまだに農村のいたるところでみられる。画家は構造の細部を正確に描くつもりはなかった。2つの石の間に入れられた穀物は、上臼が回転することにより粉砕され、穀物の粉が桶に落ちる。粉挽きは、小麦粉が十分に細かくなるまで何度も繰り返さなければならない。時間のかかる重労働だった。

◉——074

パン焼きと計量

『チェコ王ヴァーツラフ4世の聖書』
1389-1400年（▶図◉025）

聖書中の一場面。イスラエル男性が町へ逃げ込むと、そこでは4人の女性がパンを焼き、計量している。家庭でのパン焼きは女性の仕事だった。戸外の窯は屋根に覆われている。市民服を着た女性が、ちょうどスコップを使って窯から大型の丸パンを出しているところ。それを受け取った他の2人が重さを量っている。

▶原著は聖書の出典を示していないが、人びとが町へ逃げ込み（画面左の竈上に見える足がそれと思われる）、女性がパンを焼き、量るという情報からすると、「レビ記」26章だろうか。「わたしは、契約違反の罰として戦争を引き起こし、あなたたちが町に引き揚げるなら、あなたたちの間に疫病をはやらせ、あなたたちはついに敵の手に渡される。わたしがあなたたちのパンの備えを砕くときには、10人の女たちがパンを焼くにもわずか1つのかまどで足りるほどになる。焼いたパンを量って配り、あなたたちは食べても満腹することはない」（25-26節）。偶像崇拝の禁止に続く、祝福と呪いの規定の箇所。神に反抗したさいの処罰が延々と語られる。

◉—075

小麦粉篩いと聖餅焼き

「聖ヴァーツラフ伝」
『ヴェリスラフ聖書』（▶図◉010）
1340年頃

農村では今でも料理人が弦を張った網で小麦粉を篩っている。画中の聖人は、篩った小麦粉でつくった種無し聖餅を鉄のトングで焼いている。粘土をドーム型に固めたこのタイプの窯は、たいてい屋外に建てられた。窯前部の供給口は火を起こすのにも、パンを出し入れするのにも使われる。煙は側面の高い位置にある穴から抜けてゆく。

▶929/935年の殉教後、10世紀半ばには教会スラヴ語で聖人伝が執筆された。ラテン語版も970年代には成立する。これにはヴァーツラフを殺害した弟ボレスラフ1世が972年に死んだこと、その翌年にプラハ司教座が設立されたことが影響した。他にもラテン語や教会スラヴ語で複数の版が存在する。聖人伝のヴァーツラフは、自ら畑に出て小麦を刈取り、刈穂を積み、小麦粉を篩い、聖餅を焼いた。また、ブドウを摘み、潰し、樽に注いでワインを醸造した。チェコにワインをもたらしたのは聖ヴァーツラフだと伝えられる。プラハ城聖ヴィート大聖堂入口の右扉絵には、聖ヴァーツラフの生涯が4枚のレリーフで示されている。3枚目が聖餅とワインを準備する聖人。

◉—076

鍛冶

顎鬚、長靴、革の前掛け、ベルトに下げた小袋。鍛冶屋はこのように描かれた。彼が鍛造しているのは犂刃である。

『チェコ王ヴァーツラフ4世の聖書』
（▶図◉025）
1389-1400年

▶原著はセデキウスの名をあげている。ケナアナの子ツィドキヤ（セデキウス）は、イスラエル王とユダ王が協力してアラム王と戦争する場面で登場する（「列王記上」22章）。イスラエル王は400人の預言者を招集して、戦うべきか否かを問う。これに対して預言者の1人ツィドキヤは「数本の鉄の角を作」り、神はこれをもってアラム人を突き殺せと言っている、と告げる。一方、この章の主人公はいつもイスラエル王に災いを預言するミカヤである。王の予想通り、彼は戦争に反対する。ツィドキヤの預言を信じた両王は開戦するが、イスラエル王は戦闘で落命した。図像のツィドキヤは犂刃を鍛造しているが、「鉄の角」からのイメージだろう。

◉── 077

鍛冶

『チェスキー・クルムロフ宗教論集』
（▶図◉057）
15世紀初頭

聖書の物語を手掛けた画家は、鍛冶屋の仕事を牧歌的に描いた。鍛冶屋の紫色の上着よりも、鉄床と鍛造用トングを載せた大きな丸太のほうが、物質的には現実に近い。

▶原著に場面の示唆はないが、実際の写本には図の上に見出し文があり、トバル・カインの名が記されている。次図（▶図◉078）で登場するアダムとイヴの息子である。真ん中で弦楽器を奏でるのは彼の兄弟ユバル。

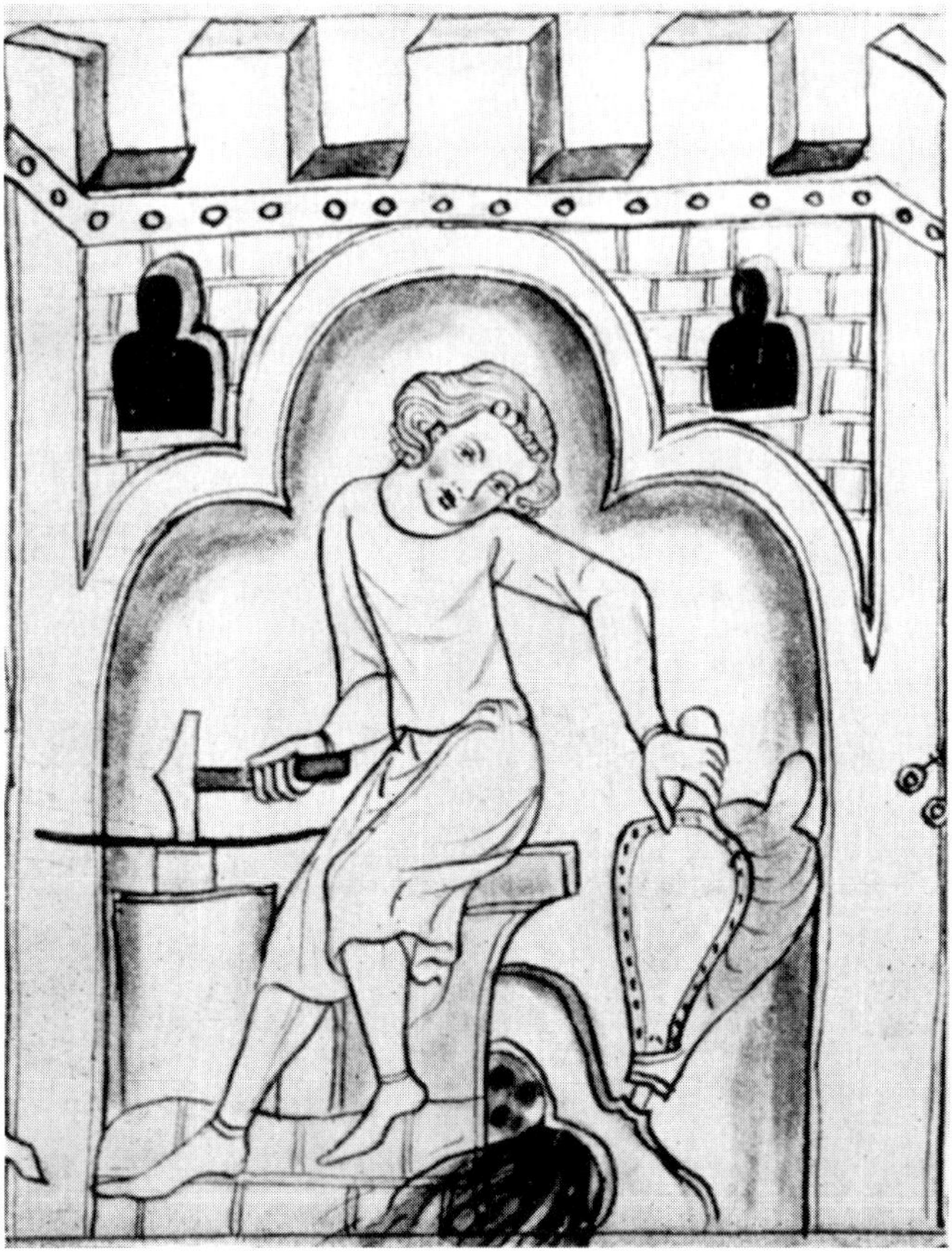

◉──078

鍛冶

『ヴェリスラフ聖書』（▶図◉010）
1340年頃

腰かけている鍛冶屋は、文字通り作業で手がふさがっている。彼の右手は鉄床の上の鉄塊を金槌で抑えている。一方、左手は小さな手動の鞴《ふいご》で竈の火をかきたてている。非常に効率的にみえるが、おそらくは、鍛冶屋の仕事を象徴化しようとした画家の想像の産物である。

▶「創世記」4章。アダムを殺害したカインの子孫について語る箇所。カインから6世の末裔「レメクは2人の妻をめとった。1人はアダ、もう1人はツィラといった。アダはヤバルを産んだ。ヤバルは、家畜を飼い天幕に住む者の先祖となった。その弟はユバルといい、竪琴や笛を奏でる者すべての先祖となった。ツィラもまた、トバル・カインを産んだ。彼は青銅や鉄でさまざまな道具を作る者となった」。トバル・カインはこの記述により鍛冶屋の祖とされる。鞴は、手動のものから水力で動かすもの（▶図◉167）まで、大きさはさまざまだった。しかし、本文で述べられている通り、片手で動かすことは難しかったのだろう。図◉106は両手で使っている。

◉—079

鍛冶

『チェコ王ヴァーツラフ4世の聖書』
1389-1400年（▶図◉025）

聖書中の一場面。典型的な革の作業用前掛けをした若い鍛冶屋が、鉄床の上の鉄製刃を鍛造している。

▶原著は「ヨナが贈り物を受け取っている」と註記するが、「ヨナ記」には鍛冶屋は登場しない。図像の請求番号が正しいのであれば、ダビデが祭壇ないし神殿を建築する場面（「歴代誌上」21-22章）だろう（▶図◉095訳註）。

◉—080

蹄鉄工の道具

『ロムニツェ昇階誦』（▶図◉058）
1578-82年

蹄鉄工の紋章の金槌と馬蹄用鏨《たがね》。16世紀になると、鍛冶屋と蹄鉄工の専門道具の数が増えた。ここには交差する金槌と、その真ん中に、馬の蹄を削るときに使う削蹄剪鉗《さくていせんかん》が描かれている。後者の形状は今でもほとんど変わっていない。

◉——081

鉋掛け

スラヴィェチーン教区教会の壁画
14世紀後半（▶図◉003）

手に鉋《かんな》をもつ指物師は、簡単な鉋台に固定された木材に、まさに取り掛かろうとしている。

●—082

樽作り道具

フラデツ・クラーロヴェー樽職人同職組合の印章
1620年

樽職人が仕事を得られるのは、ワイン醸造人とビール醸造人あってこそである。彼らは似たような業種との違いを打ち出すために、樽職人特有の道具を印章にしている。コンパスは樽底に線引きするため、鑿《のみ》は樽に底をはめる溝を掘るため、ナイフは箍《たが》を締めるため、木槌はそれを打ちつけるための道具。

▶フラデツ・クラーロヴェーのフラデツは「小さな城」、クラーロヴェーは「王妃の」という形容詞。すなわち「王妃の城（町）」を意味する。ボヘミア東部の国王都市として早くから発展していたが、1306年にルードルフ1世（1306-07）が王妃エリシュカに街を贈与したことが名称の始まり。ルクセンブルク朝期のフラデツは、市民用の宗教書『フラデツ冊子本』が制作されるなど、文化的に繁栄した。ところが、16世紀後半には火事、黒死病と災厄が続けて町を襲い、さらに1618年には、カトリックのハプスブルク家に対するプロテスタント貴族の蜂起をきっかけとして三十年戦争がおこる。フラデツは甚大な被害を受け、700軒あった家屋が戦後は200軒しか残らなかったという。印章の作成時期は戦災の直前か。

◉—083

大工道具

プラハ大工同職組合の櫃
1594年

象眼細工の図像。両側にあるのは、長くて身幅の狭い薪割り斧と2つの交差した大工鉤。その中央には木挽き用鋸。この鋸は2人で使うもの。木板を切断するために用いられた。

◉—084

大工道具

プラハ大工同職組合の櫃
1595年

櫃の蓋の内側部分の象眼細工。肩に斧をのせた2人の職人が、大きな差し金とコンパスをもっている。それらなくして正確な大工仕事は成り立たない。

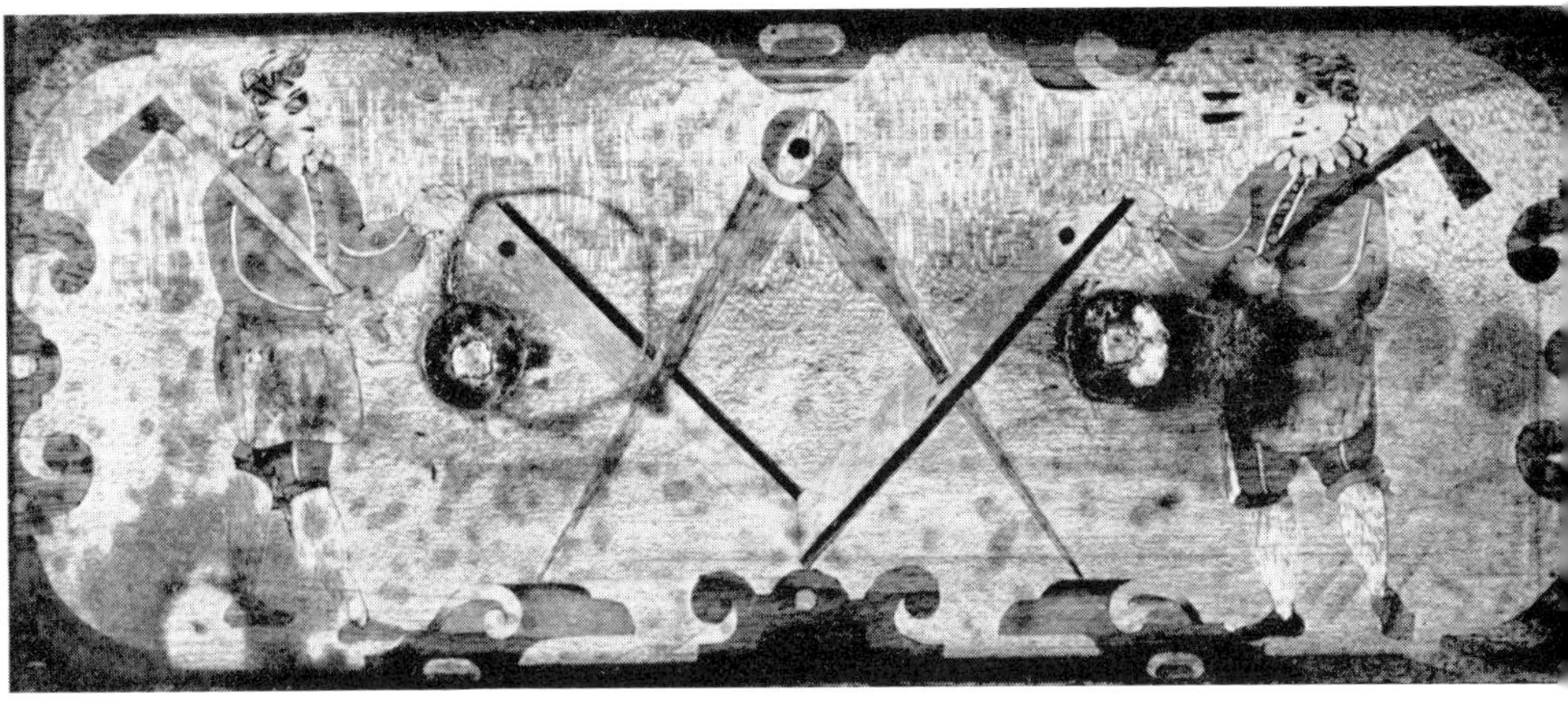

◉—085

建設現場

『チェコ王ヴァーツラフの聖書』
1389-1400年（▶図◉025）

この聖書には建築をモチーフとした細密画も多い。建築分野でもっとも重要なのは大工である。梁、階段、床、小幅板、屋根組み。まさにほとんどすべてが大工の仕事だった。地面では2人の大工がはつり斧をふるい、狭刃斧でおおざっぱに削られた木板の最終仕上げにかかっている。ベルト付の短く赤いチュニックの日雇い労働者は、木板を肩に担いで建築中の建物のなかへ急いでいる。左側の2人は梁を起重機のロープに結び、ゴロゴロと音をたてながら引っ張り上げている最中である。一方、小屋組にいる大工は深く体を傾けて、楔を打ち込んで木材を固定しているところ。また、屋根の大棟では屋根葺き職人が葺き板を屋根に打ち付けている。こうした建設現場は活気に充ちあふれていた。建築作品は中世の技術を象徴する。画家は、その作品が生み出される活き活きとした共同作業を示そうとした。

▶原著に註記はないが、写本中の位置から考えて、おそらくは「サムエル記下」5章のダビデがエルサレムの町を建設する場面。彼はシオンを占領すると、その要害の周囲に城壁を築いた。すなわち「ティルスの王ヒラムはダビデのもとに使節を派遣し、レバノン杉、木工、石工を送って来た。彼らはダビデの王宮を建てた」。古代世界で名高いレバノン杉の産地ティルスの王はイスラエルに友好的だったという。彼は、ダビデの息子ソロモンが神殿を造営するさい（▶図◉091訳註）にも、レバノン杉を贈与している。

◉──086

塔の建設

『チェコ王ヴァーツラフ4世の聖書
1389-1400年（▶図◉025）

高いゴシック建築の技術は称賛されるべきものだった。他の多くの者と同じように、この画家もその建築風景にバベルの塔のビジョンを描き出している。垂直に物資を運搬する一般的な方法は、まず手で運ぶことだった。一方、非常に高いところまで重い石材を運び上げる必要もある。その場合手動巻き上げ機はあまり効率的ではないため、ここでは大きな足踏み車が描かれている。14世紀には、手動巻上げ機に代わってこの足踏み車を、城の深い井戸で、のちには鉱山でも目にするようになる。壁に渡された梁の上に乗り、側板をこえてそびえているゴシック建築の現場は、中世の細密画からしかイメージすることができない。煉瓦工が作業できるかぎり、足場は上へ上へと移されていった。建築をモチーフとした図像ではさまざまなタイプの足場が現れる。

▶ブリューゲルの絵画などでも有名なバベルの塔のエピソード（「創世記」11章）。ノアの子孫についての語りの中に挿入されている。当時、世界中はみな同じ言葉を使っていた。ところが、人びとは「石の代わりにレンガを、しっくいの代わりにアスファルトを用いた」天まで届く高い塔のある町を建てようとした。神はこれをみて、人びとの企みを阻止するために、「彼らの言葉を混乱させ、互いの言葉を聞き分けられぬようにしてしま」った。中世の建築場面のほとんどはバベルの塔の建設がモチーフとなっている。とりわけ垂直方向への志向を特徴とするゴシック大聖堂の建築場面にふさわしい。

浮いた鉄の奇跡の場面。手斧だけでどこまで作業できるのか。それは大工の腕次第であった。木材は鉤で木挽き台に固定されている。斧を一定のリズムで、そして正確に打ち込むと、完璧に仕上がった梁が削り出されてくる。

◉——087

製材

『チェコ王ヴァーツラフ4世の聖書』

(▶図◉025)

1389-1400年

▶「列王記下」6章。預言者エリシャが示した数々の奇跡のひとつ。エリシャは共住地を拡大するために、預言者仲間とともにヨルダンへ材木を調達にゆく。「そのうちの1人が梁にする木を切り倒しているとき、鉄の斧が水の中に落ちてしまった」。彼が困惑の声をあげると、エリシャは斧が落ちた場所を尋ね、「枝を切り取ってそこに投げた。すると鉄の斧が浮かび上がった」。図像はエリシャと預言者たちが切り倒した木に鉋をかけ、製材としているところ。画面に描かれてはいないが、出来事はヨルダン川のほとりでの作業中と理解されており、川に沈んだ斧が浮き上がってくる奇跡は、墓から復活するイエスを象徴するものとされた。斧は十字架を象徴する。

●── 088

製材

『聖母マリアの典礼次第』
（▶図● 053）
1200-30年

ロマネスク様式の画家は、箱舟を建造するノアを描いた。輪郭は単純かつ非常に形式的。角材はかなり原始的な木挽き台に固定され、身幅の広い斧（はつり斧）で削られている。

▶楽園追放と並ぶ「創世記」の有名なエピソード（6–8章）。アダムとエヴァの末裔が繁栄し、それどころか悪事を働くようになったのを見た神は、地上のすべてのものを洗い流すために大洪水をおこした。ただ、「神に従う無垢な人」ノアだけは、神のお告げにより箱舟をつくってその時に備えていた。ノアとその家族、そして鳥獣のつがいを載せる船を、神は次のように造らせた。「箱舟の長さを300アンマ、幅50アンマ、高さを30アンマにし、箱舟に明かり取りを造り、上から1アンマにして、それを仕上げなさい。箱舟の側面には戸口を造りなさい。また、1階と2階と3階を造りなさい」。アンマは約50センチ。画面の中央では神が3層の箱舟を指さしている。

◉—089

起重機と足踏み車

『リトムニェジツェ聖書』
1411年

ゴシック建築の技術的成熟を示す絵のひとつ。バベルの塔の建設を描いている。

▶『リトムニェジツェ＝トゥシェボニュ聖書』(▶図◉017訳註) あるいは『ペトル・ズムルズリーク・ゼ・スモイシナ聖書』とも。全3巻本であり、そのうちの2冊がリトムニェジツェ国立地方文書館に、もう1冊がトゥシェボニュの国立地方文書館に所蔵されていること、また貨幣鋳造長官ペトル・ズムルズリーク・ゼ・スモイシナが発注主だったことに因む。彼はボヘミア東部の有力貴族で、彩飾写本文化のパトロンとして知られている。聖書を執筆したプラハのマトウシュは、ウルガタ聖書とは異なる独自の配列をなしている。画家が複数いたことはわかっているが、個々人の情報は伝わっていない。

◉—090

建設現場

『チェスキー・クルムロフ宗教論集』
15世紀初頭 （▶図◉057）

バベルの塔の建設。この画をみると、煉瓦工がモルタルを掬っている鏝は、現代と同じような形状だった。親方は徒弟とともに、大聖堂の壁を高く積み上げようとしている。下では赤い服を着た見習いがモルタルを混ぜている。

◉—091

起重機

カルルシュテイン城大塔の壁画
(▶図◉035)
1360年頃

カルルシュテイン城大塔の聖十字架礼拝堂へつながる階段の壁画の一部。プラハ城の聖母マリア礼拝堂の建設を描いている。人びとの知恵は、下に積まれた重い資材を相当高い足場まで運び上げることを可能にした。そのおかげで、建築家は大聖堂の内部空間を細く、そして高く構築できるようになった。

◉—092

吊り足場

カルルシュテイン城大塔の壁画
（▶図◉035）
1360年頃

ソロモンが都市の建設を説く場面。大きな建造物が完成する。煉瓦工がまだ塔の強固な壁を建設している最中に、もう屋根葺き職人は吊り足場で働いている。しかし、最後の石を積み上げ、最後の釘を打つまで、日雇い労働者は下で石灰を消和して消石灰をつくり、それと砂、水を混ぜたモルタルを運び、そして煉瓦を準備しなければならない。

▶「歴代誌下」2-4章。ダビデの子ソロモンは即位後に支配を固めると、父の残した材料を使って神のために神殿を、自分のために王宮を建造するように命じた。ソロモンはティルス王ヒラムに使節を送り、食料と引き換えにレバノン杉などの木材、および熟練した職人の派遣を請求する。一方、イスラエルの居留民の人口を調べ、「7万人を荷役の労働者、8万人を山で石を切り出す労働者、3600人を民を働かせるための監督とした」。この後、聖書は神殿の巨大さ、装飾の見事さと豪華さの描写に紙幅を費やす。神殿と王宮は都合20年をかけて完成した。ここでは、その巨大な建造物の全体ではなく、建築資材の準備と高い足場への運び上げに焦点があてられている。

◉—093

建設現場の危険

『ロプコヴィツェ聖歌集』
1500年頃

頁の余白装飾の一部。この未完のバベルの塔の絵のように、この種の建築現場の図像は混乱と無秩序という印象を与える。しかし、実際の建築現場は堅固な規則と組織が支配していた。なぜなら、建築は多くの人々の共同作業の成果であり、現場ではどんなに健康な労働者でも生命を他人に預けるものだからである。この絵では、ペンチ状の巻上げ機の石材は十分に固定されておらず、下で作業している人々の安全は脅かされている。

▶プラハのロプコヴィツェ家図書館に所蔵されていたことが聖歌集の名の由来。ロプコヴィツェ家当主は、代々君主と良好な関係を築き、王国での政治的地位を維持する一方で、芸術活動の保護に努めた。この聖歌集はプラハの聖ヴィート大聖堂に来歴をもつ可能性が指摘されているが、その成立に同家が関与した形跡は確認できない。また、スタイルから、『リトムニェジツェ聖歌集』（▶図◉031）と同一作者だと推測されている。

◉—094

足場作り

テルチ市民の邸宅のファサード
16世紀後半

足場が見事に建てられてこそ、煉瓦工の安全は保障された。男性はフード付きの短い服を着ているが、ルネサンス時代としてはいくぶん古典的な衣装である。彼が肩に載せている主柱は、大きな建築足場の長い梁となる。

●—095

屋根葺き

『チェコ王ヴァーツラフ4世の聖書』
1389-1400年（▶図●025）

オルナンの脱穀場に祭壇を築くダビデ。この絵のように、大きな都市の建築物は、たいていこけらか瓦で屋根が葺かれていた。

▶イスラエルの人口調査をしたダビデに対して神は怒り、イスラエルに疫病をもたらす。そこでダビデは天使のお告げに従って、オルナンから土地を譲ってもらい、祭壇を築いて献げ物を焼いた。そのときダビデは子の場に神殿を造営すべきと考え、石材、「ダビデはまた門の扉の釘とちょうつがいを造るために鉄」、青銅、レバノン杉を「大量に準備した」。ただし、神殿造営はダビデの準備した材料を用いて、子のソロモンが成し遂げる。

◉—096

屋根葺き道具

プラハ新市街の屋根葺き職人の
同職組合の印章
1614年

この図案の屋根葺き道具は形態が非常にわかりやすい。

◉—097

陶工

プラハの陶工と暖炉職人の看板盾
16世紀後半

木製横木のついた陶工の脚回し轆轤《ろくろ》は古くから存在し、15世紀にも17世紀にも繰り返し現れる。右側には陶工の道具、器を成形するための柄鏝《えごて》がある。

◉—098

陶工と鋳物師

リフニツェ城の化粧煉瓦
15世紀後半

陶工（右）と鋳物師（左）はともにアダムとイヴを守護聖人とするが、両者は容器を製造しているという点において共通しているにすぎない。化粧煉瓦には陶工だけが作業中の姿を描かれた。肘掛け椅子に座り、右足で轆轤を回しながら両手で壺を成形している。

▶リフニツェ城は、ボヘミア東部で古くから発展した都市チャースラフとフルジムに挟まれた山地に、有力貴族ロノフ家によって13世紀に築かれた。世界遺産の鉱山都市クトナー・ホラの南東と説明したほうが早いかもしれない。当初はチェコ語のスヴェトロ城と呼ばれたが、じきにドイツ語化してリヒテンブルク城と称されるようになった。13世紀のチェコはドイツ経由で騎士道文化を受容しており、貴族が城の名をドイツ語化した事例は多い。さらにリフニツェの呼び名が一般化したのは16世紀以降のこと。領主交代の影響だろうか。その後、1610年に城は火事で焼け落ち、再建されることはなかった。現在は、1辺約100mの三角形の城壁が丘上にそびえている。

◉—099

陶工

『ロムニツェ昇階誦』
1578-82年（▶図◉058）

同職組合の寄進者の願いで挿絵に描かれた。陶工が素足で木の轆轤を回転させながら、器用な手つきでミルク壺を成形している。

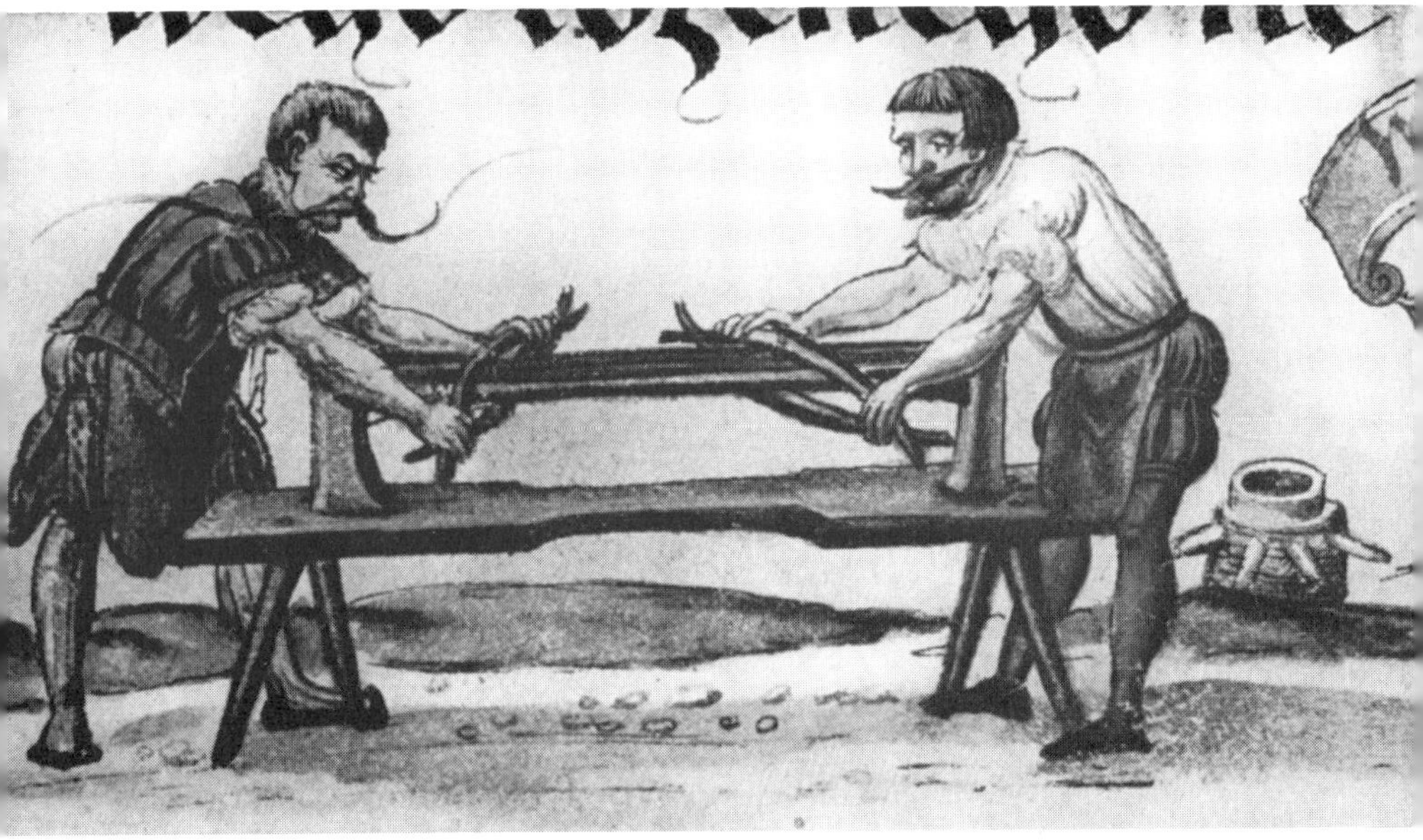

●── 100

刀の研磨

『チェスキー・ブロト聖歌集』（▶図● 007）
1552-70年

革の前掛けをつけた刀工たちは、製品表面の最終調整段階、研磨仕上げに取り掛かっている。彼らは作業台に固定された刃を細い木の棒で磨いている。背景には小さな蒸留炉がみえる。生石灰、油、エタノールを混合し、研磨剤として利用した。

この意匠の考案者は上半分に金細工師の作業場を配置した。そこでは金細工師の守護聖人、司教エリギウスが金槌で鉄床の上の杯を叩いている。鉄床の上方にはさまざまな金細工師の道具が見える。数種類の金槌、彫刻刀、おりべら、等々。

◉— 101

金細工師

モスト金細工師同職組合の印章
1653年

▶モストはドイツ・ザクセン地方との境に近い、ボヘミア北西部の都市。12世紀後半からは国境のクルシュネー山地をこえて、ドイツ人植民者が数多く入植した。その後は同山地の各鉱山に物資を供給する流通拠点として繁栄する。しかし、この図像が成立した17世紀には、町は衰退に向かっていた。三十年戦争中にスウェーデン軍に占拠され続け、そのあいだに経済的重要性を喪失したのだ。戦後、市民は皇帝に願い、スウェーデン軍の戦略的目標として町に苦難をもたらした城を解体している。まさに1653年のことだった。エリギウスは7世紀のトゥルネ司教。元はフランク王に仕えた金細工師だったことから、金細工師、貨幣鋳造師、鍛冶屋などの守護聖人とされる。

◉── 102

石鹼のカット

プラハの石鹼製造業者同職組合の印章
1579年

石鹼製造業者の印章では、薄い針金で石鹼の塊をカットする２本の手をよく目にする。

●—103

石鹼のカット

プラハ新市街のニシン貯蔵庫の記念簿
1619年（▶図●112）

扁額装飾のなかに、細い針金で型から石鹼が切り出される場面が描かれている。

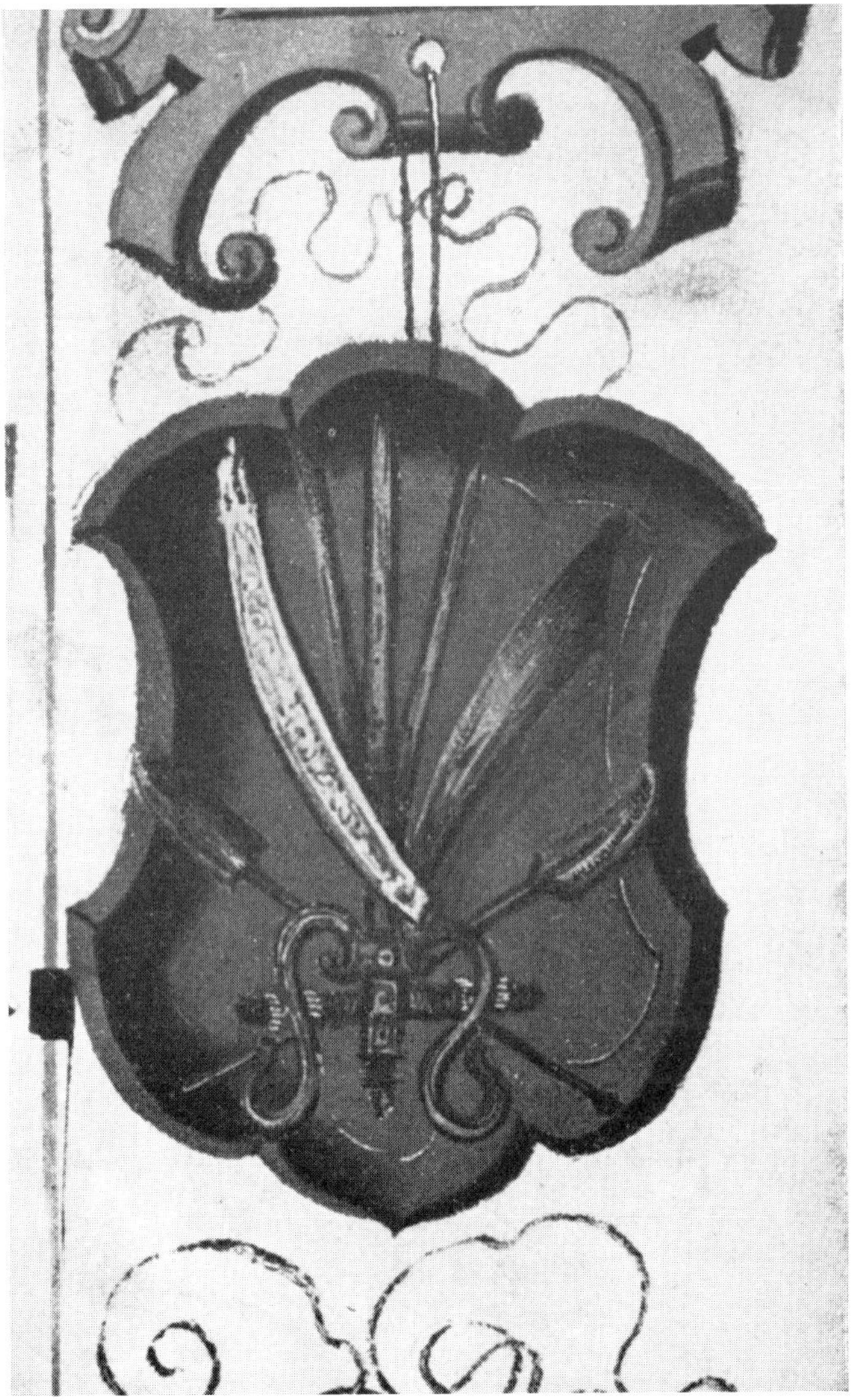

◉— 104

理髪道具

『プラハ小地区の昇階誦』
1572年（▶図◉070）

鋏、剃刀、瀉血器具は理髪師の商売道具だった。

保存状態はあまりよくないが、ガラス職人の作業場の表象としてはユニークなものである。広い作業台では、2人のガラス職人が円形ガラスを鉛の桟にはめ込んでいる。これが窓枠となる。左側では、徒弟が坩堝で鉛を融解している。ルネサンス様式の開き窓の製作風景。

◉── 105

ガラス窓の製作

チェスキー・クルムロフ市民の
邸宅の壁画
1548年

▶ヤン・チェルニー（1456-1530）はフス派の流れをくむチェコ兄弟団に所属した医師。この宗派は自前の印刷工房をもち、新約聖書の翻訳のみならず、医学、法学、歴史、植物学など、幅広いジャンルの本を出版した。フス派戦争後は宗教的に穏健なモラヴィアへ移り住む。ヤンはプラハ大学で医学を修め、医師となったが、兄は印刷工房を経営し、弟はフス派司祭となっていた。その人脈をいかして当時のフス派系知識人との交流を深めていたが、医師としてカトリック系人文主義者オロモウツのアウグスティーンを診察する機会を得たことから、ラテン語で宗教問題についての書簡を交わす仲となる。植物学の知識を含むこの『医学書』の他に、何冊かの医学書と宗教的パンフレットを出版している。

◉— 106

蒸留

ヤン・チェルニー『医学書』
1517年

前掛けをして、頭を覆った市民服の女性は、蒸留器の小さな炉で燃え盛る木炭の火を手動の鞴でかきたてている。鍋の蒸気は蒸留器上部の釣鐘状の部分で液化し、用意された器に滴り落ちる。このように薬剤師はさまざまな病気に応じた薬を薬草から調合した。上の棚には複数のフラスコがみえる(▶訳註前頁)。

◉— 107

蒸留器

『チェスキー・ブロト聖歌集』
1552-70年（▶図◉007）

寄進者の蒸留酒製造業者が費用を分担し、装飾頁に描かせた蒸留器。上の図と基本的には同じ構造。

中世の図像学では、商人は手にした天秤で特徴付けられる。空の秤、計量用ジョッキをもち、ベルトには整った財布をつけている。

◉— 108

計量器

ジャコモ・デ・チェッソレ
『生ける者の慣習と職務』
14世紀末

▶14世紀イタリアのドミニコ会説教師ジャコモ・デ・チェッソレ（1250頃-1322頃）が、チェスの駒を同時代社会の代表者にみたてて寓意的に描いた作品。このテキストは1400年頃に宗教改革者トマーシュ・ゼ・シュチートゥネーホによりチェコ語に翻訳された（彼はほかにも『人類救済の鏡』をチェコへ紹介している）。全頁装飾画が4枚、半頁装飾画11枚含まれている。挿絵は時にテキストに覆いかぶさり、逆にテキストが挿絵に干渉している個所もある。このことから、文字も挿絵も同一人物が描いたものと推定されている。

◉— 109

倉庫での計量

無名のラテン語典礼書
1521年（▶図◉063）

商品の入った立派な樽を量るためには、天上から吊るした大きな秤と複数の大きな石製分銅が必要だった。

◉— 110

計量器

スラヴィェチーン教区教会の壁画
14世紀後半（▶図◉003）

背中に長いフードを垂らし、手に小さな天秤をもった商人が描かれている。

職人画家は、渡し場の筏の床を、ダンスホールと見まがうほど滑らかに描いた。とはいうものの、水上の輸送手段である筏の構造を理解するためにはこれで十分である。

◉—111

渡し守

プラハ新市街のニシン貯蔵庫の記録簿
1619年

●── 112

荷の積替え

プラハ新市街のニシン貯蔵庫の記録簿
1619年

塩漬けニシンは樽に詰めてプラハの倉庫へ運ばれた。そこで商人は検品し、計算し、積み替え、チェコの他の市場へと旅立たせた。

▶内陸国であるチェコに海はない。そのため、何度か触れてきたが、近世から南ボヘミアで養魚場の経営が盛んになる。養殖されていたのは鯉で、現在でも鯉のフライはクリスマス・メニューの定番となっている。一方、新鮮な海の魚介類には縁遠く、本図のように塩漬けされたニシンが出回る程度だった。もちろん、冷蔵技術の未発達なこの時代、海のある国でも、内陸部では状況は似たり寄ったりだった。

◉— 113

御者

『女子修道院長アネシュカの聖務日課書』
1355-58年

この当時はこのようにして馬を荷馬車につないでいたのだろうか？　画家はそれを忠実に描いたと信用すべきだろうか？ 14世紀半ばにもなって、いまだに縄の環のみで馬を荷馬車につないでいたとは想像しがたい。なぜなら、同時代の他の画家は、馬の首筋につけられた柔らかい革の頭絡と横木に結ばれた引綱を、あるいは前輪の車軸ないし車台に連結した木製の轅の引き具を描いているからである。

▶この聖務日課書に関しては、タイトルと成立時期以外にはほとんど何もわからない。その名称は聖イジー女子修道院の院長アネシュカの持物だったことを示す。この当時の院長アネシュカについては不詳。

◉—114

幌馬車

『ジュルチツェ聖歌集』
1558年

画家はプラハのルネサンス様式の挿絵師。御者は、キリストの洗礼という聖書上のモチーフの一部として、16世紀の聖歌集の図像によく登場した。2頭の馬が幌の付いた荷馬車を牽いている。中欧の田舎では、重い荷を遠距離運搬する手段として今でも道路を走っている。

▶ジュルチツェは、ボヘミア西部の小都市。15世紀以降、領主はヴジェソヴィツ家、ロプコヴィツェ家、さらにこの聖歌集の作成された頃はココジョフ家と目まぐるしく交代するが、宗派的には一貫してフス派の立場にあった。さて、この聖歌集は人文主義者ターボルのヤンにより執筆され、ファビアーン・プレーシュが挿絵を描いたもの。後者は『聖ヴィート聖歌集』、『チャースラフ聖歌集』なども手掛けた代表的な写本彩飾師。その作風には、一方でドナウ川流域の画家たちの影響が、もう一方でデューラーへの傾倒がみられる。

周知のように、イエスは洗礼者ヨハネから洗礼を受けた（「マタイによる福音書」3章など）。本来画面右には小川が描かれており、有髭の人物が無髭の者に洗礼を授けている。ただし、中世にはイエスは有髭の成人として表現されるのが一般的。新約では否定されている（「ヨハネによる福音書」4章）が、イエスによる洗礼だとみれば図像学的には矛盾しない。ただし、それでは御者との関係が説明できない。おそらくこの図は「使徒言行録」8章の、使徒フィリポがエチオピアの宦官に洗礼を授ける場面だろう。実際、同じく右側をカットされた▶図◉117では、光輪のある有髭の人物が黒い肌の縮れ毛の若者に水を注いでいる。フィリポは宦官の「馬車に乗ってそばに座」り、水のある場所で洗礼を授けた。

◉—115

鉱石の運搬

ロジュニャヴァ教会
『聖アンナと聖母子像』
1513年（▶図◉163）

スロヴァキア農民の衣装、すなわち外套、農民靴、毛皮の帽子に身を包んだ農夫が、鉱石を積んだ荷馬車に繋がれた馬を駆っている。スロヴァキアの鉱山では多くの周辺農民がこうして生計をたてていた。

▶ロジュニャヴァは紋章に2種類の鉱夫道具を掲げるスロヴァキア東部の鉱山都市。スロヴァキアは鉱山資源が豊富で、世界遺産バンスカー・シュチャヴニツァ（金山・銀山）も有名。この都市の紋章にも鉱夫道具（こちらは3種類）がみえる。ロジュニャヴァのシンボル、聖母被昇天大聖堂は14世紀初頭に完成し、ちょうどこの板絵が作成された頃に増築されている。画家の名前は知られていないが、背景に鉱山の風景を描いたこの絵はスロヴァキアの切手のデザインともなった。この当時、聖アンナは「無原罪の御宿り」教義の展開とともにスロヴァキア東部で人気を博したらしい。

ここに描かれた富裕な荷馬車御者は、樽を積んだ車籠を4頭の馬で牽いている。樽は帆布で覆われている。

●—116
荷馬車
プラハ新市街ニシン市場の記録簿
1619年（▶図●112）

●—117
幌馬車の御者
『ロムニツェ昇階誦』
1578-83年（▶図●058）

この御者の姿は、中欧ではかなり異国風である。それは、聖書の主題、すなわちキリストの洗礼についての画家のイメージとして説明できる（▶図●114訳註）。この主題はたいてい異国情緒を漂わせていた。しかし、覆いのある馬車は中欧のものである。

◉── 118

客馬車

チェコ王国御者同職組合の印章
1598年

上半分に快適な馬車がみえる。旅行者が目的地に早く到着するように、御者は頭上で鞭を鳴らし、4頭立ての馬車は駆け足で走り去ってゆく。ここで描かれている覆いのない客馬車は、人の交通手段としてもっとも軽快で速いものだった。

◉── 119

荷馬車

プラハ荷馬車御者同職組合の印章
1653年

図像は、荷馬車の構造が、客馬車ととくに異なるものではないことを示す。荷馬車という名称は、馬車と同じく、一般的な運送車両の目的と構造の他に特徴を与える専門用語にすぎない。

◉—120

橇での運搬

『挿絵の書』
1350年

おそらくチェスキー・クルムロフのフランシスコ会修道院に起源をもつ、図像学的に豊かなゴシック様式の線描画。緊急度の高いときの交通手段として、冬には橇も有効だった。この『聖ヴァーツラフ伝』を図解する挿絵では、古いスラヴの慣習にしたがって、聖人の遺体が橇に載せて移送されている。板でできた橇の車体は柵柱によって滑走部に固定されている。

▶『挿絵の書』は『ヴェリスラフ聖書』とともに、14世紀半ばの線描画の代表的作品。ただし、こちらは彩色されていない。チェスキー・クルムロフの修道院に由来するということは、おそらくロジュンベルク家の発注を受けたものと考えられるが、詳しいことはわからない。こうした作品の成立に、ロジュンベルク家のプラハへの対抗意識を読み取る研究者もいる。冒頭にいわゆる「貧者の聖書」が置かれ、さらに21もの聖人伝などが続く。当然のごとく、聖ヴァーツラフや聖ルドミラなど、チェコ所縁の聖人は含まれる。画面を3段に分けて聖書の場面の説明書きが加えられており、テキストよりも図像が前面に出たもの。画家の情報は伝わっていないが、複数の分業とされている。

聖ヴァーツラフを殺害した弟ボレスラフ1世（▶図◉073訳註）は、兄の遺骸の上におきた数々の奇跡を目のあたりにして回心し、自身の居城スタラー・ボレスラフからプラハへと聖人の遺体を移送した。このとき遺体は芳香を放ち、周囲は光に照らされたという。この移送日は3月4日とされる。チェコではまだ雪が残っている時期かもしれない。もっとも、カレル4世の執筆した『聖ヴァーツラフ伝』では、移送の手段は橇ではなく荷車となっている。

◉— 121

荷運び

『聖母マリアの典礼次第』
1200-30年（▶図◉053）

イサクの犠牲の場面の一部。比較的小さな荷物を短距離だけ運ぶ場合のもっとも一般的なやり方は、疑いなく肩や背中に載せることである。それはとても古い時代から一貫しておこなわれている。

▶「創世記」22章。神はアブラハムを試すべく、「あなたの息子、あなたの愛する独り子イサクを連れて、モリヤの地に行きなさい。わたしが命じる山の一つに登り、彼を焼き尽くす献げ物としてささげなさい」と命じる。アブラハムは翌日の朝、「ロバに鞍を置き、献げ物に用いる薪を割り」、イサクを連れて出発した。命じられた場所に到着すると、アブラハムは何も知らない息子に薪を背負わせ、自身は火と刃物をもって登っていった。図像は、自らを焼き尽くすための薪を運ぶイサク。『ヴェリスラフ聖書』も同様の構図をとる。絵画作品としては、手を縛られて祭壇の上に載せられたイサクに、まさにアブラハムが刃物を突き付ける場面がよく描かれている。

●— 122

荷運び

『ヴェリスラフ聖書』
1340年（▶図●010）

とりわけ建築、採掘、鋳造の作業図では、手押し二輪車、手押し一輪車、手押し車など、手動で物資を運ぶ多くの方法が描かれている。人はさまざまな方法で重荷を軽減する工夫を試みた。一般的な巡礼者は旅嚢を肩にかけた棒に吊るしたり、あるいは胸で先を結んだ帆布に包んで背中に背負ったりした。荷物は、（たとえばブドウの実を運ぶさいの）桶（▶図●034）、背負籠、あるいはこの挿絵が示すように、吊り紐などを使って運ばれた。事実として、近代的なリュックサックの形態はここから発展した。

▶『ヴェリスラフ聖書』は「創世記」、「出エジプト記」、「ダニエル書」、「士師記」(サムソンに関する部分のみ)、「ユーディト記」、「アンチキリスト伝」、「キリスト伝」、「ヨハネの黙示録」、「使徒言行伝」、「聖ヴァーツラフ伝」等からなる。さて、本図像は「キリスト伝」中の「放蕩息子」のたとえ（「ルカによる福音書」15章)。ある人に息子が2人いた。あるとき弟は父親に財産分与を願い出ると、与えられたすべての分け前とともに遠くの国へゆき、そこで放蕩の限りを尽くして使い果たす。後悔して帰って来た息子を父は喜んで迎え入れる。死んでいたのに生き返った、失ったはずのものが戻ったのだから、と。図は全財産を換金して旅立つ息子を描く。

◉—123

荷運び

『聖母マリアの典礼次第』
1134年（▶図◉053）

荷を運ぶ人のモチーフは中世の挿絵ではよくみられる。この2人の人物は荷物を背負って少し前かがみになっている。長い杖だけが荷物の重さをいくらかでも和らげてくれる支えだった。

▶「出エジプト記」2章。ヤコブの子孫はエジプトで繁栄し、これを恐れたファラオは、生まれた男児をすべてナイル川へ放り込むように命じた。レビ人のある女は、産まれたばかりの息子を隠し切れず、揺り籠に入れてナイル河畔におく。すると、そこへ水浴びにやって来たファラオの王女が、泣いている赤子を見つけて不憫に思い、連れ帰ってヘブライ人の乳母(実は本当の母)に養育させた。大きくなったその子は王女にモーセと名付けられる。彼は成人すると、同胞が重労働に服しているのをみた。その後、モーセは神から出エジプトを命じられる。場面は酷使されるエジプト人を描いている。彼らは「粘土こね、れんが焼き、あらゆる農作業」に駆り出された。

第Ⅲ章

学と芸

このジャンルに属する職業は、中世にはかなり特殊な地位を占めていた。修得した手仕事をステレオタイプに再生産するのではなく、かなり専門的な訓練と知的独創性を前提とする芸術分野、学問分野の職である。もちろん、この当時に、字義通りに学問的職業について語ることができるとすれば、の話ではあるが。しかしここでは、そのなかでも典型的かつ重要であり、さらに図像資料のある職業に限定することにしよう。

写字生と写本彩飾師

（▼図版篇◉124–126・129・130・133）

多くの分野において、知的で独創的な活動が、実はマニュアルによる機械的な作業と切っても切り離せない関係にあったことは、中世の特徴といえる。大工、鍛冶屋、金具職人、陶工といった普通の職人が、その驚嘆すべき審美的な感受性によって今日まで我われを魅了する製品を作っていたこともそうであるし、逆に、芸術家や学識者の多くが、彼らの創造行為に必要なものをほとんど自作していたこともまた、中世の特徴なのである。

中世初期の知的創造活動とは、第一に教会に奉仕するものであり、もっぱら修道院と聖堂参事会学校を活動拠点としていた。文学も造形美術もこれらの施設で集中

［1］写字生
『ヴィシェフラト冊子本』
1085年
左側の台に牛角のインク壺が差し込んであるのがみえる。ヴィシェフラトはプラハ近郊の城（現在はプラハ市内）。大公の居城だった時期もあり、独自の聖堂参事会が設置され、写本等の制作もおこなわれていた。始祖伝承では、リブシェ（▶図版篇◉001訳註）が住んでいたとも伝えられる。

的に創り出され、その内部には写字室や書写・作画工房も誕生した。助祭や司祭の集団は、そうした空間で典礼書、祈禱書、福音書、詩篇、交誦、修道院の祈禱誓約者名簿、さらには年代記を執筆し、線描し、着色していたのである。

中世には写字生と写本彩飾師の仕事は密接に関係しており、同一人物によっておこなわれることもまれではなかった。修道院の写字室は、たいてい自院の需要のために染料、インク、羽軸ペン、牛角のインク壺を、そして十四世紀までは唯一の書写材――例外的に石や聖堂の壁に刻まれることもあったが――である羊皮紙も生産していた。

修道院は教会建築の建築家も生み出した。彼らは当初、おそらく世俗建築も手掛けていた。そして石材の彫像師、木材や骨の彫刻師、教会壁画の画家が彼らに続いた。これらの職人は特定の創作プロジェクトを遂行するために、君主や高位聖職者によってチェコへ招聘された外国人であることが多い。一般的には修道会が両者の間を取り持ち、その会派の修道士を派遣していた。しかし、しだいに国内出身のすぐれた芸術家グループの成長も目立つようになってゆく。

最新の研究は、以下のようなことを証明している。第一に、今日のチェコスロヴァキアにあたる領域では、

［2］写字生
ウェールズのジョン
『哲学史概要』
1373年
冊子タイプの書材に文字を書く場合、
書写台に向かう姿で描かれることが多い。

中世の芸術活動は最近まで信じられていたよりもはるかに古い伝統をもつ。第二に、この地域がある程度の領域性をもつようになるまさに開始期まで、その伝統はさかのぼることができる。この二十年のあいだに、大規模な考古学発掘調査が大モラヴィア*の領域でおこなわれ、その結果、早くも九世紀にはかなり発達した文化がこの地に存在したことの驚くべき証拠が提示された。教会建築の遺物、彩色壁画の痕跡を示す壁の破片、彫刻、金属加工品、彫金、陶器などは、成熟した教会スラヴ語資料と同様に、ここが中欧でもっとも文化的な領域のひとつだったこと、そして西欧の影響がビザンツの教養と実り豊かに邂逅する地だったことを証明する。

この古代の文化的基盤は、大モラヴィアの滅亡後もエネルギーを持ち続けており、十一世紀にもなお、チェコおよびスロヴァキアの宗教生活にその刻印を明確に残していた。しかし、その後は南と西から入ってきたロマネスクとドイツの文化的影響が徐々に支配的になってゆく。

中世初期の知的創造行為を表現した図像資料はいっさい残されていない。しかし、十一世紀末から十二世紀に入ると、ようやくロマネスク様式の芸術が成熟しはじめる。それを受けて、写本装飾の人物像のなかに、典礼写本の装飾文字を書き、挿絵を描く人びとが表現されるようになった。たいていの場合、福音書作家や教父のイメージが描かれていたが、重要な証書などを受け取る同時代の教会高位聖職者を、写字生のアトリビュートをともなった人物に演じさせることもあった。十二世紀以降になると、写字生や写本彩飾師自身の肖像画を写本に活写する試みも見出すこと

*西スラヴ人の一部が九世紀前半に建てた国。モラヴィアを中心に、ボヘミア、オーストリア、スロヴァキア、ハンガリー、ポーランドの一部まで版図を拡大したが、十世紀初頭にマジャール人の侵入により崩壊した。ビザンツ帝国とフランク王国の狭間にあって、メトディオスの布教により改宗した。

ができる。もちろん、この当時はまだ容姿の写実的な正確さなどは求められていなかった。写字生と写本彩飾師の道具を机の上の書物の前におき、作業に取り組む自身の姿が表現される。こうした「自画像」には修道士名が添えられるのがつねだった。彼らはまた、自分を補助する徒弟を描くこともあった。他に例をみないのは、十二世紀前半の聖アウグスティヌス『神の国』写本中の、写本彩飾師ヒルデベルトの手による愉快な線描である。画家は、食卓でしつこく悪さをおこなうネズミを追い払う姿を描き、その名を不朽のものとした。

　写字生や写本彩飾師の図像学的形式は、中世の写本、とりわけイニシャルや縁飾りにおいて無限のヴァリエーションをもつ。それは簡単な線で描かれることもあるが、ときには豊かに彩色されている場合もある。写本彩飾師、のちには板絵画家に好まれた題材は、写字生ないし画家としての聖ルカだった。画家たちは聖人に自らの姿を託したのである。

　十三世紀から十四世紀にかけて、知的創造行為の領域で決定的な変化がおこった。残されている図像資料には、その変化が強く反映されている。都市が発展し、公的生活が世俗化するつれ、教会は芸術と知的活動の領域で独占な地位を失ってゆく。巨大なゴシック様式の教会、城の宮殿や塔、市壁、市庁舎を建築するため

[3] ネズミを追い払う
写字生・写本彩飾師ヒルデベルト
アウグスティヌス『神の国』
12世紀後半（▶図版篇● 125）
ベンチに座る弟子と異なり、師であるヒルデベルトの書写台には必要な道具がそろっている。

には、大人数の労働者集団の組織 教会建築職人組合が必要となった。組合に所属する労働者の大部分は俗人であり、すでに建築現場では機械装置が使用され始めていた。

写字生と写本彩飾師の活動も、もはや修道院や参事会、大聖堂の写字室に限定されるものではなかった。修道士の職人と同じような条件で、王宮や貴族、豊かな都市貴族のために働く俗人芸術家が増加していた。チェコの造形芸術が開花したカレル四世の治世に、そうした俗人芸術家は急速に数を増やしている。この時期のプラハは、一時的なものだったとはいえ、神聖ローマ帝国の首都として機能していた。早くも一三四八年には芸術家と看板画家の社団がプラハで結成された。当初は宗教的・慈善的な兄弟団としての性格をもっていたが、やがて影響力の範囲を拡大し、職人の同職組合に近づいてゆく。また、ガラス職人、金細工師、羊皮紙職人、製本業者、彫刻師もこれに加わっている。ただし、彼らはのちに離脱して、独自の社団を立ち上げることになる。宮廷芸術家の多くはこの画家の社団に所属し、幾人かの者は君主から格別な自由と特権を与えられた。

十四世紀のあいだに、中欧の絵画は新しい技術と画材により豊かな実りを得た。壁画と彩飾写本はその当時すでに開花していたが、それらに加えてガラス絵と、の

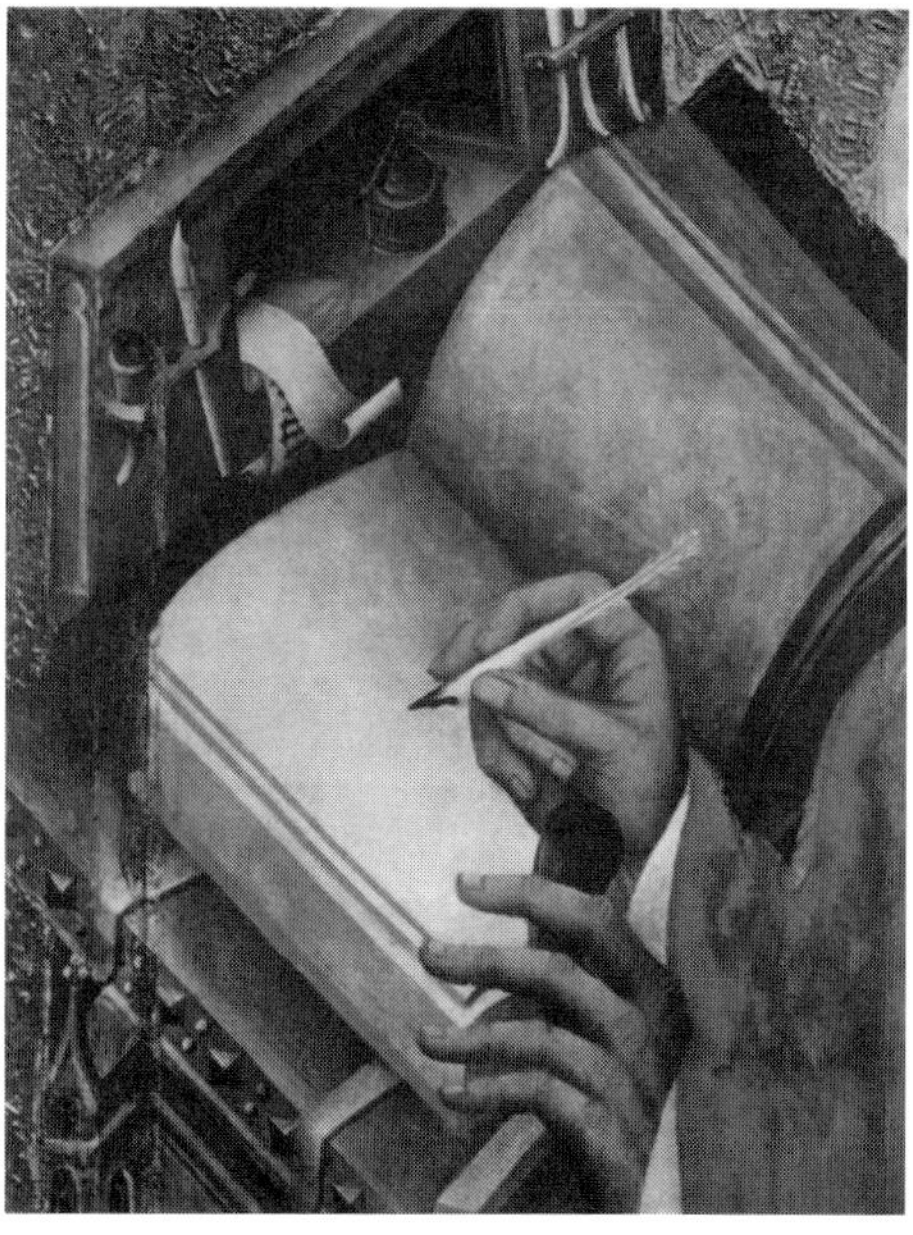

[4] 著述する聖グレゴリウス
カルルシュテイン城聖十字架礼拝堂の板絵
（▶図版篇◉035訳註）
1367年頃
右手に羽軸ペン、左手にインク壺をもっている。
書物の向こう側の棚には、赤字用のインク壺や
書き損じを削り取るためのナイフが置かれている。

ちに板絵が著しい発展をみせる。板絵の描かれる木板はカンバスに覆われ、その両側のパネルは折りたたむことができた。そして金箔地に貴重なテンペラ絵具をのせ、強烈な効果を得られたのが板絵だった。

写字生と写本彩飾師の仕事に重大な発展をもたらしたのは、書写材としての紙の利用である。紙は、十四世紀初頭のプラハの都市文書ではじめて言及されている。当初はおもに南ヨーロッパからチェコへ輸入されていた。しかし、十四世紀の後半になると、チェコの写字生や写本彩飾師は国産の紙を用いるようになった。

カレル四世およびその息子ヴァーツラフ四世の時代には、知的創作活動を示す、実にさまざまな図像が生み出された。二人の君主の宮廷芸術家グループによるこれらの作品は言い表せないほどに美しい。カルルシュテイン城聖十字架礼拝堂の板絵にテオドリクス師が描いた写字生、というよりむしろ著述家（聖グレゴリウス）や、一三六八年にオパヴァのヤンによって彩飾された福音書における画家（聖ルカ）は、この主題で中世に制作された作品中の白眉である（▼図［6］／図版篇◉133訳註）。

学問と印刷術（▼図版篇◉127・128・131・132・134–137）

プラハには一三四八年に大学が創設された。アルプス以北の中欧最初の大学だった。たしかに、実に多く

［5］読み方の授業
無名写本
14世紀後半
この図では、座っている生徒たちはみな写本を手にしているが、この時代にはまだ書物は貴重な財だった。

の分野で学術研究はすでに芽生えつつあったが、この創設こそが知的な仕事が発展する前提をなすものである。その活動は同時代写本の図像にも描かれている。大学博士、教師、医師、薬剤師、数学者、天文学者、等々。また、この時代の科学書には、四分儀やそのほかの天文観測装置も姿を現している。

フス派戦争の時代は複数の知的作業分野に損害をもたらした。しかし、逆にいうと、フス派革命は硬直したスコラ学的教条に対する戦いを大きく好転させ、広範な民衆が文化的活動に関心を抱くことを促進した。そのため、新しい印刷術がチェコ諸邦で即座に大きな反響を呼んだことも驚くに値しない。印刷術は文化的価値のより広範で迅速な伝播を可能にした。十五世紀の半ば頃、木版画の技術はすでにボヘミアでも知られており、チェコで最初の印刷機は一四七〇年にプルゼニュで操業を開始した。印刷の技法は宗教改革の支援者のあいだで大きな支持を得ることになる。一五二五年頃の中欧で、チェコほど多くの印刷機を有している国はなかった。印刷機を描いたチェコでもっとも古い挿絵は一五一九年の日付をもち、他のヨーロッパの印刷業者と同じように、フランスの印刷業者ジョス・バード（ヨドクス・バディウス）の印を借用している。しかし、「オルジフの印刷機 prelum Uldricianum」の記名は、この印刷機の持ち主がムニホフのオルジフ・ヴェレンスキーであることの動かぬ証拠である（▼図版篇◉134）。チェコの傑

[7] 算術の授業
オンジェイ・クラトフスキー
『数字と線の計算について』
1530年
クラトフスキー（1504?-47）はプラハ大学に学び、
市民学校の監督官などをつとめた教育者。
この教科書はチェコ語で著された最古のもの。

[6]† 聖ルカ伝
『オパヴァのヤンの彩飾福音書』
1368年
（▶図版篇◉127/132/133）

出した宗教改革理念の擁護者である彼は、ボヘミア北部の所領に印刷機を設置していた。低位貴族層に属するヴェレンスキーが、自己の紋章に印刷作業のモチーフを具象化したことは注目に値する（▼図版篇●135）。その紋章では、二つの手が交差したバレンを持っている。この道具はインクを活字に広げるためによく使われていた。

十六世紀には、数学・物理学、そして自然科学において数多くの重要な進展をみた。それほど頻繁ではなく、また我われが望むほど注意を払われていないとしても、その発展の模様は図像資料に反映されている。資料の大部分は、実験装置や蒸留装置など、化学分野を取り上げるものだった。また、一五一三年に作成されたロジュニャヴァの板絵（▼図版篇●163・164）は、鉱山測量技師の作業を見事に捉えている。一方、数学は図を用いて教えられるようになった。一五三〇年にニュルンベルクで印刷された『数字と線の計算について』は、商人用にチェコ語で書かれた教科書である（▼図［7］）。この事例に関しては、線画凸版がニュルンベルク由来ではないとしても、ドイツ語の原本を利用した可能性は否定できない。

印刷術の発展は、一五一八年にチェコではじめて地図が印刷されたことと密接な関係がある。チェコ兄弟団のミクラーシュ・クラウディアーンによって印刷された

［8］印刷工のバレン
ミクラーシュ・コナーチ印刷
『共通議会』に付された印章
1525年
ホジシュトゥコフのミクラーシュ（1480?-1546）は自身で執筆や翻訳も手がけたプラハの印刷工・出版業者。エネア・シルヴィオ・ピッコローミニ（のちの教皇ピウス2世）の『チェコ年代記』（1510）の出版が有名。

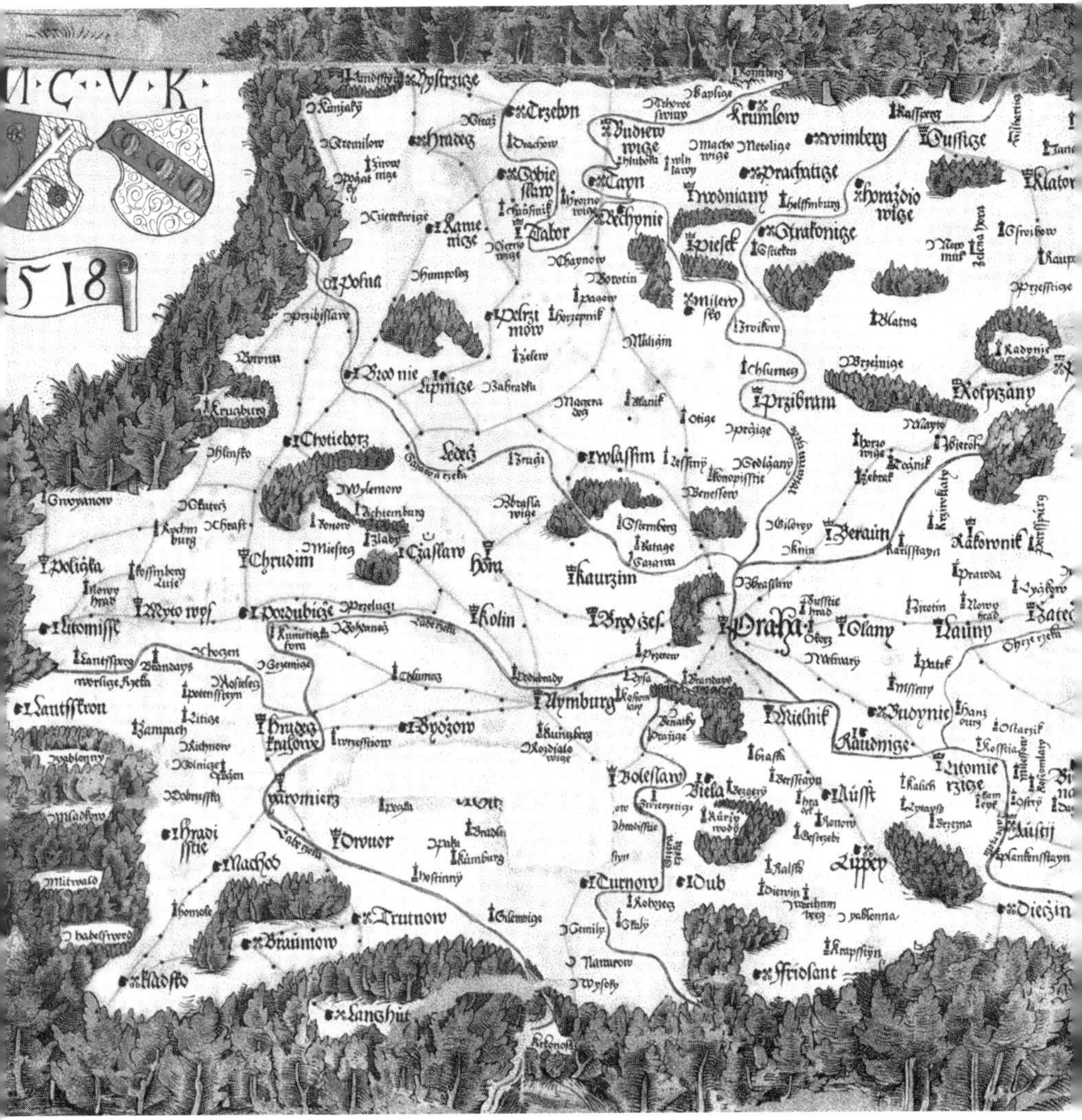

[9]† ボヘミアの地図
ミクラーシュ・クラウディアーン印刷
1518年
クラウディアーン（?-1521/22）は印刷工・製図工。
この地図は、280の都市と城を描き、
それぞれにカトリックかフス派かわかるよう印をつけている。

この地図は、中欧全体を範囲に入れた最初の地図であるとともに、図像の装飾によっても大変興味深いものとなっている。この製図作品の意義は、交易路や交通網を強調して表現している点にある。

　十六世紀末から十七世紀初頭にかけて、すなわちルードルフ二世治世下のチェコ諸邦は、中欧の文化的生活において比肩するもののない重要な役割を演じた。この当時のプラハ宮廷は、名高い知識人や芸術家を数多く抱えていた。プラハは国際的に重要な学問拠点となり、先に国内で発展していた業績に接続してゆくことになる。それはとりわけ自然科学分野で顕著だった。チェコの偉大な学識者タデアーシュ・ハーイェク（▼一四三頁訳註）の示唆により、ルードルフ二世は当時もっとも有名な二人の天文学者をプラハへ招いた。デンマーク人のティコ・ブラーエとドイツ人のヨハネス・ケプラーである。彼らはチェコの天文学者と協働し、世界的に有名なプラハ天文学派の名声を確立した。

　卓越した研究上の発見によりこの当時のプラハを輝かせたのは、天文学分野に限った話ではない。タデアーシュ・ハーイェクは、天文学の著作に加えて、測量学、

［10］ティコ・ブラーエ
プラハ・ティーン教会の墓石
1601年
ティーン教会はプラハ旧市街広場に面した教会。

化学、植物学、医学の領域で注目すべき実験をおこなっている。また、ケプラーのアシスタントを務めたスイス人数学者ヨスト・ビュルギは、プラハで自然対数を発見し、最初の対数表を公刊した。一六〇〇年には、プラハ大学の教授であり、のちに総長に就任したスロヴァキア出身の博学な医師ヤン・イェセンスキー（イェセニウス）が、プラハではじめて公開の科学的解剖をおこなった。

しかし、こうした有名な学術的成果の図像は非常に乏しく、ほとんどの場合は、業績のシンボルをともなった学識者の肖像程度しか存在しない。たとえば、プラハのティーン教会にあるティコ・ブラーエのよく知られた墓碑では、この博識な天文学者は同時代の儀礼用甲冑を身につけ、地球儀によりかかっている。また、イェセンスキーの肖像は、外科用のメスで人の頭蓋骨を解剖している。

ルネサンス時代は、新しく学識者の個性を強調し、作品を生み出した作業環境よりも創造した個人の容姿に力点をおいた。傑出した学識者や芸術家の肖像画では、外面的な姿や衣装を正確に捉えることだけではなく、描かれた容姿によって個人の心性をも表現しようという努力が、今やはっきりと前面に押し出されるようになっている。この頃になると、知的労働者はふつうの職人とは明確に一線を引かれる存在となってゆく。

［11］ヤン・イェセンスキーの肖像
カレル大学歴史学科所蔵の印刷本
1600年
イェセンスキー(1566-1621)は、本文にあるように、
著名な医師。1601年の『解剖学』を皮切りに、
複数の医術書を刊行している。

［12］芸術品、書籍の販売
エギディウス・サデラー
『プラハ城ヴラジスラフ・ホール』
1607年
サデラー（1570頃-1629）はオランダの著名な銅版画家一族。
伯父もルードルフ2世の宮廷で活動したらしい。

たとえば、画家は、自らの社団を単なる職人組合の構成員とはみなさなくなった。それどころか、一般の職人とは比較できない自由な芸術家の仲間とみなされるべきだ、ということを主張し始めている。

芸術家

（▼図版篇●129・133）

ルネサンス時代は、造形芸術の技術においても多くの注目に値する変化の生じた時代だった。まず世俗の邸宅に目を向けるようになった建築があげられる。新たに生じた構造的課題の解決にさいして、従来は経験のみに頼っていたものが、数学・物理学の理論的研究成果に大きく依拠するようになった。また、これまではあまり利用されていなかった新しい技術や素材を用いるようになった。たとえば、石材に加えて、煉瓦の利用も飛躍的に増えた。もちろん、ゴシック様式の時代にも煉瓦造りの邸宅は建てられていたが、貴族の宮殿や市民の邸宅の美しさは、フレスコやスグラフィットといった壁画や、スタッコ（化粧漆喰）などのインテリア装飾の新技術を利用することにより、格段に向上したのである。

彫刻の分野では、古代に知られていた青銅や大理石が最上級の素材としてよみがえった。一方絵画では、ルネサンス時代の終わりになると、板絵のほかに細密画を挿入した彩飾写本が絶大な人気を集めるようになった。チェコではとくに聖歌集の装飾部分に細密画を目にする。このほかにも、カンバスの油彩画が広まり、木版画や銅版画の挿絵が人気を博すようになった。

先行する時代には、芸術家が顧客から直接注文を受けて作業していたのに対して、新しい印刷技術を仲介として、ある種の芸術作品はしだいに市場で売買される商品となっていった。たとえば、ルネサンス時代末期には、聖俗のテーマをあつかった同時代の芸術家の版画が、プラハ城のヴラジスラフ・ホールに設置されたブースで販売されている（▼図［12］）。

三十年戦争における反ハプスブルク闘争の敗北後の、チェコの文化生活の全体におよんだ破滅的状況は、芸術と学識の創造を示す図像資料の貧困さに反映されている。チェコ文化が曝された恐怖の時代に、ボヘミアはその知性の精華を失った。知識人のほとんどが外国に逃亡したのである。チェコを追放されたプロテスタントのなかには、版画家のヴァーツラフ・ホラーのような偉大な創造者もいた。彼の有名な自画像は、この時代の版画家の仕事道具を示すものとなっている。

中欧で三十年戦争後に発展したバロック様式の芸術は、根本的に異なる社会的心性を示している。そのことは、さまざまな知的作業の技術や環境を図像化するさいのアプローチにも見て取ることができる。

[13] ヴァーツラフ・ホラー
印刷された自画像
1649年
ホラー（1607-77）はチェコよりも国外での活動歴が長い版画家。
風景画から動植物、衣装の描写まで、その作品は幅広い。
この自画像はヨハネス・マイセンスが印刷した。

チェコ史逍遥

Ⅲ

キリスト教化の進展とカレル4世治世（1346–78）の文化

9世紀にキリスト教へ改宗したチェコだが、プラハに司教座が認可されたのは、ようやく968年のことであった。その後、11世紀にモラヴィアのオロモウツにも司教座がおかれ、各地に参事会教会や修道院が設立されてゆく。中世の教会施設は学問や文化の生産拠点であり、聖書写本の作成や年代記の執筆も各地でおこなわれるようになった。

プラハ司教座は、設置以来ドイツのマインツ大司教座管区に属し、その監督を受けていた。チェコ教会が長年待ち望んだ大司教座への昇格は、1344年に果たされた。昇格を受けてカレルは、プラハ城に隣接する聖ヴィート教会を、大司教座聖堂にふさわしいゴシック様式の大聖堂へ改築することを決意する。この改築の指揮をとったのが、ドイツ出身の若き棟梁ペーター・パルラーであった。彼は大聖堂だけではなく、城下と旧市街を結ぶカレル橋やクトナー・ホラの聖バルボラ大聖堂の建設事業にも参与している。

カレルのプラハ改造事業はさらに続く。旧市街の外側に新市街を創設し、スラヴ式典礼をおこなうエマウス修道院など、多くの教会施設を建立している。また、4学部制のカレル大学も設立され、プラハはチェコ国外からも多くの学識者を惹きつけるようになった。

こうして14世紀のチェコは、カレルの宮廷のみならず、プラハの大学やオロモウツの教会学校など複数の学問的・文化的核をもつにいたり、人文主義や後期ゴシック文化の発展に大きく寄与することになる。

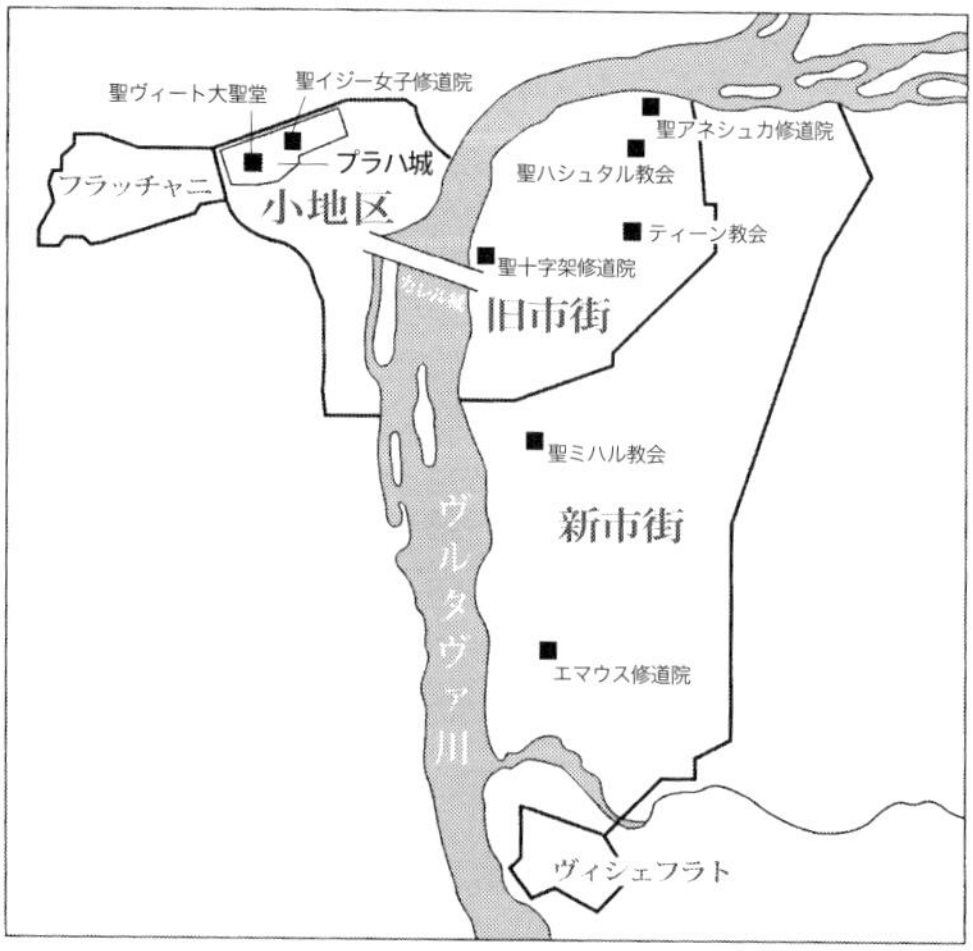

中世後期のプラハ

チェコ史逍遙

Ⅳ

フス派戦争（1419–36）

カレル4世の時代、チェコでは人文主義が花開く。聖職者が人文主義を修めたのは、行政官僚として文書作成能力を高める狙いもあった。カレルは彼らを重用し、高額の聖職禄をもってその功に報いたが、「教会の堕落」と批判され、民衆との乖離を招くことになる。

この頃、イングランドから教会改革者ウィクリフの思想が流入する。教皇庁の権威を否定するウィクリフの思想は、チェコで教会批判を繰り広げていた説教師や学生たちの心を捉え、この潮流の中からヤン・フスが登場するのである。

フスの教えは貴族などの支配層をも魅了し、これに脅威を感じたローマ教会はコンスタンツ公会議にフスを召喚した。フスは、まともな弁明の機会を与えられることもなく、火刑に処されてしまう。この措置に対する不満は、チェコの貴族や市民たちの胸に埋み火としてくすぶり続けた。4年後、温和な国王ヴァーツラフ4世が亡くなると、とうとう緊張関係がプラハで暴発する。フスの支持者は、人は神の前で平等であり、聖職者と同じように平信徒も二種聖餐を受けられることを主張し、軍旗に杯（聖杯）を描いた。こうしてカトリックとの20年弱にも及ぶ戦いが幕を開けた。

カトリックの十字軍を何度も撃退したフス派だが、長引く戦争は内部分裂を引き起こし、ついに1436年に二種聖餐を認めたカトリックと和解した。この間、とくにボヘミアの国土は疲弊し、プラハもかつての文化・学問の中心機能を著しく低減させることになった。

フスの説教（『イェーナ冊子本』、16世紀初頭）

†「ロジュンベルク家のバラ」
紋章のタイル
プラハ城旧王宮
16世紀前半

掲載したタイルはプラハ城のものだが、このバラの紋章はチェスキー・クルムロフにかぎらず、トゥシェボニュやセドルチャニなど、同家が支配した各地で広く目にする（89頁／130頁参照）。

第Ⅲ章◉図版篇

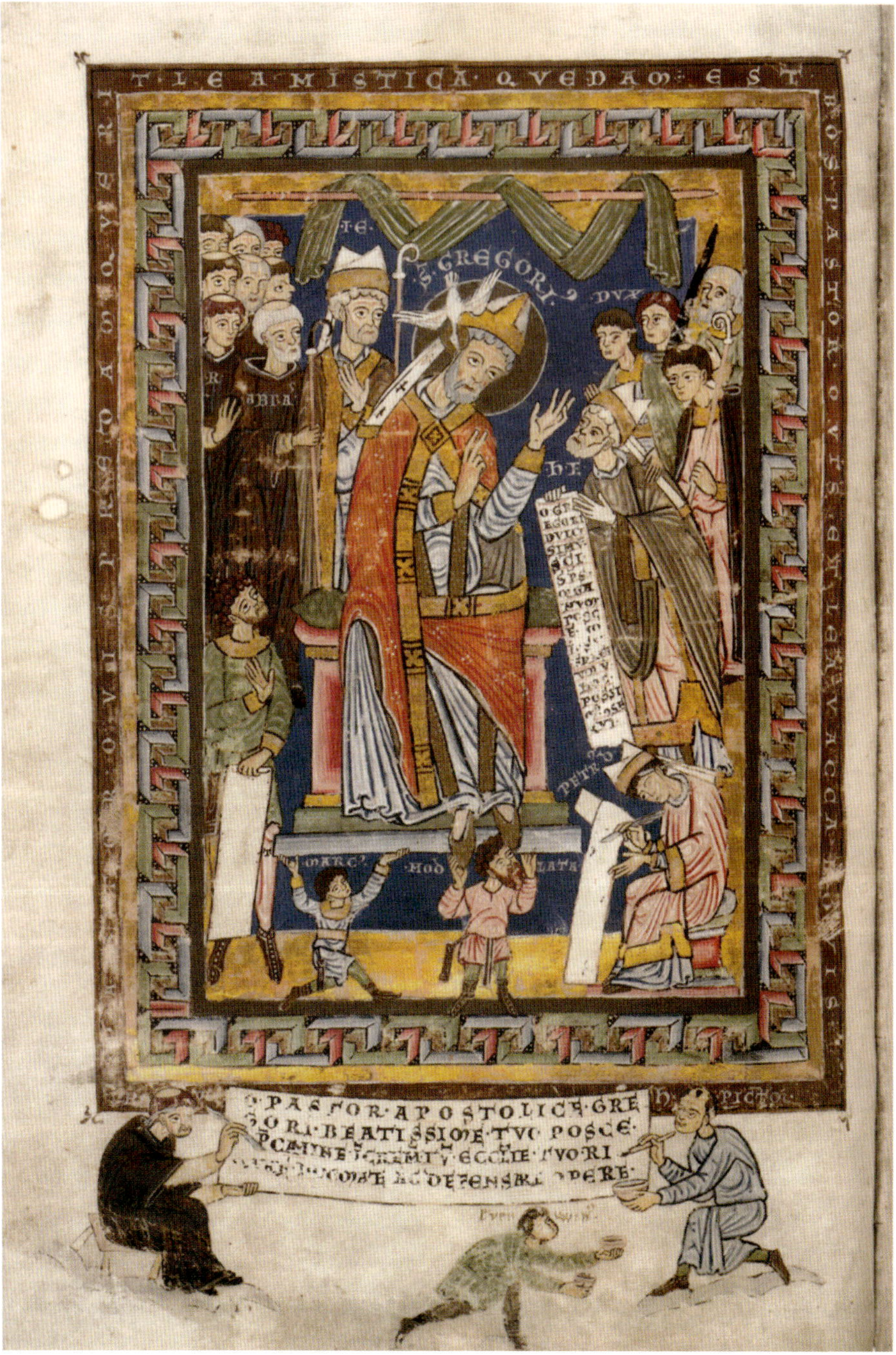
T·L·E·A·MISTICA·QVEDAM·EST
S. GREGORI
DVX
ABBA
O PASTOR APOSTOLICE GRE
GORI BEATISSIME TVO POSCE

◉— 124

写本の制作

『オロモウツ定時課祈禱書』
12 世紀前半

ロマネスク時代の画家にして写字生であるヒルデベルトは、頁欄外の献辞に、徒弟たちとともに作業する自身の工房風景を描写した。この肖像画はおそらくフィクションであるが、12 世紀チェコの写本彩飾師の作業技術を視覚的に捉えるよい素材となっている。この時代のチェコの挿絵芸術を代表する作品であり、その制作過程をうかがわせる貴重な遺産。

▶12 世紀前半にオロモウツ司教座聖堂参事会で制作された。当時の司教インジフ・ズジークは、プラハ聖堂参事会員にしてチェコ最古の年代記作者コスマスの息子と推測される。彼はプレモントレ会修道院をチェコへ導入した人物として知られ、ストラホフ修道院（▶図◉ 020 訳註）などを創建させる一方で、オロモウツには図書館と写字室を設置して写本文化を花開かせた。図中の 3 人は、最近の研究によれば、ヒルデベルトと 2 人の徒弟ではなく、書記である修道士 R（左）、画家ヒルデベルト（右）、見習いエヴェルウィン（中央）だという。なお、この祈禱書は、三十年戦争中にチェコを占領したスウェーデン軍によって、他の宝物とともにストックホルムに持ち去られて今に至る。

ヒルデベルト工房の別の作品。低い椅子に腰掛けた徒弟エヴェルウィンは羊皮紙を載せた板を膝におき、葦のペンで装飾部分を描いている。

◉—125

写本工房

アウグスティヌス『神の国』
1136-37年

▶『神の国』は、周知のように、ラテン四大教父の1人アウグスティヌスの主著、全22巻からなる。この写本は、前項で述べたインジフ・ズジークが、自らのためにオロモウツ司教座聖堂参事会の写字室で制作させたもの。ヒルデベルトとエヴェルウィンのコンビによる作品として、『オロモウツ定時課祈禱書』（▶図◉124）と並び称される。獅子が支える書見台で筆写しているヒルデベルトのユーモラスな所作については、本文217頁を参照。インジフ・ズジークは写本芸術の他にも、司教座聖堂および司教宮殿を建築し、外国から芸術家を招聘してそれらの建物を装飾させた。

◉— 126

写本の制作

『ボスコヴィツェ聖書』
1420年頃

写字は、聖書や典礼書でもっともよく使われた図像学的モチーフのひとつ。写字用卓椅子に腰掛けた写字生が、傾斜のある机で何かを書いている。羽軸ペンや葦ペン、羽軸を削るためのペンナイフ、ミスした箇所をこすり落とすナイフ（消去用ナイフ rasorium）などが彼の道具となる。本図像には描かれていないが、2種のインク壺（黒用、赤用）もそのひとつ。壺は牛の角から削り出され、机の上の穴に差し込まれた。

▶資料名は、16世紀半ばに有力貴族ボスコヴィツェ家のヴァーツラフが所蔵していたことに由来する。しかし、その成立は15世紀初頭のフス派戦争期にさかのぼるという。通常の聖書の内容以外にも、モーセの十戒に関するヤン・フスの解説などを含むところに、時代環境がうかがえよう。最古のチェコ語聖書であり、チェコ語の特殊記号が一貫して使用されている点でも有名。テキスト主体だが、挿絵も80枚以上あり、4人の画家の協同作業としてすすめられたとされる。ただし、残り2割となった辺りから未完成なものが目立ちはじめ、ここで紹介されている図も、イニシャル周囲の金地部分（図の左右上部に黒っぽくみえている部分）しか彩色されていない。

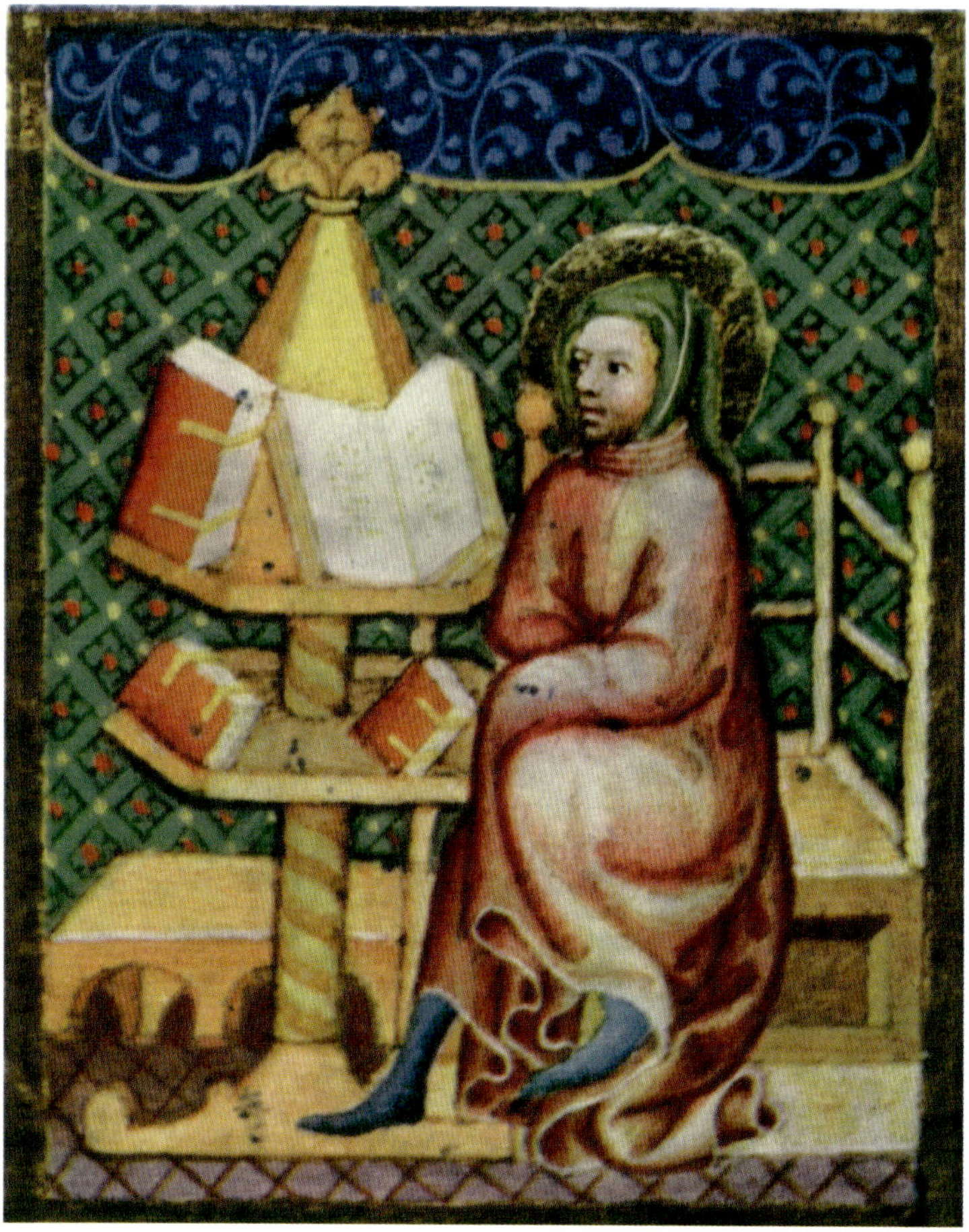

◉— 127

読書する学識者

『オパヴァのヤンの彩飾福音書』
1368年

学識者としての聖ルカ。厚い二つ折り版書物を瞥見中に別の書物を参照する必要があるとき、可動書見台を回転させると木製書架のきしむ音がする。しかし、静かな環境で深く集中していると、そうした音にもいっさい妨げられることはない。中世の仕事場の静寂のなかで学問は生み出された。

▶オパヴァのヤンは、カレル4世やオロモウツ司教ヤン・ゼ・ストシェディに仕えた書記兼写本彩飾師。ブルノ聖堂参事会員の禄を与えられ、生活を保障されていた。この福音書はカレル4世の娘婿、オーストリア公アルブレヒト3世（1365-95）から注文を受けたもの（▶図◉132/133/本文220頁）。そのため、オーストリアの国立図書館に所蔵されているが、ファクシミリ版がプラハの国立博物館にある。アルブレヒトは自身の即位式のさいに使用することを意図していたと考えられ、豪華さを求めて皇帝宮廷の写本彩飾師に発注したのだろう。このとき、『リトミシュル司教ヤン・ゼ・ストシェディの旅行用の書』（▶図◉045）の写本彩飾師がヤンに協力したらしい。全頁装飾を含めて、90枚以上の挿絵が描かれている。

◉— 128

授業する学士

『立ち昇る曙』
15世紀前半

左の人物は学士に典型的な長衣と帽子を身に着けている。この衣服は、彼が大学の最初の段階の学位（学士号）を得たこと、そしてこの図像に明らかなように、教育職に就いていることを示す。写字用卓椅子に腰掛けた学士は、生徒の読み上げるテキストを目で追っている。一方、生徒たちは学校の低いベンチに座り、識字能力の習得に努めている。

▶旧ロプコヴィツェ家図書館所蔵。ロプコヴィツェ家は中世後期から急速に台頭し、現代も存続しているチェコの大貴族家系（▶図◉093訳註）。第二次世界大戦後、プラハ城内のロプコヴィツェ宮殿やロウドニツェ城など、ロプコヴィツェ家の財産はすべて共産主義政権に没収されたが、民主化後に同家に返還された。14世紀末からコレクションが始まったと思しきロウドニツェ城（ボヘミア北部）の図書館は、679冊の写本（そのうち中世写本は114冊）を含む65,000冊の蔵書を誇る。『立ち昇る曙』は14世紀に執筆された錬金術書。作者はトマス・アクィナスと考えられていたが、現在では否定されている。近世にいくつかの彩飾写本が制作され、チェコにはこのロプコヴィツェ版以外にプラハ大聖堂参事会版が伝わっている。

◉— 129

看板用の盾

プラハ画家兄弟団の印章
1518年

中世の画家は盾を象徴とした。16世紀まで、画家が属する同職組合の親方のなかには、現代的な意味においての芸術家のほかに、盾に看板を描く塗装業者も多く含まれていた。つまり、筆や葦ペン、鵞ペンで絵具を塗る者はみな、同じ職種とみなされていたのである。

◉— 130

羊皮紙製造道具

プラハ羊皮紙職人同職組合の印章
17世紀前半

ここに描かれた丸みを帯びた半月状ナイフ（擦過器）は、古代から皮を擦るために使われてきた。羊皮紙職人は、まず石灰水に浸しておいた皮を枠のなかで伸ばし、そして滑らかになるまでこのナイフで徹底的に擦る。その後、軽石で表面を粗くしてからチョークを塗り込み、磨き上げた。こうして彼らが仕上げた貴重な書材は、書物や証書を作成する写字生の手に渡るのである。もっと丈夫で強い羊皮紙は本の装丁や太鼓の皮に用いられる。

●—131

薬の販売

ジャコモ・デ・チェッソレ
『生ける者の慣習と職務』（▶図●108）
14世紀末

ここには、医師というよりもむしろ、定期市で薬を勧めて舐《し》剤《ざい》を販売する香具師ともいうべき人物が描かれている。

●— 132

診断する薬屋

『オパヴァのヤンの彩飾福音書』
1368年（▶図● 127）

有名なゴシック期の画家オパヴァのヤンは、礼拝式用福音書のなかにさまざまな仕事をする聖ルカを描いた（▶図版篇● 127/133）。ここでは薬屋としての聖ルカが登場している。尿の入ったフラスコを診断した薬剤師は、自身の専門的判断にしたがって、棚にずらっと並ぶ薬のなかから正しいものを選び出して販売する。芸術家がこの絵を描いた頃、プラハの薬屋はカレル4世の支援を受けて繁盛していた。君主は、多種多様な薬草を栽培するために、中欧初の植物園を設立し、これをお抱えの宮廷医師アンジェロに贈与している。効果のある薬を製造するためには、材料としての薬草が欠かせなかった。

◉—133

制作中の画家

『オパヴァのヤンの彩飾福音書』
1368年（▶図◉127）

こちらは画家としての聖ルカ。典型的な画家の工房の中央で、彼は坩堝や絵具、絵筆などの道具に囲まれている。絵具は国内産と外国産の顔料を自ら混ぜなければならない。工房の親方である聖人は、磔刑図の板絵に取り組んでいる。

▶聖ルカは新約聖書「ルカによる福音書」および「使徒言行伝」の著者として知られる。それぞれのシンボル（ルカ→雄牛、マタイ→有翼の人、マルコ→獅子、ヨハネ→鷲）をともなって、他の福音書作者とともに描かれることも多い。『コロサイの信徒への手紙』4章に「愛する医者ルカ」とあることから、ルカの職業は医者と考えられ、医者および薬剤師の守護聖人となる。しかし、中世には聖母マリア像を初めて描いたという伝承が広まったことから、画家にも崇敬され、彼らの同職組合はしばしば聖ルカ組合と称した。そのため、エル・グレコなども画家としてのルカ像を制作している。この彩飾写本ではその両方が図像化されている。▶図◉127のように学識者として描かれることはあまりない。

●— 134

印刷工房

エラスムス
『キリスト教の騎士』
1519年

チェコ語版『キリスト教の騎士』扉絵にある印刷工オルジフ・ヴェレンスキーの商標。彼はパリの同業者、有名なジョス・バード（ヨドクス・バディウス）を手本として、自身の印刷工房商標を完成させた（▶221頁）。印刷工房の忠実な描写はヨーロッパのほかの印刷工の商標にもみられるが、設備はだいたいどこも同じだった。中央を巨大な印刷機が占めている一室では3人の男性が働いている。右側では植字工が長椅子に座り、仕切のある活字箱から取り出した活字を組版ステッキに組んでいる。彼は活字箱に固定された原稿に基づいて作業している。別の印刷工は、水平方向に板を動かすことのできる簡易な印刷機のスクリューを締めている。3人目は後ろに立ち、植字の組板にインクをつけるためのバレンをもっている。古いタイプの印刷工房であれば、この3人がいれば十分に操業できた。

◉— 135

印刷道具

印刷工オルジフ・ヴェレンスキーの印章
1519年

「黒い芸術」(=印刷)の親方は、組板に黒インクを塗るバレンを自分の印章に用いたが、このことは驚くに値しない。なぜなら、植字を均一に印刷できるように適切にインクを刷り込む技量は、印刷工の親方の名声につながったからである。

▶オルジフ(1493-1531)は貧しい領主家系出身。プラハ大学で学び、さらにパリやニュルンベルクにも留学したが、最終的に印刷術を習得した。ボヘミア北部のビェラーに印刷工房を構え、自身の学識を生かしてさまざまな人文主義作家の作品を翻訳し、それを自ら出版した。エラスムスだけではなく、ルターの著作もチェコで最初に翻訳している。ちなみに、彼が参照したとされるジョス・バードは、息子コンラッドとともに人文主義出者として有名。リヨンで活躍したのちにパリへ移った。ここで紹介されているオルジフの商標は、バードのオリジナルをほとんどそのまま真似ている。もちろん、印刷技術史上はバードのものが人口に膾炙している。

●— 136

天体観測

『チェコ王ヴァーツラフ4世の占星術書』
1400年頃

星位システムの中央に描き込まれた細密画。中世写本には天体を観測する学者がよく描かれた。星の運行計算用の石板に書かれた名前から判断すると、国王天文官はおそらくテジーシュコという名である。彼は手にした四分儀により天体の位置を読んでいる。彼のすぐれた天文学的計算は、この肖像画の描かれた本のなかにほとんどすべて記されている。そうした計算は、占星用ホロスコープを組み立て、非常事態を予見し、あるいは人気のある天気の俚諺のために使われた。

◉— 137

天体観測

『チェコ王ヴァーツラフ4世の占星術書』
1400年頃

『チェコ王ヴァーツラフ4世の占星術書』のイニシャルに描かれた、天体を観測するカスティリヤのアルフォンソ王。ヨーロッパでは、画家が明確に描いたような、鉄製の四分儀を用いて天体を観測していた。この頃、チェコの天文学者プラハチツェのクジシュチャンがアストロラーベの構造に関する学術論文を執筆している。この道具は、古代の天文学者には知られていたが、中世ヨーロッパでは忘却されていたものである。アストロラーベを使って星の高度を観測し、時間を計測することができた。この時代の天体観測用具としては、ほかに三角儀（トリクエトルムtriquetrum）がある。

▶カスティリヤ王アルフォンソ10世（1252-84）は、キリスト教徒、ユダヤ教徒、ムスリムが集うトレドの宮廷で、ラテン語、ギリシア語、ヘブライ語、アラビア語の翻訳事業を推進し、トレド翻訳文化の黄金時代を創出した「賢王」。とくに天文学への関心は深く、プトレマイオスらの著作を翻訳させ、「アルフォンソ天文表」を完成させたという。天文学に関心を抱くヴァーツラフ4世は、それらのラテン語翻訳を収集してこの占星術書を編ませた。チェコとは無関係にみえるが、アルフォンソ10世はプシェミスル・オタカル2世の母方の従兄弟にあたる。

ヴァーツラフ4世の治世にプラハ大学で学び、天文学のみならず医学や数学も修めたクジシュチャン（1370-1439）はアストロラーベに関する論文をヨーロッパで初めて執筆したことでも有名。古代ギリシアで用いられた天体観測器アストロラーベは、イスラーム圏経由でイベリア半島に伝わり、さらにヨーロッパへ広まった。なお、▶図◉136の国王天文官テジーシュコについては、おそらくヴァーツラフ4世の宮廷占星師だったこと以外は不詳。

◉—138

製本機

『ロムニツェ昇階誦』（▶図◉058）
1578-82年

寄進者である製本業者のもの。製本業者の紋章には、作業の最終段階を象徴する装置、プレスがみられる。他所の製本業者同職組合も同様である。刷り上がったばかりの本はプレスに挟まれたまま乾燥された。こうして本の形態と外観が完成する。

第Ⅳ章

鉱と工

鉱石の採掘と製錬は、中世のチェコ諸邦およびスロヴァキアの経済にとって特別な重要性をもつ。この地域は古代よりヨーロッパで最大級の貴金属を埋蔵していた。もちろん、当初は露天掘りしか知られておらず、下層の二次鉱床を掘り起こしていたにすぎない。ところが、チェコの河川で篩を使って選鉱すると、膨大な量の砂金と錫塊を採取でき、さらにスロヴァキアは金に加えて、銅も表層に豊かに広がっていたのである。また、可溶性の鉄鉱石と黒鉛の表層鉱床も数多く知られており、昔から利用されていた。この地域がケルト部族を惹きつけたこと、千年の間に彼らが技術的経験と生産の伝統を蓄積し、それがスラヴ人によって引き継がれたことは当然である。八―九世紀、とりわけ大モラヴィア時代に、古代スラヴの鉱石採掘および製錬が非常に高い水準にあったことについては、かなり多くの証拠が残っている。

（▼図版篇●139―159・161・163・164・168）

鉱山と鉱夫

とはいうものの、チェコとスロヴァキアの鉱山業が大いに繁栄したのは、中世盛期のことだった。この頃、貴金属が突然、爆発的に採掘されるようになった背景の

［1］樵《きこり》
『聖イジー女子修道院の聖務日課書』
（12月の表象）
1400年頃（▶図版篇●024）
木材の確保は、豚の屠殺とともに初冬の大事な作業。

根本には、商品生産の発展とともに自然経済から貨幣経済へと転換したことが存在する。金属貨幣はあらゆる種類の商品と等価交換するのにもっとも適していたために、その必要性が増大し、貴金属、とくに銀の需要が増していった。複数の文字資料によれば、現在のチェコスロヴァキア領における貴金属採掘の新たな段階は、遅くとも十二世紀半ばまでさかのぼるという。しかし、チェコとスロヴァキアの栄誉ある鉱山業の基盤が確立されたのは、十三世紀から十四世紀初頭にかけての、植民活動の波が大きく揺れ動いた時代のことだった。

かつては想像だにできなかった豊富な貴金属の鉱脈が発見されたのは、まさにこの頃である。その結果、採掘規模は途方もなく拡大してゆく。チェコとスロヴァキアの採鉱拠点のなかから、十三世紀に発展して国際的な名声を得るものも現れた。イフラヴァ（ドイツ語名イグラウ）、クトナー・ホラ（クッテンベルク）、バンスカー・シュチャヴニツァ（シェムニッツ）、バンスカー・ビストリツァ（ノイゾール）、クレムニツァ（クレムニッツ）などである。

鉱山業にとってとりわけ重要なのは、採掘や製錬、貨幣鋳造の新しい技術、新しい所有・生産関係の導入、さらによく考えられた作業手順の組織化、鉱山法の統一だった。総合的にみて、これらの変化はすべて画期的なものであり、国の経済活動全体に大きく作用したのである。

表層の鉱床はすぐに枯渇し、早くも十三世紀にはより深い場所での採掘がはじまった。しかし、地下での採掘作業は、とりわけ鉱石と廃石を地表へ巻き上げたり、深い坑道から水を汲み出したりすることに関しては、かなりの技術改良を必要とした。もちろん、鉱夫の作業自体は手仕事のままであり、せいぜい単純な道具の助けを借りる程度だった。そのうち基本的な道具として二種類の鉱夫用工具をあげられる。つまり、金槌と切削刃である。これらはまもなく鉱夫の地位の象徴となった。鉱夫の用具目録には、鶴嘴、楔、シャベル、鍬、斧、梃子、廃石を取り除くための手押し車、鉱石入れなどが含まれる。

　チェコの図像資料は、十三世紀、十四世紀以降の鉱夫の道具をいくつか描いている。それらの挿絵は、同種のものとしては間違いなく中欧でもっとも古い。そのうち注目に値するのは、十三世紀後半のニェメツキー・ブロトの鉱夫共同体の印章（▼図版篇◉141）、十四世紀初頭のクトナー・ホラの都市代官と参審人の印章（▼図版篇◉146）、ボヘミア南部の都市ピーセクの日付不明、おそらく十五世紀初頭のゴシック様式の墓碑（▼五七頁）である。ピーセク周辺では、十四世紀に金が採掘されていた。

　鉱山企業が滞りなく操業できるかどうかは道具にかかっていた。ところが、採掘範囲がより拡大し、より深く潜るようになると、単純な道具ではもはや大規模な作業の需要についていけなくなった。もはや機械なしでは立ち行かなくなったのである。そうした機械の多くは、人間や輓獣、水力により、回転する水平軸で綱を巻き取る原理で動かされていた。その一番シンプルな形態が、軸の両端にハンドルをつけた巻取り機、巻上げ機である。これは二人の男性、いわゆる巻上げ師が車軸を回し、綱を巻き取ったり、繰り出したりした。ただし、この種の単純な機械は、地下で少人数が作業する場所、また強力な地下水と格闘しなくてもよい場所に適している。そのほかの場所では、手動巻上げ機に加えて、より効率的な機械も設置しなければならない。これらは水車、あるいは二頭ないし四頭の馬によって動かされる畜力機を動力としていた。これらの馬は職業特化した鉱山労働者、いわゆる巻上げ機御者によって操縦された。もちろん、この馬力巻上げ機はかなり入り組んだカム装置を必要とする。それを考慮に入れてもなお大きな利点があり、安定して規則的な操業が可能だった。一方、水車は水位に、それゆえ天候の変化に依存していた。

したがって、どこであれ大きな鉱山では、専門的鉱夫のほかに、副次的な分野の労働者が徐々に登場するようになる。しかし、彼らも全体としては鉱夫とみなされた。巻上げ機を操縦する者、これを動かす馬を駆る者。そのほかに、縦穴から巻き上げた鉱石や水を皮袋に詰めることを専門とする労働者もいた。鉱山大工は坑道の支柱や鉱夫が縦穴に這い降りるための梯子を用意し、鍛冶屋はすべての鉱夫道具を作製し、研磨した。坑道の煙突や管機構を管理する者もいれば、汚水だまりや横穴を流れる汚れた水流を排出する者もいた。のちに排水ポンプが導入され、有能な技術者であるポンプ師により運転されるようになる。また、採掘された鉱石の下処理には複数の専門職が必要であった。たとえば、鉱石の破砕には搗鉱師が、それらの分類には分類師が、洗鉱には洗鉱師があてられた。これらの仕事はたいてい女性が担っていたが、ときに年長の子供が従事することもあった。大きな鉱山はさらに、必要な資材や原料の監督をするバケツ持ちや、縦穴を補強するための粘土を掘り、

［2］製錬工
『スミーシュコフスキー聖歌集』（▶図版篇◉162）
1490-91年
文字の上に鉱石を入れたトレイがみえている。

運ぶ粘土職人など、補助的な労働者を雇用していた。

　中世には、これらの補助的な労働者はすべて賃金による雇用関係を結んで働いていた。彼らは産業労働の前提となる諸要素のうちのひとつといえる。一方、鉱夫自体はたいてい、ほかの分野における職人のように自立していた。しかし、この自立性はまもなく相対的なものにかわってゆく。なぜなら、採掘プロセスが技術的かつ財政的に複雑だった上に、鉱物資源に関する所有権が錯綜していたからである。

　中世の鉱夫は、労働から得られた利益をさまざまな者と分け合わなければならなかった。まずは国王大権、つまり鉱山採掘権を独占する君主と、次いで鉱物が採掘される土地の封建領主、さらには鉱山が属する管区の都市参事会員とも。鉱夫に自ら鉱山業を起こす力のなかったことは容易に理解できる。深い縦穴と長い横穴、諸々の機械の導入、一連の補助的な労働者の雇用。彼らはこうした財政的投資を準備することができなかった。もし鉱夫が個人で起業したとしても、複雑な作業工程を組織的に統括し、補助者と労働者の作業効率を管理し、さらには利益配分のために記録を採って計算する能力には、やはり欠けていたと言わざるを得ない。

　したがって、鉱夫がすぐに社団を結成したこと、十分な資本をもっている人びと

［3］貨幣打刻師
『スミーシュコフスキー聖歌集』（▶図版篇◉162）
1490-91年
足元に打刻台を置き、金槌をふりあげている。

に自身の事業のための資金援助を求めなければならなかったことは、当然だった。両者の間には、鉱山での作業という点において、いかなる共通性もない。すべての事業参加者、つまり鉱山株主に利益の配分を保証するシステムに基づいて、しだいに鉱山会社の組織が形成されていった。その結果、実際に働いている鉱夫は財産がないために、富裕な事業主に依存することになり、後者はほとんど何もしていないにもかかわらず、鉱山から莫大な利益を得ることになった。最終的には、一区画を賃借りする──あるいは「封として」貸与される──鉱夫となるか、賃金労働者のレベルに転落するか、さもなければ出来高払いか交代制の労働者となるか、小規模採掘者にはそれ以外の選択肢はなかった。

製錬

（▼図版篇◉160・162・165–167・169–172）

こうして封建制の盛期に、中欧の鉱山では所有と生産の複雑な関係が生まれたが、その関係こそが生産技術と組織の成熟した発展を可能にしたのである。もっとも、中世の鉱山業がほかの二つの生産分野と密接に結びついていたことも忘れてはならない。鉱石の製錬と貨幣の鋳造である。とくにチェコでは、これらの三つが密に協働するための著しい好条件がそろっていた。ヴァーツラフ二世は十四世紀初頭に大改革をおこない、ボヘミア、モラヴィア、シレジアの各都市に散在していた鋳造所を、すべてボヘミアのクトナー・ホラへ集中させたのである。この当時、クトナー・ホラはヨーロッパ屈指の採掘場となっていた。この改革の目的は、チェコ全土で通用する単一の通貨制度を生み出すことだった。今や、中央集権的な統一された王立鋳造所が設置され、銀と銅、そのほか鋳造に不可欠なすべての物資の安定した供給が保証されるようになった。一三〇〇年には、プラハ・グロシュを基準通貨とする新しい貨幣制度が導入されている。この銀貨はヨーロッパ中で評価される貨幣となった。

十六世紀の中葉まで、銀の製錬は採掘拠点の近隣に散在する小さな製錬所でおこなわれていた。製錬所のほとんどは鉱石商人が所有するものだった。彼らは鉱石市場で個々の鉱夫から品質に応じて鉱石を購入する。鉱山企業の代表者から購入することもあった。どの製錬所もたいていは通気口の付いた複数の溶鉱炉を備えている。融解した鉱石を、溝を伝って前床へ排出する炉もあれば、炉と前床が一体化した沈殿させるタイプのものもあった。炉はあまり高くなく、二メートルに達することはない。「カルパン」とよばれる蔽い、つまり屋根には、炉の上に煙を排気するための穴をあけてあった。

銀の製錬とは鉱石を融解した状態へ変える工程である。溶鉱炉の操業には水が不可欠だった。鉱石を洗鉱する必要もあれば、溶鉱炉に空気を供給する鞴《ふいご》の動力源としても必要だからである。そのため、製錬所はたいてい川のそばにあり、貯水もされている。また、乾季にも十分な水の供給を確保するために、貯水池が築かれることもあった。水が足りないところでは、馬を使って機械を回し、鞴を動かしていた。

銅からの溶離法の発見は冶金技術を大きく前進させた。これにより、鉛を用いて

＊トゥルゾ（一四三七―一五〇八）はスロヴァキアの市民家系出身。鉱山業で財を成した。彼の子孫はこののち聖職者・人文主義者を輩出するようになる。

銀を含む銅から銀を分離することが可能となった。そのため、この工程に通じた製錬所の所有者は、秘かに大量の銀塊を獲得することができるようになり、国王先買権による独占を回避しはじめる。銅の溶離は、チェコでは一四六〇年代に知られていたが、この工程が最初に試みられたのはおそらくクトナー・ホラにおいてだった。その場には、有名な鉱山企業家ヤン・トゥルゾ*が参加していたと思われる。彼はのちにフッガー家と結び、スロヴァキアにおける銅生産により莫大な利益をあげることになる。

製錬作業でも、時間とともに専門化と分業化がすすんだ。鉱石を焙焼する特別な労働者は焙焼師とよばれた。他にも、鉱石と添加物を炉に入れるための準備をする投入係もいた。熔解師は、まさに熔解そのものをおこない、銀の精製には竈番が従事している。また、溶鉱炉を準備するのは、いわゆる溶鉱炉番だった。

貨幣の鋳造

（▼図版篇◉176–182）

製錬された銀は、鉱石商人が貨幣鋳造所に売却した。かつてのチェコ全土で生産された貴金属のほぼすべては、貨幣を鋳造するためにこの鋳造所へ搬入されていた。クトナー・ホラのヴラシュスキー宮殿に設置された王立鋳造所は、十七以上の貨幣鋳造所を統合してできたものである。ここは、中世盛期において例外的に

[4] 貨幣鋳造師の徒弟
『スミーシュコフスキー聖歌集』（▶図版篇◉162）
1490-91年
貨幣を鋳造するときには、貴金属の重さを慎重に量る必要があった。

成熟した産業を代表する。こうした産業は、先進的に発展した分業に立脚していた。

貨幣の原料となる銀と銅は、どちらも使用される前に複雑な精錬の工程を必要とする。銀は最初に試金されたのち、含まれている不純物をすべて取り除いて精錬される。サンプルの分析を試金師が実施し、焙焼は竃番もしくは熔解師、焙焼師と呼ばれる職人の仕事だった。彼らは独立した広い工房、いわゆる焙焼小屋、焙焼部屋で作業をおこなっている。同時に、銅の精錬がすすめられる。熔解後に銅は細かく粒状化されなければならない。銀を鋳造するさいに、貨幣原料の組成を均質にし、同時に鋳造速度を速めるためである。銅の粒状化は、いわゆる粒状化室で粒状化師がおこなった。この部屋では大きな車輪装置を用いて、ドラムを高速回転させた。

二つの金属は別々の鋳造所、いわゆる鋳造部屋で精錬されたのち、ひとつの鋳型へ流し込まれる。鋳造師は鋳物を延べ棒状に仕上げた。これらは鍛冶場へ移され、そこで貨幣鋳造師によって薄い帯状になるまで鉄床の上で叩き延ばされる。板の薄さは規則で定められていた。最後に板は切断され、大きな鋏で四角や円状に切り出された。いわゆるプレート、切片である。「白い部屋」で漂白師に清掃されたのちに、ようやくそれらの切片はもっとも重要な鋳造作業、すなわち打刻段階へと引き渡される。打刻師は打刻台の椅子に座って、銀片をはさんだ二重の金型を重い金槌で打った。

こうした分業化された工程を、大企業はすべて統括し、見事な組織を作り上げていった。技術的観点からみれば、間違いなく、国内最古の集中的な機械制手工業で

［5］貨幣打刻師
『スミーシュコフスキー聖歌集』（▶図版篇◉162）
1490-91年
こちらも打刻の場面。金型にはさみ、
貨幣の形に打ち抜いている。

ある。一五〇〇年頃、クトナー・ホラの鋳造所は一五〇〇人から二〇〇〇人の労働者を雇用していた。

新鉱山と技術・組織の発展

（▼図版篇●169－175）

十五世紀の終わりから十六世紀の三〇年代にかけて、チェコ諸邦とスロヴァキアの鉱山事業は新たな発展段階に入った。とりわけチェコ＝ザクセン国境のクルシュネー（ドイツ語名エルツ）山地で多数の新たな鉱床が発見され、十三世紀のようなもうひとつの「ゴールド・ラッシュ」がはじまったのである。一五一六年にヤーヒモフ（ザンクト・ヨアヒムスタール）で銀鉱石の大鉱脈が発見されたとき、興奮は最大限に達した。その後数年のあいだに、ヤーヒモフはヨーロッパでもっとも重要な採掘拠点のひとつとなった。その名はすぐに、とても高価な大判貨幣、ヨアヒムスターラーに与えられた。「ドル」という言葉はこれに由来する。

この当時、金銀以外にも銅、錫、亜鉛、鉛など、さまざまな鉱床が熱心に探し求められている。また、鉄鉱石の採掘量も増加した。外国人事業者は、とくにボヘミア北西部（スラフコフ、ツィーノヴェツ）の錫鉱石の鉱脈に関心をよせた。この地域は中欧でもっとも豊かな鉱脈のひとつを有していた。一方、この頃にスロヴァキアで採掘された貴金属のなかで、国際的な関心をひきつけたのは銅だった。

この時期の中欧では、技術と組織においてかなり異なる二つの採掘方法が競合していた。一方には、チェコの伝統的な技術が、もう一方には、ザクセンの手法があった。前者は、クトナー・ホラにそのもっとも純粋な形態がみられる。後者は、ボヘミアではヤーヒモフにもっとも明瞭な姿を見て取れる。チェコの技術は、十五世紀には間違いなく世界をリードしていた。なぜなら、クトナー・ホラの鉱夫は五〇〇メートルもの深さまで潜っていたからである。しかし、十六世紀に入ると、クトナー・ホラは技術と組織の発展ペースからしだいに脱落してゆく。一方、ザクセンの事業者は、まるで初期企業の資本主義的形態のように、新しい機器の導入にはとりわけ柔軟で進歩的だった。

十五世紀末から十六世紀にかけて多くの発明と改良がなされ、中欧の鉱山技術の発展に貢献した。工夫を凝らした巻上げ機、揚水機、排水機、鉱車を使用した鉱石運搬の進歩、改良された換気装置などである。これらはすべて、簡単には言い難い巨額の財政的支援を必要とした。そのような規模の援助は、この当時では、ドイツ中部ないし南部の大企業にしか提供できないものだった。そのため、中欧のほとんどの鉱山地域では、これらの企業から派遣された代理人が貴金属採掘と製錬の主導権を握るようになった。そして十六世紀中には、個人個人の賃貸鉱夫に切羽を貸し出す古いシステムは、しだいに賃金労働者と資本主義的搾取に座を奪われていった。

同じ時期に、製錬に関しても一連の大きな技術的改良がみられた。それは経験的観測と室内実験を経て到達したものであり、すでに近代的な分析化学に基礎をおいていたといえる。この分野の出発点となる著作二点が、ボヘミアの鉱山業・製錬業に身を置いたゲオルギウス・アグリコラおよびラザルス・エルカーから得られたことは、決して偶然ではない。零細鉱山事業が淘汰され、たとえば一五六〇年代に設立されたクトナー・ホラの王立鋳造所のような、大きな製錬所に集中が図られたことは、冶金学がさらに発展するためには非常に重要な事柄だった。もうひとつ、鉄製錬の発展に関する新たな段階をもたらしたのは、高炉の導入である。こうした変化が、チェコ諸邦では一六〇〇年前後におこった。十六世紀末までは、低い溶鉱炉（塊鉄炉）を用いた非常に古い生産技術によって、鉱石からじかに鋳鉄が生産されていた。そしてたいていは同じ場所で、熱せられた鉄の塊から鉄製品（武器、犂刃、鎌等）が製造された。多くの鍛造工場では、水車を利用した巨大な槌の音が響くようになってゆく。また高炉の導入は、継続的で間接的な鉄生産の開始を意味する。つまり、作業工程のさらなる分業化と鉱石および燃料――木炭――の絶え間ない供給を必要とするようになったのである。

コークスや液体燃料が木炭ほど一般的に使用されていなかったこの当時、木炭生産の重要性は現代よりもはるかに大きかった。木炭の製造は、すべての金属業の発展にとって不可欠な前提のひとつであり、鉱山地域での需要が莫大だったことは言うまでもない。そのため、近隣の森林に広く散在する炭焼きから木炭を集めるために、専門的な社団の手を借りて持続的な供給を確保しなければならなかった。

炭焼きは複雑な事業ではなかった。乾溜の工程を経て炭焼き窯で作られるが、高価な道具はまったく必要としなかった。鋸、斧、鍬《くわ》、シャベル、鉄の熊手、複叉鋤《すき》、端に鉄くぎを打ちつけた長い棒。これらが炭焼きの基本道具である。炭焼きは、価

［6］貨幣鋳造師
『スミーシュコフスキー聖歌集』（▶図版篇● 162）
1490-91年

値の高い木炭を生み出す一方で、竈と周囲の森林での火災は絶対に回避しなければならない。こうした課題に成功するかどうかは、第一に個人の技能と経験に依存していた。炭焼き技術に変化が生じるのは、ようやく十六世紀後半のことだった。製錬がクトナー・ホラに集約され、その後、特別な竈で木材を加熱して集中的に木炭製造をおこなう試みがはじまる。これにともない、鉱山地域では木炭生産用にも坑道支柱用にも莫大な量の木材を必要とするようになる。これらの木材は樵によって供給されたが、彼らは遠く離れた森林で作業することも多く、ときには丸太の筏が「山まで」流されることもあった（▼図版篇◉173）。

　十六世紀には鋳造技術においてもいくつか重要な変化がみられる。新しいターラー貨幣は、貨幣の原料を打刻するさいに鉄の鋳型の導入をもたらした。必要な幅と厚さのある延べ棒を得るためである。ターラー貨幣の打刻には多大な労力が求められたが、こうした労力と貨幣生産の需要の増大が、より簡単に、より大量に、そしてより素早く生産するための機械の発明を刺激した。十六世紀以降になると、手で叩き延ばすのではなく、二つのローラーの間を通過させて延べ棒を延伸するようになった。さらに、打刻師がペダルを踏んで金型を持ち上げ、そして落とすようになる。このとき、打刻は部分的に機械化されたといえる。しかし、十六世紀の貨幣鋳造においてもっとも重要な発明は、貨幣の表裏を彫刻する二本のシリンダーを備えた圧延装置である。この装置は、金属片を通過させるときに、互いに逆方向へ回転していた。もちろん、こうした機械の改良は貨幣鋳造所へ一度に導入されたものではな

[7] 炭焼き
パルドゥビツェ城ラベ門の紋章板（▶図版篇◉174）
16世紀初頭
紋章は、左からペルンシュテイン家、ロムニツェ家、シュテルンベルク家、ヴァルテンベルク家。いずれも当時の有力家門だが、おそらく領主ペルンシュテイン家と縁戚にあった。この城を築いた当主ヴィレームの母はロムニツェ家出身。

い。とりわけクトナー・ホラでは、自分たちの生活の糧を失うことを恐れた鋳造師、打刻師の激しい反対に出遭った。

ガラス

（▼図版篇●183・184）

チェコスロヴァキア地方では、採掘や製錬のほかにも、ガラス製造の長い伝統があった。チェコのガラス製造は、技術面では、フランス、ベルギー、イングランド、ドイツと並んで、北ヨーロッパ圏に属していた。この地域のガラスの原材料は南ヨーロッパと異なっている。前者はとりわけ二酸化ケイ素に富んだ砂と木材を利用した。木材は融剤としての炭酸カリウムを供給するために燃やされる。一方、後者では炭酸シリカが融剤として使われた。これは海藻と二酸化ケイ素を含む白い川石を燃やしてつくられた。古代には、添加物として石灰石は利用されておらず、透明なガラスの製造方法として知られていたのは、繰り返し

材料を溶かすこと、ただそれだけだった。こうして「森のガラス」として知られる、緑色のカリガラスが生み出された。おそらく十六世紀半ばには、色ガラスとガラス彩色がはじまっている。そして一六〇〇年前後には、一時的にヴェネツィアを真似た製造法がチェコで試みられた。

チェコのガラス製造業の新たな段階は、カスパル・レーマン*の発明とともに開始する。彼はルードルフ二世のプラハ宮廷で仕事をする宝石細工師、ガラスカット職人だった。カスパルは一六〇〇年頃に、宝石彫りの技術をガラスに援用した。彼の発明は特別なガラス製造技術をもたらし、バロック時代に非常な人気を博すことになる。カリ（カリ石灰）のクリスタルガラスが生産され始めた十七世紀半ば以降、チェコのガラス製造は世界的な名声を得ることになった。

*レーマン（一五六三—一六二二）は北ドイツ生まれ。プラハでは、国王以外にロジュンベルク家などの大貴族からも注文を受けていた（▼図版篇●183）。

*

鉱石の採掘と製錬は、チェコ諸邦およびスロヴァキアの封建的経済生活の基盤であった。このことは例外的に豊富な図像資料に反映されている。こうした分野に関する図像は、芸術的な意味でも資料的な点においても、中欧でもっとも価値ある作品に数えられる。鉱山業・製錬業に関する図像資料が最盛期を迎えたのは、一四九〇年から一五一〇年にかけてのことだった。たとえば、クトナー・ホラでは非常に豊かに挿絵が施された写本が製作された。このなかで写本彩飾師は、鉱山の地下や地表で作業する人びとのさまざまな様態を捉えることに成功している。その色彩の鮮烈さの独自性、そして写実的正確さへの意識の点で他に類例をみない。ヤゲウォ朝時代のクトナー・ホラ写本の挿絵と見事に対照をなすのは、一五一三年に製作されたスロヴァキアのロジュニャヴァ教会のユニークな板絵である（▼図版篇●163）。これは職業的な画家というよりも、むしろ農民画家の仕事である。そうはいっても、スロヴァキアの鉱山と製錬所の環境を正確に描いた図像であることに疑いはない。

これに対して、ヤーヒモフの採掘の始まりを示す図像は不思議なほど少ない。ヤーヒモフ最古の鉱山規則の木版挿絵――ザクセンで作られた凸版を使用していることは確実である――を考慮に入れなければ、ヤーヒモフの鉱夫たちの作業風景は、鉱夫のゴブレットの脚にスケッチされた線画が、最古にして唯一の図像となる（▼図版篇●154）。これはヤーヒモフの芸術家コンツ・ヴェルツによって一五三二年に描かれた。十六世紀前半にはヨーロッパ全体でみてももっとも豊かな採掘拠点のひとつが、鉱夫、製錬工、貨幣鋳造師の仕事を嘉するような芸術作品をほかに生み出さなかったとはとても信じがたい。クルシュネー山地のザクセン側にあるアンナベルクが今日でもなお誇りとしているように、チェコ側で繁栄するほかの鉱山都市――ホルニー・ブラトナー、プシーセチニツェ、ボジー・ダル、クルプカ、ツィーノヴェツ、アベルタミ、スラフコフ、オストロフなど――も、きっと鉱夫や製錬工、貨幣鋳造師の描かれた祭壇画や説教壇でその鉱夫教会を飾ったことだろう。のちにクルシュネー山地の鉱山が深い衰退に陥ると、残念ながらこれらの作品も取り巻く環境と運命をともにした。炭焼きの仕事を描いた芸術品も、同じように不幸な運命をたどるかにみえる。なぜなら、十七世紀以前のチェコとスロヴァキアの図像資料には、炭焼きに関する証拠が残っていないからである。そうしたなかで、炭焼きの人型で飾られた印章（▼図版篇◉175）がそのユニークさにおいて目を引く。おそらくは、十五―十六世紀の炭焼きの長老が、銀の製錬用の木炭の長期的配給に関して、クトナー・ホラの鉱石商人とのあいだで交わした協定に添付したものである。

一方、チェコの貨幣鋳造所の図像の残存状況はといえば、比べようもないほどに良好である。すでに十四世紀半ばから、印章に作業道具やシンボルがみられる。とりわけ、一三五四年の文書に添付され、働いている貨幣鋳造師を描いたクトナー・ホラの鋳造監督官の印章は、作業の図が刻まれたものとしては、疑いなくもっとも古い部類に属する。また、一四六三年以降に製作されたクトナー・ホラの聖バルボラ大聖堂のフレスコ画（▼図版篇◉177・178）と、一五〇〇年頃に描かれたクトナー・ホラ写本の豊富な挿絵（▼図版篇◉139・147・148）は、国際的に見渡してみても、同時代にはほとんどみられないユニークな図像である。ところが、チェコでもスロヴァキアでも、十六世紀後半と十七世紀前半の、初期の鋳造装置に関する図像資料の情報はいっさいない。

最後に、ガラス製造と宝石研磨に関しては、これもまた十七世紀末以前のチェコスロヴァキアの図像資料は決して豊富なものとはいえない。しかしそれでも、チェ

［9］ガラス研磨師の一家
カレル・シュクレータ
『ディオニシオ・ミセロニとその家族』
1653年
背景に「研磨水車」の並んだ
ガラス工房がみえる（▶図版篇◉183に部分拡大図）

［8］ペンダントの鉱夫
クトナー・ホラ博物館蔵
15世紀
両手にハンマー、頭にはフードが確認できる。
現在の鉱山博物館にも看板代わりに掲げられている。

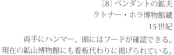

コスロヴァキアに伝わる比類なき二つの絵は、チェコの国境をはるかにこえた格別な意味をもつ。十五世紀初頭のマンデヴィルの『旅行記』は、一連の挿絵のなかにガラス工房の絵が含まれている（▼図版篇◉184）。これはドーム型のガラス炉の存在を示す最古の図像であり、ほぼ間違いなくチェコで作成された。また、初期バロック時代のチェコの傑出した画家カレル・シュクレータが、プラハのガラス・宝石研磨工房のオーナー家族を描いた集団肖像画は、研磨工場で作業する職人たちの最古の風景として知られている（▼図版篇◉183）。

チェコ史逍遙

❖

V

❖

ハプスブルク家（1526–1918）の統治と鉱山の盛衰

1436年にフス派戦争が終結した翌年、皇帝兼チェコ王ジギスムントが没し、ルクセンブルク家が断絶する。この後、フス派の貴族王イジーやヤギェウォ朝の即位といったエピソードをはさんで、16世紀前半にハプスブルク家がチェコ王に再登位する。

16世紀のチェコは、比較的穏やかに両宗派（カトリック、フス派）の共存体制が続き、文化や学問の復興もみられた。とくにプラハ城に引きこもって錬金術に明け暮れたと伝えられるルードルフ2世の時代、プラハには綺羅星の如く個性的な芸術家や学者がつどった。綺想の画家ジュゼッペ・アルチンボルドによる皇帝の肖像画はよく知られている。

錬金術とはこの時代の科学でもあった。プラハ宮廷は化学・冶金学者も引き付け、実践的な技術との相互影響の下に、チェコ各地の鉱山の繁栄をもたらした。ただし、中世以来チェコ王国の財源となってきたクトナー・ホラは、早くも15世紀半ばには枯渇し始め、16世紀初頭に急激に発展したヤーヒモフも同世紀末には衰退へと向かう。

その後、再カトリック化の方針を強めたハプスブルク家に対して、フス派系のチェコ貴族は1618年に蜂起する。欧州全土を巻き込む三十年戦争の勃発である。しかし、反乱軍は1620年に敗北し、ハプスブルク家の支配に服することとなる。こうして政治的、文化的、経済的に、近代チェコはヨーロッパにおける存在感を低下させていった。

これ以降、1918年の独立までハプスブルク家の統治が続くのである。

クトナー・ホラ、聖バルボラ大聖堂

第Ⅳ章◉図版篇

昇階誦の扉を飾るこのユニークな光景は、鉱山での重要な仕事を細部までもれなく描いている。画家は独自の手法で画面を以下の3段に構成した。下段は小さな鉱夫たちが地下で繰り広げる多様な作業。中段は鉱山経営に関わる地表での作業と、採鉱や選鉱をすすめるにぎやかな群衆。上段は祝祭的な雰囲気の鉱石市場。

●—139

鉱山と鉱石市場

『クトナー・ホラ昇階誦』

1490年代

◉── 140

採掘

『クトナー・ホラ昇階誦』
1490年代

右図の中央最下部。鉱山の下層部の模様。比較的広い空間（左下）では、2人の鉱夫が地表へ運び出すために鉱石を籐籠に詰めている。その隣には鉱石の塊を手にする鉱夫と、それを大きな槌で砕く鉱夫がいる。右側の座っている男はおそらく製錬工の親方。鉱石箱を閉じ、採掘された富を監視しているらしい。彼の上方では、板に座った鉱夫が作業している。その左側では、別の鉱夫が小さなランプで岩を照らし、どこかに鉱脈が出てきていないかどうかを視認している。さらにその上にいる者たちがおこなっているのは、削り出された鉱石を砕いて品質を確かめる作業。

▶成立の状況はよくわかっていないが、チェコの中世後期ゴシック第二世代を代表する写本彩飾師マトウシュの作品。彼は『スミーシュコフスキー聖歌集』（▶図◉162）も手掛けている。発注主は鉱山経営者と推定されるが、特定にはいたっていない。ただし、聖歌集の内容からみて、フス派の信徒だったとされる。クトナー・ホラはボヘミア中部の鉱山都市。中世チェコ王国の発展を財政的に支えた良質の銀鉱で名高い。13世紀に近くのセドレツ修道院領で銀鉱が発見されると、同世紀後半にはプラハに次ぐ大都市に発展し、王立貨幣鋳造所が設置された。現在、聖バルボラ大聖堂を含む街並みが世界遺産に登録されており、銀鉱の一部はガイド付きツアーで見学できる。

◉—141

採掘道具

ニェメツキー・ブロトの印章
1269年

交差した小丸太梯子の脇にある鉱夫の小槌の図像は、チェコ最古のもの。右側に玄能、左側にホーベル（採鉱鉋）が描かれている。どちらも貴金属を含む鉱石を削り出すための大事な鉱山道具である。この印章は、後世に知られ、そしてまた今日まで鉱山のシンボルに使われているような様式化した紋章ではなく、実際の作業道具を明瞭に示している。太く短い柄のついた玄能でホーベルの鈍い刀身を打ち込んだ後、その長くて細い柄を取り外せば、刀身だけが岩に残る。これが鋭い楔となり、岩を割ることができた。また、小丸太梯子の上に三角鍬が、下の中央には楔がある。ともに当時の鉱山では欠かせない道具だった。

●—142

製錬工の道具

クトナー・ホラの城館
15世紀末

アーチ型天井のリブが交わる部分の要石。ピッチフォーク(熊手)と交差した長い鳶口の組み合わせは製錬工の紋章である。溶鉱炉の前床で用いられ、焼けた金属に穴をあけ、熔塊から鉱滓や残滓をかき出した。

▶城館(フラーデク)は、もともとは城塞の一部を構成していた砦。その後、国王代官が城館へと発展させ、現在は銀山博物館となっている。銀鉱ツアーはここから出発する。

▶ニェメツキー・ブロトの現在の名はハヴリーチクーフ・ブロト。ボヘミアとモラヴィアの境をなすヴィソチナ地方(モラヴィア西部)の鉱山都市。中世後期のチェコを代表する銀山クトナー・ホラとイフラヴァの中間に位置する。13世紀半ばには銀鉱が発見されており、1278年にイフラヴァ鉱山法を得て都市の仲間入りを果たす。都市参事会は鉱山に関与するドイツ系市民に占められていたため、「ドイツ人のブロト」と呼ばれた(▶図●007訳註)。第二次世界大戦後、チェコでドイツ人追放がおきると、地元出身の愛国主義者の名を冠するようになった。

◉— 143

鉱石の運搬

『クトナー・ホラ昇階誦』(▶図◉ 139)
1490年代

この絵が示すように、地下深くの「現場」から鉱石を運び出す作業は容易なものではなかった。下方の鉱夫は、大きなシャベルを使って鉱石運搬用の橇に鉱石を入れている。その隣でロープに結びつけられた橇を、鉱夫は狭い横坑にもぐり、巻上げ用縦坑の積込場まで牽いてゆく。そこで鉱石は橇から巻上げ機に積み替えられた。彼らの上には、支柱で区切られた縦坑の底部がみえる。その片側では鉱石をロープで巻き上げ、反対側では鉱夫が梯子を伝って昇り降りするのである。鉱夫は今まさに鉱石の詰まった袋をロープにつないでいる。

◉— 144

鉱石の粉砕

『クトナー・ホラ昇階誦』(▶図◉139)
1490年代

衣裳から判断するに、ここには社会的地位の高い人びと、おそらく鉱山企業家が描かれている。彼らは鉱山に財政基盤をもたらし、採掘された鉱石の利益を分配した。さて、縦坑から鉱石を引き上げるさいには、作業成果を分配する鉱石選別者が必ず居合わせなければならない。一番下の1人は、きつく閉められた鉱石袋を開けている。なかに入っているのは採掘された鉱石。ほかの2人（緑と赤の上着）は石を砕いており、さらに別の者（オレンジの帽子）が鉱石を選別し、洗鉱して鉱石市場に出すために搬出している。

◉—145

鉱山道具

クトナー・ホラの城館（▶図◉142）
15世紀末

天井の要石のひとつでは、2人の小さな鉱夫が交差する槌の紋章を支えている。これは数世紀にわたって鉱山の紋章となったもので、鉱山都市では頻繁にみられる。重要な建築物や教会だけではなく、市民の家屋も装飾していた。

◉— 146

採掘道具

クトナー・ホラ、
都市代官および参審人の印章
1300年頃

この印章は▶図◉141よりわずかに後の時代のものだが、これもまた鉱夫の仕事をはっきりと示す象徴を帯びている。この印章が制作されたのは、まさにクトナー・ホラ鉱山共同体が栄光の時代にさしかかった頃。主君であるチェコ王の紋章（▶本文140頁）と結合されている。

◉— 147

銀の採掘

ヴァレンティヌス
『クトナー・ホラ聖歌集』
1471年

地下では鉱夫たちが鉱石を採取し、地表ではそれを運搬、整理している。鉱夫はみなフードの付いたベルト付チュニックを着ているが、これは典型的な鉱山の作業衣、いわゆる鉱夫服である。なお、靴先は流行にしたがって尖っている。鉱夫は、狭い暗黒の中で過酷な1日をすごす。作業が終わると、ランプを頭上にかざして厚板の打たれた縦坑を木の梯子で昇り、日の光の下へ出てきた。画家は地表で別の作業をしている者たちも描いている。彼らは鉱石の入った岩を小槌で砕き、籠へ鉱石を選り出している。鉱石は、鉱石商人が加工用に購入するまで、そのまま納屋で保管された。画面上部の両端では、交差した2つの羽根板が回転する換気装置が換気坑の上にそびえている。どちらから風が吹いてきても、大きな木製の十字羽がつねに風をとらえて下の坑へ送りこみ、煙とガスで汚染された空気を換気した。

▶クトナー・ホラで作成された複数の聖歌集のうちのひとつ（正確には「交誦集」）。既出の『クトナー・ホラ昇階誦』とともに、中世鉱山の記憶を色鮮やかに伝える資料となる貴重なラテン語聖歌集の扉絵。原著は作者としてヴァレンティヌスの名前をあげており、たしかにイニシャルの装飾部分には2度にわたって（fol. 253r, 254r）彼の名前がみえる。ただし、彼の単独作品ではなく、工房として請負い、複数の挿絵師（少なくともあと2人）が参加したと考えられている。ここではカットされているが、絵の上部には貨幣鋳造所長官ミクラーシュ・ゼ・スカリツェら都市の指導者たちが登場するため、都市の指導層が発注主だった可能性が高い。

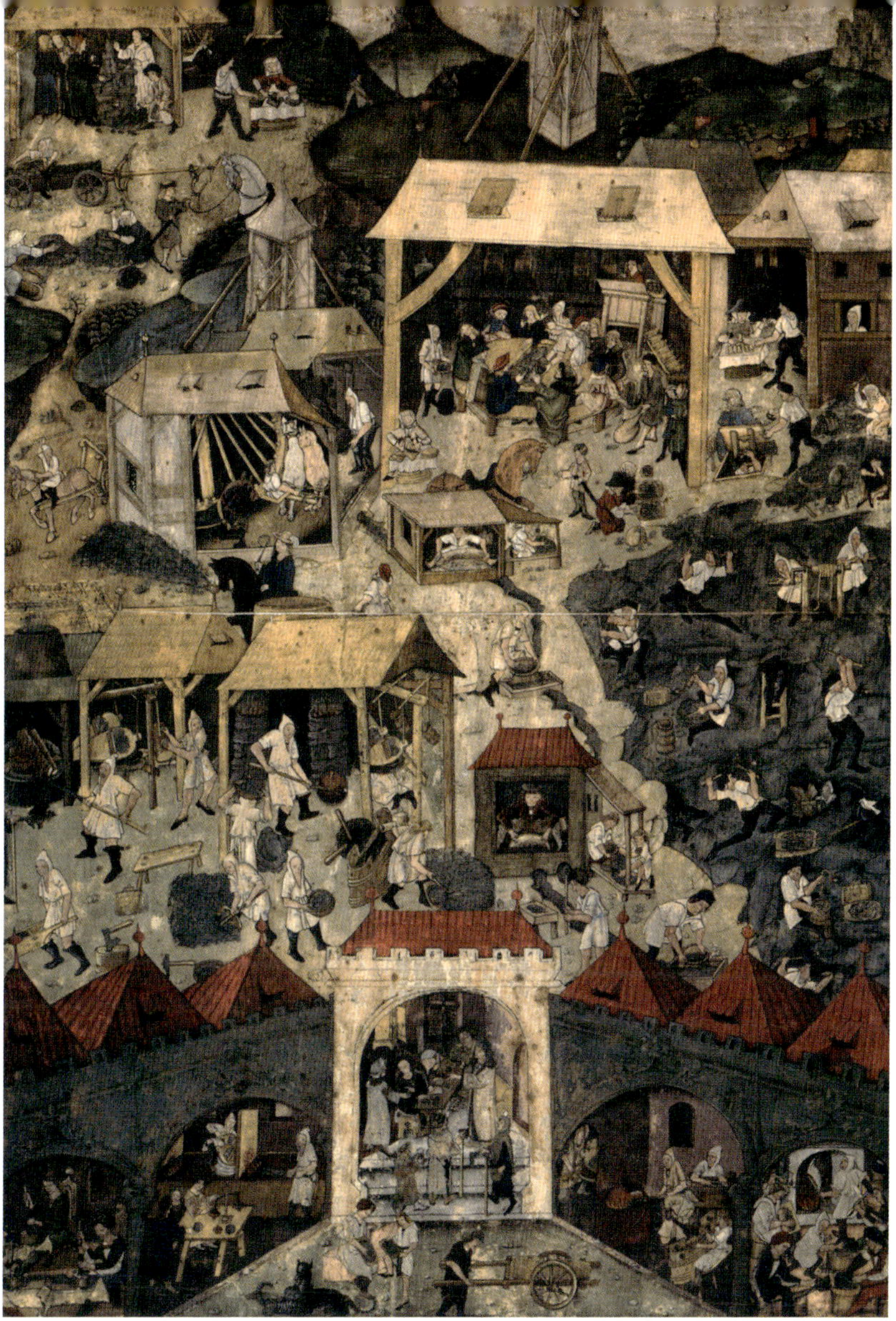

◉—148

鉱山風景

無名の聖歌集
16世紀初頭

この聖歌集の挿絵は、鉱山での作業だけではなく、製錬や貨幣鋳造についてもビジュアル的にわかりやすい。中景には昔のチェコの製錬作業が、構図の下方には貨幣鋳造局がみえる。同時代のほかの有名な図像資料にもこれほど明瞭に描かれているものはない。

▶クトナー・ホラ市民が注文主とみられ、当時いくつかの聖歌集の挿絵を手掛けた、プラハのマトウシュ親方（▶図◉162訳註）の工房に発注された可能性が高い。長らく所在がわからなかったが、2009年にサザビーズのオークションに出品され、チェコ共和国政府が購入した。現在はクトナー・ホラのボヘミア中部ギャラリーの所蔵。

◉—149

巻上げ師

クトナー・ホラ
巻上げ師同職組合憲章の印章
16世紀初頭

クトナー・ホラの巻上げ師は、「鉱山の人びと」のなかでも自立的な集団だった。そのため、15世紀後半から独自の憲章——同職組合と印章をもっていた。印章では巻上げ装置の左右で作業する2人の巻上げ師が描かれている。

◉— 150

採掘

ロジュニャヴァ教会
『聖アンナと聖母子像』(▶図◉163)
1513年

中世の鉱夫は、簡易な支柱で支えられただけの狭い縦坑で作業をおこなった。傾斜のある縦坑を昇降するときに一番よく使われたのは伝統的な梯子だった。鉱石は革袋に入れて、巻上げ機の力を使ってロープで持ち上げられる。鉱夫が自らをロープに結びつけ、長くて狭い垂直の縦坑を降りることもあった。

◉—151

鉱石の巻上げと運搬

『クトナー・ホラ昇階誦』(▶図◉139)
1490年代

鉱石が一杯に詰められた籠と空の籠。それらの真ん中に巻上げ機がある。みじめな子供のような顔をした巻上げ師は、文字通り「馬のように」巻上げ機を回している。そのみすぼらしく破れた上着と使い古した乗馬靴のゆえに、彼は周囲の人びとと異なる印象を強く与える。画家は彼らと他の鉱夫たちとの社会的格差を強調した。とりわけ、籠を巻上げ師の下から引っ張ってゆく人々との格差を。後者は鉱石の選別と破砕を請け負った人びとである。絵の下部には、ほとんど何も着ていない鉱夫の一群がみえる。ちょうど仕事を終えて交替する場面。彼らが赤いコートを着た親方に報告すると、親方はナイフで割符に印を刻む。それは労働時間の終わりを意味した。この集団の右側の、肩にずだ袋をかけて立つ2人の旅人は、おそらく金細工師である。金細工師は鉱夫を待ち構え、彼らが賃金として得た鉱石を購入した。

◉— 152

鉱石の巻上げ

『クトナー・ホラ昇階誦（▶図◉139）
1490年代

鉱石を採掘する者、その石片を破砕している者、籠に鉱石を詰める者、巻上げ機の援けを借りて綱で地表近くまで引き上げている者。この挿絵には、数種類の坑道昇降用梯子が描かれている。

◉—153

巻上げ機

ロジュニャヴァ教会
『聖アンナと聖母子像』（▶図◉ 163）
1513年

ここまでの図像で、巻上げ師が縦坑を使って積み荷を、そしてときには人間の運搬をしていることに注目してきた。彼らは巻上げ機により籠や革袋に入った鉱石を引き上げ、さらには石や水を排出する作業もおこなっていた。地下で必要な物資は、鉱夫道具や梯子、食料を含めて、すべてこの方法で下に送られている。ときには、巻上げ機のロープに丸太をつないで、これにまたがる鉱夫を底まで降ろすこともあった。巻上げ機での作業は2人一組でおこなうことが多い。しかし、この絵の「しみ」のある鉱山服を腰までまくりあげた鉱夫は、1人で巻上げ機の取手をまわしている。巻上げ機には悪天候に備えて天蓋もあった。手前の男性は藪を切り開いているところ。

◉— 154

銀山全景

コンツ・ヴェルツ制作のコップ台座
1532年

表面に銀を貼ったコップの台座には、中欧にその名を轟かした鉱山都市ヤーヒモフ（ドイツ語名ヨアヒムスタール）の鉱山風景が描かれ、生き生きとした印象を与えている。鉱山はクルシュネー山地の急坂にあり、銀の鉱脈に到達するためには、角度のある縦坑と横坑を通らなければならなかった。それらの坑道の入り口は木の扉で閉じられている。巻上げ機の横では、もっと大規模に、馬に牽かせた先進的な巻上げ装置、すなわちトレイフが使われている。ただし、装置は高く尖がった円形の木屋根の下にあり、この図では見えない。ヤーヒモフの鉱夫と巻上げ師はフードのあるベルト付チュニック、そして腰を保護する特徴的な革の継当てを身につけている。

▶豊富な銀の産出量により、ヨーロッパ中にその名をとどろかせたヤーヒモフだが、その銀山としての歴史はさほど古くない。クトナー・ホラやイフラヴァ鉱山の本格的な稼働に遅れること約2世紀半、1516年に銀鉱が発見された。しかし、その発展は急速で、7年後には狭い谷あいに鉱夫の家だけで400軒が立ち並んでいたという。人口もじきに1万人を超えた。町の名前は、鉱脈のあったクルシュネー山地の「聖ヨアキム」の谷にちなむ。ここで鋳造された銀貨ヨアヒムスターラーは、その品質の高さからヨーロッパの基準通貨となり、米ドルなどに名を残すことになる。コンツ・ヴェルツは当時の著名な金細工師、貨幣鋳造師。

◉—155

鉱石の分配

『クトナー・ホラ昇階誦』(▶図◉139)
1490年代

この絵は、鉱山企業家間の鉱石の分配、あるいはまさに鉱石商人に販売しているところを示す。左上の開いた納屋の前では殴り合いが演じられている。こうした光景から、相互の信頼関係があまり醸成されていなかったこと、そして諍いが頻発していたことがうかがわれる。

◉—156

大型巻上げ装置と選鉱

『クトナー・ホラ昇階誦』(▶図◉139)
1490年代

この挿絵は、機械を使った先進的な鉱山技術の存在を証言している。それは、鉱石運搬に用いられた15世紀のトレイフ——馬に牽かせた大型巻上げ装置である。カムのついた大きな車輪の周縁部に繋がれている馬が、この図から明瞭に見て取れる。馬たちは巻上げ機の御者に鞭を入れられている。カム装置は、その右側にある縦坑の上の巻上げ機に連結されていた。ちょうど水の入った革袋が引き上げられており、その脇に立つ者は、縦坑入口の板を越えたところで袋をひっくり返し、水を注ぐ準備をしている。縦坑の屋根の上には、4面の換気塔がそびえている。2面はつねに開いており、もう2面は——風向き次第で——吊るし板で閉じられていた。こうした塔が採掘坑の上にあることは、もちろん使い勝手のいいものではなかった。なぜなら、縦坑入口から塔まですべて板で囲われなければならないため、往来の邪魔になったからである。そのため、ほかの挿絵にもみられるように、たいていの場合は特別な換気坑を使って坑道に風を通していた。巻上げ装置の背後では、搗鉱師《とうこうし》が腰を下ろして選鉱後に低品位と判断された鉱石の塊を粉砕している。彼は作業に没頭しており、緑の帽子に取り分の鉱石を入れている黒衣の男性にまったく注意を払っていない。搗鉱師の周囲に置かれているトレイは、鉱石が洗鉱されるまで入れておくためのものである。トレイフの尖がり屋根の左上方で、砕かれた鉱石を桶で洗っているのは女性。さらに彼女の右側には、青い上着と赤い帽子を身につけた人物が、画面の左上端には、顔と首をすっぽり隠した赤いチュニックをまとい、手に青い帽子をもっている人物がいる。彼らのように、鶴嘴で武装した2人の見張が鉱石市場の秩序に目を配った。

●—157

巻上げ

クトナー・ホラの聖バルボラ大聖堂
巻上げ師礼拝堂の壁画
1493年

クトナー・ホラの巻上げ師同職組合は、壁に作業中の巻上げ師とその見習いを描かせることで、礼拝堂の寄進主であることを強調した。

▶聖バルバラ（チェコ語名バルボラ）は3世紀頃の人と伝えられる殉教者。三大聖処女、四大殉教処女、十四救難聖人の1人に数えられる。異教徒の娘で、求婚者から遠ざけるために父親により塔に閉じ込められた。のちにキリスト教に改宗したことが父に知られ、殺されそうになるが、突如として岩が割れ、彼女を包み込んだために逃れることができた。しかし、最後は拷問を受けたあげくに父に殺される。このとき落雷の直撃により父は死んだという。そのため、突然死からの守護者、砲手の守護者とみなされた。また、岩に救われたエピソードから、石に関連する職業、すなわち石工や鉱夫らの、さらに塔に幽閉されたことから囚人の守護聖人とされる。持物は塔。鉱夫の町クトナー・ホラの大聖堂も彼女に奉献されている。

●── 158

鉱石の売買

『クトナー・ホラ昇階誦』(▶図● 139)
1490年代

1480年代と90年代に王令が発布され、採掘された銀鉱石はすべて、国王の最高代理人たる貨幣鋳造所長官が監視するなか、市場でおおやけに売却されなければならないことになった。全体図(▶図● 139)では、この円卓の右側に、書記を従えて小さな桟敷に座っている長官の姿がみえる。市長を筆頭に、参事会員もこの場に出席していることは間違いない。円卓の上では、鉱夫が鉱石の塊を掘り崩している。これを囲んで鉱石商人が座り、並べられた鉱石の品質を鑑定した。彼らが手に取って吟味している欠片は「見本鉱石」。商人たちは購入した鉱石の塊をずだ袋に落とし込んでいる。鉱山最高長官のほかに、鶴嘴をもった2人の見張が治安に注意している(画面下部)。

●—159

正装の鉱夫と鉱山風景

『クトナー・ホラ鉱山法』

1525年

この扉絵は、何百年も前の栄光の時代を想起させるものとなっている。そのとき、チェコ王は鉱夫の代表者に特許状を手渡した。国王の手から法書を受け取っているのは、疑いなく鉱山経営の代表者、貨幣鋳造所長官である。彼の背後に続いているのは鉱夫の集団。彼らは16世紀の同職組合の祝祭用民俗衣装を着ているが、これは通常、「ハレの日」に教会へ行くときしか身につけない。行列の末尾には、祝祭に遅れないように急いで、縦坑から直接、流水型の滑走台を降りてくる者たちがいる。絵の下方では、画家は鉱山生活を題材にしているが、あまりうまく描けていない。地上には馬力を使った大型巻上げ装置（トレイフ)、換気塔、巻上げ機があり、地下では鉱夫たちが鉱石を伐り出している。

◉—160

製錬所

ジロヴニツェ城「緑の間」壁画
1490年

保存状態は悪いが、鉱石製錬所の詳細をかろうじて識別できる。ジロヴニツェ城は、1490年にクトナー・ホラの鉱石商人ヴァーツラフ・ヴェンツェリークが所有するところとなった。彼は黒銅から銀を熔解（溶離）するために城下に製錬所を建造し、それを城のホールの壁に描かせた。溶離するための製錬所の図像としては疑いなく最古のものである。

▶ ジロヴニツェはモラヴィア南西部、ボヘミアとの境に位置する。城が築かれたのは13世紀後半。その後15世紀末に、鉱石売買で財を成したクトナー・ホラ市民ヴィルホヴィシュチのヴェンツェリークが城を買い上げ、後期ゴシック様式に改修した。その名を知らしめているのは、製錬所を描いた城内のこのフレスコ画。ただし、チェコに現存するなかで最大級といわれるこの壁画の作者は、残念ながら知られていない。城の周囲には養魚池が点在し、近郊のテルチやインジフーフ・フラデツと同様、チェコ南部らしい風景が広がる。中世のジロヴニツェにこれらの町と違う個性を創りだしたのは、製錬所の存在だった。

▶ 鉱山法とは、鉱山都市独自の規則を定めた都市法のこと。チェコのみならず、中欧全体の鉱山都市法として普及しているイフラヴァ都市法が有名。ニェメツキー・ブロト（▶図◉141訳註）も、鉱脈を発見した場合に取るべき行動などを記した15カ条の鉱山関連の規則を、13世紀半ばに定めている（都市法全体では81カ条）。クトナー・ホラの都市法Ius regale montanorumは、1300年にヴァーツラフ2世（1283-1305）から認められた。挿絵左側の玉座に座る人物はこの国王を描いている。先行するイフラヴァ法などを参照しながら、イタリアから招聘された法律家が起草したとされる。周辺地域にも継受されたが、1548年にヤーヒモフの鉱山法が公布されると、影響力を徐々に失っていった。

◉—161

鉱石の洗浄

ラザルス・エルカー
『鉱石と鉱山について』
1577年

古い時代には、鉱夫は金や錫を含有する鉱石を、木の幹をくりぬいた河床で洗浄するのが一般的だった。しかし、アグリコラはさまざまなタイプの洗鉱装置を描写している。彼が描写した新しい技術は、15世紀後半にはすでにクルシュネー山地の錫鉱山で普及していた。エルカーの木版画は、それを踏まえたきわめて明瞭な技術描写。鉱石は動く篩《ふるい》（B）で洗浄され、木製のトンボ——掻き出し棒——を使いながら2段階の帆布（E）の水路により洗鉱される。余計な石は水で洗い流され、帆布には鉱石と金属の粒だけが残された。帆布は別の樽（G）で洗われ、洗濯後にその底に落ちた鉱石や金属を拾い集める。

◉— 162

製錬工の道具

『スミーシュコフスキー聖歌集』
1490-91年

イニシャルの中央に描かれているのは溶鉱炉。その両側にたつ製錬工は、ピッチフォークと鳶口を手にしている。炎の熱と、囲いのない竈小屋に入り込む冷気のなか、彼らは飢えと渇きの両方に苦しめられた。

▶クトナー・ホラで作成された聖歌集のひとつ。その名は、注文主であるクトナー・ホラの有力者ヴルショヴィチのミハル・スミーシェクに由来する（「スミーシェク」の形容詞形が「スミーシュコフスキー」）。『クトナー・ホラ昇階誦』（▶図◉139）と同じくマトウシュ親方が挿絵を担当した。聖歌集の内容はフス派に傾き、ヤン・フスの処刑場面やフス派戦争中のクトナー・ホラの様子が描かれている。2つの聖歌集は挿絵師、内容ともに成立時の密な関係をうかがわせる。マトウシュ自身についての情報は少ないが、この2つの仕事の代価によってか、1494年にプラハで高価な住宅を購入したことが確認されている。ただし、翌年には亡くなっており、最晩年の作品となった。

▶ラザルス・エルカー（1528-94）は、プラハの貨幣鋳造長官をつとめたばかりでなく、王国最高宮宰もつとめた冶金学者。ただし、出身はクルシュネー（エルツ）山地のザクセン側。ヴィッテンベルク大学で学び、当初はザクセン地方で鉱石の分析をおこなっていた。しかし、1567年に舅のいるヤーヒモフへ移住する。その後、クトナー・ホラ、プラハと居を移しながら、国王に奉仕するようになった。ルードルフ2世時代には貴族に列せられている。その主著『鉱石と鉱山について』はドイツ語で執筆され、すぐにプラハで出版された。挿絵入りでわかりやすいこの書物は、近代を通じて4か国語に翻訳されながら15版を重ね、鉱山学の発展に大いに寄与した。ほかに▶図◉166の論文などがある（アグリコラについては▶図◉166訳註および序章40頁以下を参照）。

◉—163

鉱山風景

ロジュニャヴァ教会
『聖アンナと聖母子像』
1513年

画家は背景に、スロヴァキアの鉱山および鉱石製錬所の忙しい1日を描いている（左頁の部分図参照）。

◉— 164

巻上げ機の建造

ロジュニャヴァ教会
『聖アンナと聖母子像』（▶図◉ 163）
1513年

右図背景の丘の上では、天井のない巻上げ装置の木造骨組みがとくに目を引く。その周囲では、鉱山大工が縦坑、横坑の柱用に木材を準備し、並べている。採鉱作業場を一望できる丘の頂上には、地図を作製する測量技師がみえる。

▶既述のように（▶図◉ 115訳註）、ロジュニャヴァはスロヴァキアの鉱山都市。中世のスロヴァキアは、9世紀末にマジャール人（ハンガリー人の祖）の侵入によって大モラヴィア（▶216頁訳註）が崩壊すると、その後は一貫してハンガリー王国領を構成した。図◉ 168/169で言及される「ハンガリー式」とは、このハンガリー王国領としてのスロヴァキアの製錬所で生み出された技術であることを意味する。スロヴァキアはその後、同じ西スラヴ系のチェコ人と結び、第一次世界大戦後にチェコスロヴァキアとして独立した。1993年にはチェコとの連邦を解体（ビロード離婚）し、今にいたる。

◉—165

銀鉱石の洗鉱と製錬

無名の聖歌集
（▶図◉148の中段）
16世紀初頭

画面の中央右側にみられるように、昔のチェコの銀鉱石の選鉱方法はいたってシンプルだった。塊を砕いて鉱石を籐籠に入れ、小川に築いた木槽か桶で洗鉱した。籠から零れ落ちた砂はくぼみからかき集められる。そして、軽くて鉱物を含有してない石が洗い流されて重い鉱石が鍋に残るまで、浅く大きな鍋で洗鉱された。手に鍋をもつ男は小さなひさしの下に座っている。その近くの同じように小さな屋根の下にいるのは見習い。彼が欠片を粉砕する音はあたりにけたたましく響く。その左には2つの石造高炉を備えた製錬所がある。全体が角材を組んだ屋根に覆われ、広い煙突がついている。高炉には、2つの大きな鞴《ふいご》で後方の壁から空気を送り込んだ。その鞴は馬か人力で動かされる。こうして木炭で熱せられた高炉は、上口部から撒かれた鉛や鉱石を飲み込んでゆく。すると炉からは、溶融された銀を含む製錬鉛が掻き出され、炭塵と粘土で成形された前床へ流し込まれる。前床にいる長い鳶口をもつ製錬工は、炉から発散する灼熱のなかで作業した。彼の見習いは、炉へ撒くための木炭と鉱石を籠に入れて運んできている。左側では、溶鉱炉で製錬鉛の鋳塊の溶融が続けられている。灰を混ぜた粘土製の炉は円形の礎石の上に据えられた。燃えている丸太の下には製錬鉛の鋳塊が積まれている。製錬工は掻き出し棒で溶融鉛を引き出す。純鉛が炉から樋を伝って流れ出て、前床には銀が残る仕組み。銀はきらりと光り、その存在を知らせた。

▶「鉱山学の父」、ゲオルギウス・アグリコラ（1494-1555）は、ザクセン地方に生まれた医師、鉱山学者。ライプツィヒ大学で学び、さらにイタリアに留学した。医学を修め、ヤーヒモフで医師をしているときに鉱山学の道に足を踏み入れる。1550年に『デ・レ・メタリカ（鉱山について）』（邦訳は、三枝博音訳『近世技術の集大成：デ・レ・メタリカ—全訳とその研究』岩崎学術出版社、1968年）を著す。全12巻からなるこの書物は、鉱山現場の採掘技術も詳しくあつかっており、アグリコラの知識が決して机上の学問ではなかったことを示している。エルカーとは世代が異なり、直接的な関係はみあたらないが、彼の主著執筆に影響を与えたことは確実視されている。

●—166

銀の熔解

ラザルス・エルカー
無名の技術書
1569年

クトナー・ホラの銅鉱石は非常に多くの銀を含んでいた。しかし、古い冶金技術では銀を胴から分離できなかった。新しい方法、すなわち溶離（熔解）が変化をもたらしたのは、ようやく1470年代以降のことである。有名な冶金学者ラザルス・エルカーはチェコの採掘方法にかなり通じていた。なによりも図が視覚的に理解しやすくなるように配慮されており、技術者の姿に光をあてている。右側には金属の流れ出る溝と前床を備えた炉の礎石の構造が、その炉の横には鉛と黒くて銀を含む銅の合金の鋳塊が、最後に左側には稼働中の製錬炉が示されている。合金の鋳塊は熱せられた木炭により溶融され、製錬鉛は溝を伝って前床へ流れ出る。製錬工はそれを鍋に注ぐ。老練な製錬工ならば、炉で製錬鉛から銀を分離することは容易だった。製錬炉には銅合金の硬い銅屑だけが残る。この冶金技術はすでにアグリコラも記述したものである。

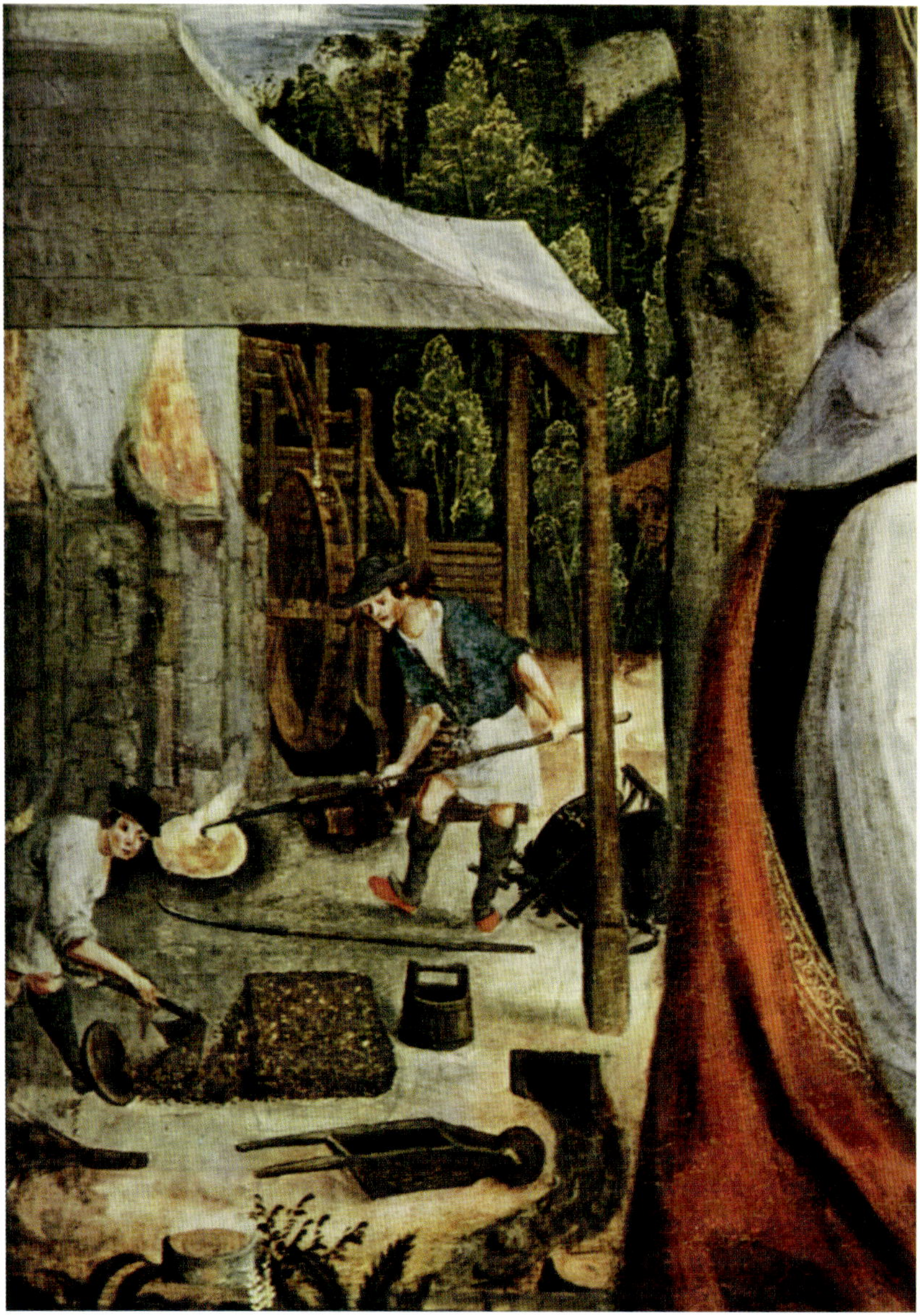

◉— 167

鉱石の製錬

ロジュニャヴァ教会
『聖アンナと聖母子像』(▶図◉163)
1513年

通常、製錬所は、木炭生産のために十分な燃料のある森林、そして水車の動力として急流を利用できる山地に建てられた。画家は石造の高炉と水力鞴を備えた製錬所を描いている。炉の出銑口からは、深鉢状の前床へ溶融金属の残滓が流れ出る。製錬工はそれを鳶口で掻き出す。一方、見習いは、燃えさかる炉の上部へ投入する木炭を浅い籠へ鍬で掻き入れている。

◉— 168

鉱山での運搬

ロジュニャヴァ教会
『聖アンナと聖母子像』(▶図◉ 163)
1513年

ここまで、旧式の巻上げ機や、もっと効率的な馬力大型巻上げ装置（トレイフ）の図像を紹介してきた。しかし、鉱山ではすでに16世紀の初めから、ほかの運搬手段がいくつも知られていた。入り口を木材で周到に組み立てた導坑からは、鉱山用車両、つまりトロッコがでてきている。トロッコは木製の小さな車輪を備え、平行に配置した2枚の板の上を動いた。その板と板のあいだには、導坑から水が排出されている。いわゆる「ハンガリー式」(▶図◉ 163訳註) トロッコの最古の描写のひとつである。この図の証言により、スロヴァキアの鉱山では、16世紀初頭にはすでにこの新技術が使用されていたことがわかる。入り口脇で焚火をしながら座っているのは採掘監視者。彼は鉱夫が押している鉱車の数を数え、2本の棒割符に刻み目をつけて記録した。図の下方では、質素なスロヴァキア農民の衣裳を着た運搬人が待機している。次の選鉱のための鉱石を、側面を編んだ荷車で運び出すのである。

◉—169

銅の焙焼

ラザルス・エルカー
『鉱石と鉱山について』（▶図◉161）
1577年

精錬炉に残った溶融物や破片から純銅を得るために、エルカーが「ハンガリー式」（▶図◉163訳註）と呼んだ技術が使用された。鎖で開閉する鉄扉のついた炉（A）で焙焼され、溶融物から鉛の残滓が鋳造された。製錬工は焙焼された銅塊をトングで取り出し、水槽で冷却する（左手前）。親方が見習いに命じたのは、平炉で赤銅の鋳塊を酸化させて鋳直す（C）ために、樫の丸太台（中央）の上で残滓から鉱滓を叩きだすことだった。背景にはパン焼き窯のような炉（B）がみえている。そのなかで焙焼された鉛は滑らかに溶融され、酸化される。

◉—170

試金

ラザルス・エルカー
『鉱石と鉱山について』（▶図◉161）
1577年

この作業場は、16世紀後半にはすでに、技術が学問——この場合は冶金学的分析化学——の援けを必要としていたことの証拠。かつて鉱石商人は、市場において鉱石の品質を見た目だけで判断していた。それに対して、この絵では多くの器具や道具が集められている。試金師はこれらを用いて、鉱石中の個々の金属の分量を正確に測定し、製錬して分離する最適な方法を決定した。左奥では試金師がまさに浸炭炉の弁を閉めている。この炉について初めて文献に記述したのはエルカーである。鞴《ふいご》により空気を供給する必要がないため、さほど高温を必要としない試金、蒸留、蒸発用の、長時間の暖房には非常にすぐれていた。炉の隣には溶剤を準備した壺が置かれており、部屋の隅には銅の試金用の炉がある。その前では、壺が環状におかれた木炭によってゆっくりと加熱されている。環が小さくなればなるほど鍋の熱は高くなった。右下では試金師が樽型の炉で銅鉱石を試金している。この炉では鞴の代わりに、木炭で加熱されたガラス製蒸留器具（レトルト）が火を掻き立てた。前景の炉では、ガラス製蒸留器具の王水（濃硝酸）の蒸発により、金の含有量を試金している。左側の、鉱石を乳鉢ですりつぶしている人物は見習い。背景右側の別の部屋では、小さな鉄の試金用炉が作業台の上に置かれている。

●— 171

銀の燃焼

ラザルス・エルカー
『鉱石と鉱山について』（▶図● 161）
1577年

鉛の溶離から得られる銀は、貨幣鋳造——銀のほとんどはこのために生産されていた——には向いていなかった。まだ不純物が多く含まれていたからである。これをさらに燃焼する必要があった。つまり、灰が詰められた壺に用意された多孔質の灰吹皿のなかで溶融した。こうすると銀の混入物は灰へ吸収される。ただし、古いやり方は非常に単純だが、あまり効率的ではなかった。エルカーが図示したのは、ずっと効率的なマッフル炉による燃焼方法。チェコの鋳造所にとってはまったく新しいやり方だった。なぜなら、チェコでは17世紀初頭にようやく導入されたからである。壺の代わりに、灰を詰められた鉄製の灰吹皿（E）が使用された。準備された灰吹皿の真ん中の鉄球（K）は、製錬された銀塊にくぼみをつくる。試金師の見習い（L）は今まさに、大きな台の上で銀の鋳塊を砕こうとしている。最後に、灰吹皿は焼成粘土で作られたマッフル炉（H）のなかに入れられ、炉に置かれる。試金師はマッフル炉の孔により、うまく燃焼させることができた。

◉── 172

銅の粒状化

ラザルス・エルカー
『鉱石と鉱山について』（▶図◉ 161）
1577年

銀貨、とくに小ぶりな銀貨を鋳造している貨幣鋳造師は、純銀ではなく銅と銀の合金で作業した。そうした合金は、15世紀後半以降に鋳造所で生産されるようになった。エルカーは、箒を用いて銅を粒状化する昔ながらのシンプルなやり方を描いている。しかし、この頃にはすでに、クトナー・ホラの鋳造所では回転するシリンダーが粒状化に用いられていた。粒状化職人が銅を運搬用の炉（A）で溶融しているあいだに、彼の見習いが水を張った大桶（L）に箒を用意する。銅は箒を経由して炉から注がれ、粒状化する。炉（G）では銀塊が熱せられ、そのあいだに炉（B, C）、坩堝（D）が溶融用に準備される。粒状化された銅は貨幣鋳造用の合金のなかで容易に銀と溶融した。

●—173

木材の伐り出し

クルコノシェ山地
着色地図
1570年代

この種の地図では作業中の人物がよく描かれた。林業労働者が材木を準備しているのはクルコノシェの森。木材は山の小川を、さらにラベ（ドイツ語名エルベ）川に沿ってコリーンまで流された。クトナー・ホラの鉱山に木材を供給するためである。

▶クルコノシェ山地（ドイツ語名リーゼンゲビルゲ）は、ボヘミア北部のドイツ、ポーランド国境に展開する山岳地帯の一部。俗にいう「ズデーテン地方」を構成するエリア。ラベ川はこの山地に端を発し、ほかの小川の流れを集めながら、ボヘミア東部から中部へと蛇行し、プラハ北方でヴルタヴァ川と合流する。コリーンはボヘミア東部の都市。ラベ川沿いの都市としてはクトナー・ホラにもっとも近く、そのために材木も含め、さまざまな物資の中継拠点になっていたと考えられる。

▶ドブロヴィートフは、ボヘミア東部の伝統都市チャ—スラフから南に15キロ程いったヴィソチナ地方の寒村。ボヘミアとモラヴィアの境目の、やや高地に位置し、現在でも豊かな森林に囲まれている。14世紀半ばには集落が確認されているが、チャ—スラフのように都市として発展することはなかった。特定の産業はなく、交通の要衝でもない。クトナー・ホラの後背地（20キロ圏内）として、製錬に必要な木炭を出荷する役割を担っていたのだろう。この印章の制作はその証拠としてみることができよう。おそらく、クトナー・ホラへ木炭や食料などの生活必需品を供給する集落は、ドブロヴィートフ以外にもボヘミア東部に点在していたと思われる。

◉— 174

炭焼き

パルドゥビツェ市民の邸宅の石造レリーフ
16世紀初頭

彫刻師が表現した炭焼きは、短いフード付きチュニックと長靴を身につけ、大きな樵用斧を手にしている。つまり、いまだゴシック風衣装だった。モラヴィア貴族ペルンシュテイン家の勇敢な先祖をめぐる伝説から彼はモチーフを得ている。

▶パルドゥビツェはボヘミア東部の中心都市。1491年にモラヴィアの大貴族ペルンシュテイン家の所有となり、城もルネサンス様式の城館へと大きく建て替えられた。ペルンシュテイン家は1415年のコンスタンツ公会議でヤン・フスが処刑されたさいに、チェコ貴族が集団で送付した書状においてリストの上から2番目に署名が確認できる大貴族。同家がパルドゥビツェに本拠地を移した頃から創り始めた始祖伝承によると、モラヴィアの森で人を襲う野牛を退治した炭焼きが先祖とされる。原著はこのレリーフをパルドゥビツェ城門とするが、ほかの文献の情報と照合すると、おそらく市民の邸宅のもの。現在はパルドゥビツェ近郊のクニェチツカー・ホラ城へ移されている。4章挿図［7］（▶263頁）のように、同じ構図のレリーフがペルンシュテイン家の支配を受けた各地に散在している。

◉— 175

炭焼き

ドブロヴィートフ
炭焼き同職組合の印章
1500年前後

肩に長い棒を担いだ姿で描かれている。

◉— 176

貨幣鋳造道具

クトナー・ホラ
貨幣鋳造師同職組合の印章
14世紀後半

チェコ各地の貨幣鋳造所は、クトナー・ホラの王立鋳造所に統合された。その貨幣鋳造師は、同職組合の印章の象徴として、半分には鋳造用鉄床を3つ、もう半分には王家の獅子(▶140頁訳註)を描かせている。鋭い先端で丸太台に固定された鉄床の上で、貨幣鋳造師は銀の延棒を薄板に叩き延ばした。

◉── 177

貨幣の打刻

クトナー・ホラ、聖バルバラ大聖堂
南側廊の壁画
1463年

貨幣の金型の上に銀板をおき、金槌で打刻する。ただその一撃で完成した貨幣を打ち出す作業は、決して簡単なものではなかった。貨幣打刻師はかなりの経験、そして適切な道具を必要とした。彼の金槌は湾曲しており、この槌で打たれた表面は平行にはならずに柄の側に傾く。打刻のさいに、金型の表面全体を均一に打つためである。貨幣デザインを正確に守って生産できるかどうかは、この技量にかかっていた。この作業台にまたがった打刻師は、流行のベルト付チュニックを着て、先のとがった短靴を履いている。

◉── 178

未刻片の展伸

クトナー・ホラ、
聖バルバラ大聖堂
南側廊の壁画
1463年

銀の板から小さな円を切断したとき、未刻片は少し湾曲している。そこで貨幣鋳造師は金槌をふるって鉄床の上でその端を叩き延ばす――展伸する。職人は滑らかな鉄床の上に次々と未刻片をおき、親方は大変そうに重い金槌を振り下ろしている。表面を打つと銀板は平らになる。

◉—179

貨幣の打刻

クトナー・ホラ
貨幣鋳造師同職組合の印章
14世紀後半

貨幣打刻師は自分の印章に、鋳造用椅子に座り、鋳造台で未刻片を打刻する姿を描かせた。それが貨幣鋳造師の主たる仕事であり、貨幣の見栄えは彼の腕次第だった。

◉—180

未刻片の展伸

『スミーシュコフスキー聖歌集』(▶図◉162)
1490-91年

この絵は作業を効率化するシンプルな方法を示している。未刻片を小さな円筒状に積み上げ、金槌で力いっぱい打つと、1度に数枚を展伸できる。下の右側では、鋳造師が数枚の熱した未刻片を2本のトングで摑んでいる。

◉— 181

貨幣の打刻

クトナー・ホラ
貨幣鋳造師同職組合の印章
1646年

打刻師の打撃が正確であるためには、それを受け止める金型の台に少なからず弾力性が必要だった。そのため打刻師は、衝撃を吸収するために炭塵と粘土を混ぜた土を底のない樽に詰め、その上に浅い金型台を置いた。この図はそれをわかりやすく示している。

◉— 182

未刻片の展伸

クトナー・ホラ
貨幣鋳造師同職組合の印章
1656年

貨幣鋳造師とその見習い。展伸が鋳造作業のシンボルとして繰り返される。注目すべきは鋳造用金槌の形状。上部には▶図◉176から少し手が加えられた鋳造師の印、すなわち掌中に金槌を握る獅子がみえる。

◉—183

ガラス研磨機

カレル・シュクレータ
『ディオニシオ・ミセロニとその家族』
1653年（▶267頁挿図［9］に全景）

画家は、プラハ王宮のカット職人ミセロニと彼の家族の肖像画の背後に、プラハ近郊のブベネチにある研磨水車を描いた。この種の生産部門としては、17世紀前半のチェコでは間違いなく最大級の工房だった。実際には、この頃すでに、宮廷の研磨師カスパル・レーマンによって近代的なガラスの深彫り技術が発明されており、この工房のシステムは技術的には時代遅れになっていたことも述べておく必要がある。1609年にレーマンの改良したカット椅子は、ペダルを踏んで小さな輪を回転させるもので、カット職人は容易に導入することができた。この改良が貧しい山村にも芸術工芸に携わる道を開き、ここからチェコのカットガラスの名声が生み出されてゆく。したがって、この絵のなかの巨大な研磨用水車は、技術的にみると、17世紀半ばにはすでに半世紀も遅れた無用の長物となっていた。そうはいいながらも、新しい工場制手工業時代の工房を特徴づけるものであることに疑いの余地はない。

▶カレル・シュクレータ（1610-74）はチェコ最大のバロック画家。本図像のような集団肖像画以外に、個人の肖像画、さらには祭壇画、神話画など、多彩な作品を残している。

ミセロニ家はもともとミラノ出身のガラス・宝石研磨師の一族。ルードルフ2世によって16世紀後半にその分家がプラハに招聘された。ディオニシオ（1607-61）はその2代目にあたる。ブベネチはプラハ城の北に広がる街区。ここには皇帝のための研磨用水車があった。本書ではプラハの水車に言及されているが、一族はチェコ各地に研磨用水車を所有していた。ディオニシオが父から相続したのは工房だけではなかった。プラハ城の宝物庫管理人という職務を引き継ぎ、そのために三十年戦争中には、プラハを略奪したスウェーデン軍に宝物庫の鍵を引き渡す役回りを演じている。一方、カスパル・レーマンはドイツ出身で、やはりルードルフ2世に招かれた研磨師。チェコのガラス工芸史上は必ず名の上がる人物（▶264頁）。

◉── 184

ガラス器製造

『ジョン・マンデヴィル旅行記』
1420年頃

この明瞭な絵が示すように、チェコのガラス工房は17世紀まで非常に原始的だった。ほとんどの工房は、おもな設備といっても、3つ並んだドーム型の粘土製竈しかなかった。ガラスはここで2度溶融される。なぜなら、木炭では1度に必要な熱を得られないからである。右側の第一の開口部では、ガラス職人がガラスの原料となる珪砂を溶融している。背景には、珪砂を砂場から選びだし、灰を混ぜた盥に入れて運ぶ一連の作業が描かれている。右下で燃料の管理をしているのは見習い。その左の徒弟は、最初の溶融からできたガラスのフリットを陶製の浅鍋に乗せて、竈の真ん中の開口部へおいている。この精錬によりガラスは透明になる。そしてガラス吹きの親方が長い吹き竿につけ、これを吹いて器をつくる（中央）。左側では職人が徐冷用竈で作業をしている。精錬用竈の熱を受けながらガラス製品をゆっくりと冷却してゆく。完全に冷却されると、職人はガラス製品を大きな陶製の容器に入れた。 （▶訳註次頁）

【図● 184訳註】

▶『ジョン・マンデヴィル旅行記』は、イングランドの騎士ジョン・マンデヴィルによる1322年から1356年までの東方旅行の記録、という形態をとる書物。1360年前後に執筆され、150年間で250種の写本が製作された。古い写本の序文で著者は、ラテン語で記し、自らフランス語と英語に翻訳したと述べるが、この記述の信憑性には疑問符がつけられている。チェコ語へは、ブジェゾヴァーのヴァヴシネツによって、遅くとも1410年頃までに翻訳された。彼はプラハ大学に学び、ヴァーツラフ4世時代に翻訳活動で名をあげた。また、フス派戦争中の出来事を記した『フス派年代記』、『ドマジュリツェの勝利の詩』の作者でもある。

図は全28枚中の27枚目、「メムノンの穴」。ガラス工房の描写はチェコ版特有らしい。ガラス製造の技術は、大プリニウス『博物誌』によると、フェニキアのベルス河口付近に打ち寄せられた船乗りが偶然に発見した。船乗りは鍋を載せる石を探したが、適当なものがなかったために、積み荷からソーダ石灰の塊を持ち出して代用した。すると、溶けたアルカリが川の砂と融合し、見たこともない透明な物体、ガラスが姿を現したという。話の真偽はともかくとして、この伝承は中世にも受容された。さらに、フラウィウス・ヨセフスが、「メムノンの墓所」近くにある深い砂穴の話を追加した。メムノンはトロイア戦争に参加したエチオピア王。ルクソールに立つ巨像は、ギリシアではメムノンに帰されたが、実際にはアメンホテプ3世のもの。

訳者あとがき

本書は、Václav Husa, Josef Petráň, Alena Šubrtová, *Homo Faber: pracovní motivy ve starých vyobrazeních*, Praha, 1967の全訳である。同年中には独語版 *Homo Faber: Arbeitsmotive auf alten Abbildungen*, Praha および仏語版 *Hommes et métiers dans l'art: du 12e au 17e siècle en Europe centrale*, Paris、また翌一九六八年には英語版 *Traditional crafts and skills: life and work in mediaeval and Renaissance times*, London が刊行され、一九七一年には独語版が副題を *Der Mensch und seine Arbeit: Die Arbeitswelt in der bildenden Kunst des 11. bis 17. Jahrhunderts*, Wiesbaden と改め再刊されている。

編著者であるヴァーツラフ・フサ（一九〇六―六五）は、一九二〇年代にカレル大学哲学部で歴史学と地誌学を専攻し、さらに美術史を修めている。フランス留学を経て、「ルドヴィーク王時代の最高裁判」によって一九三四年に博士号を取得すると、国立博物館や内務省の文書館職員などを歴任し、一九五一年から亡くなる六五年までカレル大学の歴史学部門を率いた。経歴をみると、本書はフサの死後に出版されたことになるが、その間の経緯については何も記されていない。おそらくは、当時若手研究者だった近世史家ヨセフ・ペトラーニュ（一九三〇―）とアレナ・シュブルトヴァー（一九三五―）の二人が、教え子として遺稿を整理して出版までこぎつけたのではないかと思われる。

フサの単著としては以下のものがある。

• *Osvobozené Československa Sovětskou armádou*, Praha, 1951（『ソビエト軍によるチェコスロヴァキアの解放』）

・*K dějinám nevolnického povstání roku 1775*, Praha, 1952（『一七七五年の農奴蜂起』）
・*Uhlířské tovaryšstvo na Kutnohorsku ve 14.- 16. století*, Praha, 1957（『一四―一六世紀のクトナー・ホラにおける炭焼き工場』）
・*Tomáš Müntzer a Čechy*, Praha, 1957（『トーマス・ミュンツァーとチェコ』）
・*Dějiny Československa*, Praha, 1962（『チェコスロヴァキアの歴史』）

また、彼はその組織上の立場からか、通史の編纂にも携わっており、編者として関わった著作は数多い。

　フサが学生であった一九二〇年代のチェコ史学界は、ちょうどV・ノヴォトニー、J・ペカシュ、J・シュスタらの、いわゆるゴル学派（中世史家J・ゴルの弟子たち）の全盛期を迎えていた。F・パラツキー以来、彼らの前の世代までは、ハプスブルク家からの自治／独立を目指すナショナリズムに連動して、チェコ史研究者もチェコ系とドイツ系に二分され、イデオロギーに染められた激しい論争が繰り広げられていた（一九一八年にチェコスロヴァキアとして独立したことにより、やや緩和されるが）。そうした潮流のなかで、ゴルの弟子たちはあくまで資料に基づいた実証史学を志し、古き良きチェコ史学を築き上げていった。フサは彼らの薫陶を受け、その史料に対する誠実な態度を涵養していったものと思われる。

　そしてフサがパリとランス（一九二八―二九）に留学したことは、彼の歴史学へのアプローチに別の道具を与えることになった。周知のように、まさにこの時期にフランスでは『アナール』が創刊されている。公的な文書資料にとどまらず、図像や地図などもすべて資料として等しく位置づけるアナール学派の本格的な台頭は、実際には彼の留学後のことになる。とはいえ、おそらくは留学を通じて築いた人脈は維持され続け、フランスの新たな歴史学の息吹はフサにも届いていたことだろう。本書はその成果の一端を示したものといえる。伝統的にドイツ史学と密接な交流をもつチェコ史の文献が、ドイツ語と同時にフランス語に翻訳されたことも、フサとフランスの研究者たちの緊密な交流が継続していたことを示唆する。

　一方、フサが歴史家として成熟期を迎えるのは第二次世界大戦後のことであり、社会主義陣営に属することになったチェコスロヴァキアではマルクス主義史学が主流となっていた。彼は戦後のマルクス主義歴史学を指導した人物と評価されている。労働者／労働への関心が高いこと、そして中世を「封建社会」として強調していることは、本書を一読すれば誰もが感じ取れることだろう。とくに後者に関しては、単に時期を示せばよいところで、わざわざ「封建時代」と表現していることもある。読みやすさを考慮してやや控え目にしたが、訳出にさいしてそうしたトーンをすべて消し去ることはしなかった。また、図像資料をあつかう文献は、たいていは貴族宮廷を描いた彩飾写本を多少なりとも紹介するものだが、本書はあくまで「労働」に視点を絞ったものであることも、フサの歴史観を示したものといえよう。

　こうした労働者へのまなざしとともに、本書の特徴をもう三点だけ指摘しておきたい。スロヴァキアをのぞいてチェコ起源に限定されている本書の図像だが、ヨーロッパ他地域のそれと比べて大きく異なる印象を与えることはない。おそらく、図像だけを眺めたのであれば、ヨーロッパ各地から集めた図像集成と感じる読者もいるのではないだろうか。ヨーロッパ史においては、一般にチェコは辺境として位置づけられる。本書において中世初期の図像が紹介されていないのは、そうした文化の伝播のズレを物語っている。ところが、中世盛期からは途切れることなく然るべき図像が採録されており、この頃にはヨーロッパ文化圏の一員に加わった様子がうかがえる。君主の活動がチェコ国外へも広がり（皇帝のイタリア遠征への参加等）をみせたこと、さらにシトー会、プレモントレ会系の修道院が叢生したことは、国際的なネットワークへチェコを結びつけることに貢献した。パリの王宮で少年時代を過ごし、北イタリアに駐留した経験をもち、神聖ローマ皇帝としてドイツ各地を巡行したカレル四世時代の文化に汎ヨーロッパ的な薫りを感じることは、ある意味では当然である。しかし、その前後の時代に関しても、チェコが彩飾写本や教会建築を豊かに生み出した地域であったことを本書は示しているのである。

　とはいえ、チェコならではの特徴も明白に見て取れる。第四章で大きく取り上げられている鉱山業である。十三世紀に有望な銀の鉱脈が発見されたクトナー・ホラは、瞬く間にヨーロッパ有数の銀山へと発展した。フサも紙幅をとって説明しているように、十六世紀に豊かな鉱床が発見されたヤーヒモフとともに、ヨーロッパの通貨制度にも大きく影響を与えている。チェコの銀山が中欧でもすぐれて発展していたことは、イフラヴァ鉱山法の成立からも証明される。チェコでは、十二世紀以降にドイツ人植民の影響を受け、「都市法」をもった「都市」が次々と生み出されてゆく。そのさい君主に承認された都市法は、チェコ北部ではザクセン由来のマクデブルク法であり、南部ではバイエルン経由のニュルンベルク法であった。つまり、チェコ独自の都市法ではなかった。ところが、イフラヴァで整備された鉱山都市の規則は、逆に周辺諸国へも輸出されたのである。当時、この都市がみせていた活況と先進性の証左といえよう。そして、それを鉱山法以外に証明するのが、『クトナー・ホラ昇階誦』であり、『クトナー・ホラ聖歌集』であり、聖バルボラ大聖堂なのである。鉱山業に関する文献でも、一般的に紹介される図像はアグリコラなど印刷画が多い。これらの写本の挿絵をいくつも、しかもカラーで掲載している本書は、その意味で貴重な資料を提供しているといえよう。

また、中世後期の図像の出典としていくつも利用されている聖歌集、昇階誦、宗教パンフレットは、多くがチェコ語で書かれている。カレル四世時代の文化やフス派に関するコラムで触れたが、中世後期のチェコでは聖書を自ら読むための俗語翻訳が盛んになる。もちろん他地域でもそうした傾向は確認できるが、ヤン・フスとフス派運動を生み出したチェコならではの数の多さとみなすことができる。これらの初期宗教改革に関する資料は、テクストの内容そのものも含めて、もっと注目されてもよいのではないだろうか。

さて、個々の写本研究がすすんだ今でも、このように労働をテーマとした中世図像に関するモノグラフは、フサの願いもむなしく、管見の限りではいまだに現れていないように思われる。現在のチェコ史学界でも美術資料は当たり前のように用いられており、また中世美術史家たちの共同研究も活発化しているが、前者の側ではどちらかといえば考古学との協働、後者は美術史単独での成果が目立つ。課題は課題のままに残されているのである。その一方で、研究を進展させるための条件も整いつつある。菊池信彦氏によれば、チェコの国立図書館は、ヨーロッパ二〇カ国以上の文化機関を巻き込んで、資料のデジタルアーカイヴ化に先進的に取り組んでいるという。実際に、Manuscriptorium（http://www.manuscriptorium.com）において本書に収録された図像のかなりの部分を確認することができる（訳書参考文献欄参照）。近い将来、フサの衣鉢を継ぐ研究書が世に問われるようになると予期している。

では、以上のような本書の性格をふまえ、現在の日本で出版される意義はどのように考えられるのだろうか。以下、思いつくままに何点か述べてみよう。

*

まず、こうした図像を中心とした書物を編む場合には、「祈る人」（聖書・聖職者・教会）であったり、「戦う人」（貴族・騎士）であったり、あるいは「耕す人」（一般庶民）であったり、ある種の身分によって区切られることが多い。さらに、庶民に関しては、「農村世界」、「都市民」、もしくは科学史における「水車の歴史」のように、分野の枠組みを設定することが常道だろう。これに対して本書は、もちろん「労働」という縛りはあるものの、実に多様な世界を包み込んでいる――「戦う人」はフサの歴史観によって排除されているが、「祈る人」は第三章で取り扱われている。ところが、身分・生活空間横断的でありながらも、一書としてとくに違和感を覚えさせない点は本書の魅力の大きな部分を占めている。そのユニークな構成に惹き込まれた読者も多いことだろう。また、近世ヨーロッパであれば「職人づくし」、日本史であれば、近世の「農書図絵」や中世の「職人歌合」といった図像集成も広く世に知られているが、彩飾写本から同職組合の印章、レリーフや要石、さらにはコップの台座まで、ありとあらゆるメディアから数多くの図像をかき集めてきた本書は、図像の出典という意味でも特殊性が際立っているといえよう。

次に、上述のように、歴史家フサが歴史研究に資するものとして著した本書は、十二分にその意図を達成しているといえよう。中世の図像をふんだんにちりばめた文献もあることにはあるが、ここまで詳細に仕事や道具についての解説を付した文献の日本語訳を、訳者は寡聞にして知らない。もちろん、科学史のジャンルでより正確に説明した図版入り書物もあるが、それはそれとして、今度は人びとの生きる息遣いに乏しいきらいがある。また、類書で紹介される図像の多くは、フランス、イングランド、ドイツ、イタリア由来のものであり、本書所収の図像群は本邦初公開のものばかりである――さすがに、チェコ出身のドイツ系中世史家ザイプト（ザイプト、一九九六年）だけは『ヴェリスラフ聖書』なども紹介しているが。中世から近世にかけてのヨーロッパ人の暮らしぶりを生き生きと描き出す図像資料の数々は、刊行から半世紀を過ぎた今でも、歴史研究の新たな可能性を示す材料としてその意義を失っていないと考えられる。

なかでも、本書の特長である鉱山業をあつかった第四章は、科学史上でも非常に貴重な貢献となるだろう。訳注でも触れたように、アグリコラに関してはその著作が翻訳されているが、エルカーとなると言及している文献はかなり限られている。科学史家の山本義隆氏の研究（山本、二〇〇七年）はエルカーの事績に一節を割いているが、掲載図版は一点のみである。確認できたかぎりでもっとも多いのは、シンガー他の『技術の歴史』五巻で、これはさすがに一〇点をこえていたが、本書と重複するものは一枚だけだった。また、繰り返しになるかもしれないが、本書にはクトナー・ホラの鉱山全景を描いた希少な彩飾写本が三点も収録されている。そしてこの目にも鮮やかで楽しい中世絵画を基に、中世後期から近世にかけての鉱山業における多種多様な作業、そして職種が詳細に解説されている。これらのうち『クトナー・ホラ昇階誦』は過去に掲載している文献（薩摩、二〇〇六年）を目にしたことがあるが、そのほかの写本はほぼ初めての紹介となるのではないだろうか。この点だけをとっても本書刊行の重要性は承認されるだろう。

一方、そうした図像や鉱山といったキーワードから離れてみても、中欧の小国チェコを舞台に設えた本書は、はからずもこの時代のヨーロッパ政治動向を裏側から照射するものとなっている。中世盛期以降、ヨーロッパはその版図を広げてゆき、そして均質化して内部に取り込んでいった。とくにドイツ地域はその最前線となって北へ東へと膨張し、神聖ローマ帝国はその過程において政治的重心を東へ大きく移すことになる。伝統あるライン川流域の中小領邦ではなく、東の辺境のチェコをルクセンブルク家が、オーストリアをハプスブルク家が、バイエルンをヴィッテルスバッハ家が本領として発展させ、首都を整備し、十四世紀にある種の「国家」としての形を浮かび上がらせた。そしてチェコだけではなく、同じくドイツ人植民を受け入れたハンガリーやポーランドもその動きの中に参入してゆく——近世になるとホーエンツォレルン家のプロイセン・ブランデンブルクがこれに加わる一方で、チェコとオーストリア、そしてハンガリーはハプスブルク家の下で歩みを共有することになる。本書の図像が描き出すのは、そうした政治的ダイナミズムと一体性をもつ社会や文化の発展の模様であり、またそうしたプロセスを後押しした「富の源泉」たる銀山の実態なのである。

図像を中心に据えた本書は、以上のような大きな歴史の流れを知らずとも、十分に愉しむことができる。それだけで翻訳出版の目的はほとんど達成されたともいえる。しかし、せっかくの機会を利用して、もう少し欲張ってみたことも最後に告白しておこう。もともとチェコ人を読者として想定している本書は、プシェミスル朝の始祖や聖ヴァーツラフ、カレル四世（カール四世）、ヤン・フスといったチェコ史固有の伝承・歴史挿話を多分に含んでいる。「金印勅書」を発布したカール四世や初期宗教改革者ヤン・フスはともかく、そのほかの人物、地名、出来事、芸術作品は、一般読者にとってほとんど馴染みがないというか、そもそも日本語での接点が希薄なものばかりだろう。そのため、かなり細かく訳注を入れて、わかる範囲の資料紹介を付け加え、本書が「中世チェコ文化史入門」としても機能するように工夫してみたつもりだが、読者諸賢にはどのように受け止めていただいただろうか。

*

翻訳作業は、チェコ語版からの訳出を基本とし、不明な個所はドイツ語版を参照した。英語版は、訳者の裁量で情報を削ったり、時期を断定してしまったりしている個所が散見し、そのままでは使うことができない。ただし、作業や道具の名称については大いに役立った。翻訳にさいして参照した文献は巻末に掲載してある。自分なりに消化したつもりではあるが、あまりに専門と遠い技術史、美術史分野の用語も数多あり、誤訳が残っている恐れがないわけではない。また、理解不足がそのまま訳文の生硬さとなっていることも否定できない。各分野で専門的に研究されている方々の厳正なご指摘、ご批判を待ちたい。なお、勤務先の同僚である中世英文学の専門家、久木田直江先生からは、『ジョン・マンデヴィル旅行記』の英語文献についてのご教示を得た。翻訳作業に対していつも暖かな励ましの言葉をかけていただいたこととともに、ここに記してお礼を申し上げたい。

本書との出会いは、二〇一二年の西洋中世学会大会において八坂書房の八尾睦巳氏から依頼を受けたことがきっかけであった。結果的に五年間という長い月日をお待たせすることになってしまい、申し訳ない思いでいっぱいである。同時に、このような豊穣な図像資料の世界に目を開かせてくれたことへの感謝の気持ちも強い。この依頼がなければ、彩飾写本を調査することもなく、したがってチェコで中世写本のデジタル化がかなりすすんでいることもいまだ知らずにいたことだろう。また、図の掲載位置や説明注の必要な個所の確認など、八尾氏の的確なご判断に依拠している作業は多く、その意味では、本書は二人の共同作業の産物でもある。訳註のやや過剰気味なチェコ情報やさらなる読者案内も含めた巻末の文献リストなど、訳者の要望をそのままお認めいただいたことにもお礼を述べねばならない。ともかく、依頼から五年後の大会を前にして何とか刊行できる見込みが付き、ただただホッとしている。いつかまた図像をめぐる共同作業の機会が与えられることを祈っている。

二〇一七年「ブドウ畑の鋤返しの月」に

［編著者略歴］

ヴァーツラフ・フサ Václav Husa 1906-65

チェコの中世史家。カレル大学（プラハ）で学び、パリとランスに留学。

戦後、いくつかの文書館で勤務したのち、カレル大学哲学部歴史学部門に着任。マルクス主義歴史学の代表者として、チェコスロヴァキアの史学を牽引した。美術史にも造詣が深く、本書の執筆に結実した。

本書以外に、*Uhlířské tovaryšstvo na Kutnohorsku ve 14.–16. století*, Praha, 1957（『14-16 世紀のクトナー・ホラにおける炭焼き工場』）、*Tomáš Müntzer a Čechy*, Praha, 1957（『トーマス・ミュンツァーとチェコ』）、*Dějiny Československa*, Praha, 1962（『チェコスロヴァキアの歴史』）など、数多くの著作がある。

［訳者略歴］

藤井真生（ふじい・まさお）

1973 年生まれ。

京都大学大学院文学研究科博士課程研究指導認定退学。博士（文学）。

秀明大学学校教師学部を経て、現在、静岡大学学術院人文社会科学領域教授。

専攻は中世チェコ史。著書に『中世チェコ国家の誕生』（昭和堂、2014 年）、主要論文に「中世チェコにおけるアルコール飲料」白幡洋三郎他編『都市歴史博覧』（笠間書院、2011 年）、「イタリア司教の目に映った 15 世紀のチェコ」長谷部史彦編『地中海世界の旅人』（慶應義塾大学出版会、2014 年）、「外国人に官職を与えるな」服部良久編『コミュニケーションから読む中近世ヨーロッパ史』（ミネルヴァ書房、2015 年）、「カレル 4 世の『国王戴冠式式次第』にみる伝統と国王理念の変容」神崎忠昭編『断絶と新生』（慶應義塾大学出版会、2016 年）などがある。

中世仕事図絵——ヨーロッパ、〈働く人びと〉の原風景

2017年 5月25日　初版第１刷発行
2019年10月30日　　第２刷発行

訳　者　藤　井　真　生
発 行 者　八　坂　立　人
印刷・製本　モリモト印刷（株）

発 行 所　（株）八 坂 書 房
〒101-0064 東京都千代田区神田猿楽町1-4-11
TEL.03-3293-7975　FAX.03-3293-7977
URL. : http://www.yasakashobo.co.jp

ISBN 978-4-89694-235-4　落丁・乱丁はお取り替えいたします。
無断複製・転載を禁ず。

人名・地名索引

＊チェコの地名のみチェコ語綴りを表記

【ア】

アイヒシュテット　41

アウグスティヌス　113, 217, 236

アウグスティーン（オロモウツの）　198

アクィナス、トマス　239

アウクスブルク　99

アグリコラ、ゲオルギウス　40, 260, 292-3, 296-7, 316, 318

アネシュカ（聖）　83, 127

アベルタミ Abertamy　265

アマン、ヨースト　165

アメンホテプ 3 世　312

アラム　170

アルチンボルド、ジュゼッペ　109, 268

アルフォンソ 10 世　247

アルブレヒト 3 世　238

アンナベルク　265

イェーナ　99, 120

イェセンスキー（イェセニウス）、ヤーン　225

イェンシュテイン家　87

イジー・ス・ポジェブラト　268

イスラエル　113, 160, 168, 170, 178, 185, 188

イタリア　12, 83, 87, 97, 156, 200, 291, 296, 315, 317

イフラヴァ（イグラウ）Jihlava (Iglau)　59, 251, 273, 285, 291, 316

イベリア　247

イングランド　120, 136, 231, 263, 312, 317

インジフーフ・フラデツ Jindřichův Hradec　291

インジフ・ズジーク　235-6

インジフ・ヒズルレ・ズ・ホドヴァ　139

ヴァーツラフ（聖）　21, 166-7, 169, 209, 319

ヴァーツラフ 2 世　255, 291

ヴァーツラフ 3 世　60

ヴァーツラフ 4 世　41, 43, 60, 87, 101, 104, 120, 219, 231, 247

ヴァヴシネツ・クシチカ・ズ・ビーティーシュキ　145, 148, 152

ヴァヴシネツ（ブジェゾヴァーの）　312

ヴァルテンベルク家　84, 154, 262

ヴァレンティヌス　278

ヴァン・デン・ボッシェ、フィリップ　151

ウィクリフ　120, 231

ヴィレンベルク、ヤン　101

ウィーン　37, 60, 143

ヴィソチナ Vysočina　273, 304

ヴィッテルスバッハ家　60, 318

ヴィッテンベルク　293

ウェーバー、マックス　21

ヴェネツィア　264

ヴェフター、ヨハネス　151

ヴェリスラフ　91

ヴェルツ、コンツ　265, 285

ヴェレンスキー、オルジフ（ムニホフの）　244-5

ヴェンツェリーク、ヴァーツラフ（ヴィルホヴィシュチの）　291

ヴォドゥニャニ Vodňany　159

ヴジェソヴィツ家　205

ヴラジスラフ・インジフ　127

ヴラチスラフ 1 世　140

ヴルタヴァ（モルダウ）川 Vltava (Moldau)　39, 102, 130, 150-1, 159, 166, 230, 304

ヴロツワフ　60

エヴェルウィン　235-6

エジプト　66, 98, 212

エチオピア　205, 312

エラスムス　244-5

エリシュカ　176

エルカー、ラザルス　40-1, 260, 292-3, 296-7, 300-3, 318

エル・グレコ　243

エルザス（アルザス）　99

エルサレム　178

エンシスハイム　99

オーストリア　12, 60, 74, 108, 113, 127, 155, 157, 216, 238, 318

オーバードルファー、ルートヴィッヒ　157

オストロフ Ostrov　265

オパヴァ Opava　59, 219, 238, 242

オフジェ川 Ohře　84

オルニス、マチェイ（リンドペルクの）　90, 164

オロモウツ Olomouc　59, 60, 80, 82, 87, 96, 101, 117-8, 198, 230, 235-6, 238

【カ】

カスティリヤ　247

カナン　98

ガリラヤ　119, 123

カルルシュテイン城 Karlštejn
聖十字架礼拝堂　112, 184, 218-9
聖母マリア礼拝堂　112
大塔　112, 167, 184-5
カレル4世（カール4世）　60, 87, 92, 97, 101-2, 109, 112-3, 118, 166, 209, 230-1, 238, 242
カントル、ヤン　154, 164
キーザー、コンラート　41, 43, 140
キュリウス、ダニエル・ゲリウス　154
キュリロス　113
ギュンター、ヤン　101
ギリシア　247, 312
クジシュチャン（プラハチツェの）　247
クトナー・ホラ（クッテンベルク）Kutná Hora (Kuttenberg) 46, 60, 101, 137, 191, 251-2, 255, 257, 259-66, 268, 271, 273, 277-80, 285, 288, 291, 293, 297, 303-4, 306, 308-9, 314-5, 318
ヴラシュスキー宮殿　257
城館（フラーデク）　273, 276
聖バルボラ大聖堂　148, 230, 266, 268, 288, 307
クラウディアーン、ミクラーシュ　222-3
クラトフスキー、オンジェイ　221
クルコノシェ山地（リーゼンゲビルゲ）Krkonoše (Riesengebirge)　304
クルチーン、ヤクプ　89
クルシュネー（エルツ）山地 Krušné Hory (Erzgebirge)　194, 259, 265, 285, 292-3
クルプカ Krupka　265
クレムニツァ（クレムニッツ）Kremnica (Kremnitz)　251
クロアチア　113
クロク　82
クンフタ（女子修道院長）　123
クンフタ（辺境伯妃）　127
ケプラー、ヨハネス　224-5
ココジョフ家　205
コゼル、ヤン　142
コナーチ、ミクラーシュ（ホジシュトゥコフの）　222
コリーン Kolín　304
コンスタンツ　120, 231, 305
コンラート・オタ　127

【サ】

サーフェリー、ルーラント　109, 150, 166
ヴィレーム・ス・ペルンシュテインナ　262
ザクセン　12, 125, 194, 259-60, 265, 293, 296, 316
サデラー、エギディウス　151, 226
ザハリアーシュ・ゼ・フラッツェ　156
シオン　178
ジギスムント　60, 101, 120, 298
シュート、ミクラーシュ　92, 121
シュクレータ、カレル　266-7, 310
シュテルンベルク家　262
ジュルチツェ Žlutice　205
ジョン（ウェールズの）　215
シレジア　10-1, 60, 140, 255
ジロヴニツェ城 Žirovnice　291
スイス　40, 225
スウェーデン　194, 235, 310
ズザナ　104
スシツェ Sušice　143
ズデーテン　304
ストックホルム　235
ズノイモ Znojmo　59, 62, 76, 82, 127
スタラー・ボレスラフ Stará Boleslav　209
スラヴィェチーン（・ナト・オフジー）Slavětín nad Ohří 84, 147, 152, 160, 175, 201
スプランヘル、バルトロメウス　109
スミーシェク、ミハル（ヴルショヴィチの）　293
ズミレリー、ヤニーチェク（ピーセクの）　134
スラニー Slaný　133
スラフコフ Slavkov　265
スレヨヴィツェ家　90
スロヴァキア　11-2, 59, 60, 64, 206, 216, 225, 251, 256-7, 259, 264-6, 294-5, 299, 315
セゼミツェ Sezemice　156
セドルチャニ Sedlčany　89, 232
セドレツ修道院 Sedlec　271

【タ】

ターボル Tábor　59, 157, 159, 205
ダ・ヴィンチ、レオナルド　41, 145
チェスキー・クルムロフ Český Krumlov　59, 87, 130, 198, 209, 232
チェスキー・ブロト Český Brod　88
チェルニー、イジー　41
チェルニー、ヤン　78, 198,-9
チャースラフ Čáslav　191
チューリンゲン　99
ツィーノヴェツ Cínovec　265
ティルス　178, 185
ディ・クレッシェンツィ、ピエトロ　10, 12, 34, 79, 86-7, 106, 114
テジーシュコ　246-7
デ・チェッソレ、ジャコモ　200, 241
デューラー、アルブレヒト　205
テルチ Telč　59, 156, 187, 291

ドイツ　12, 40-1, 60, 92, 99, 101, 108, 113, 117, 120, 127, 151, 157, 165, 191, 194, 216, 222, 224, 230, 260, 263-4, 273, 304, 310, 314-8
トゥーゲマン、アブラハム　135
トウシェベニツェ Třebenice　90
トウシェボニュ Třeboň　182, 232
ドゥブラヴィウス、ヤン　80
トゥルゾ、ヤン　256-7
ドブジェンスキー、ヴァーツラフ　99
ドブロヴィートフ Dobrovítov　304-5
トマーシュ・ゼ・シュチートゥネーホ　130, 200
トレド　247

【ナ】

ナザレ　128
ニーダーライセン　99
ニェメツキー・ブロト（ハヴリーチクーフ・ブロト）Německý Brod (Havlíčkův Brod)　252, 272-3, 291
ニューヨーク　127
ニュルンベルク　60, 101, 222, 245, 316
ノヴァー・ジーシェ Nová Říše　125

【ハ】

ハーイェク、タデアーシュ　143, 224
バーゼル　40, 60
バード、コンラッド　245
バード、ジョス（バディウス、ヨドクス）　221, 244-5
バイエルン　12, 43, 60, 316, 318
ハインリヒ 1 世　166
ハト、ヤン　117
ハプスブルク家　12, 15, 60, 136, 155, 176, 228, 268, 314, 318
パリ　92, 244-5, 314-5
パルドゥビツェ Pardubice　59, 156, 262, 305
パルラー、ペーター　230
ハンガリー　11-2, 59, 60, 155, 216, 295, 299, 300, 318
バンスカー・シュチャヴニツァ（シェムニッツ）Banská Štiavnica (Schemnitz)　251
バンスカー・ビストリツァ（ノイゾール）Banská Bystrica (Neusohl)　251
ピーセク Písek　57, 59, 134, 252
ビェラー（・ポト・ベズジェゼム）Bělá pod Bezdězem　245
ビザンツ　59, 123, 136, 149, 216
ピッコローミニ、エネア・シルヴィオ　222
ビュルギ、ヨスト　225
ヒルデベルト　217, 235-6
フェニキア　312
フェルディナンド 1 世　155, 159
プシーセチニツェ Přísečnice　265
プシェミスル（耕夫）　82, 89
プシェミスル・オタカル 1 世　140
プシェミスル・オタカル 2 世　60, 123, 247
フス、ヤン　108, 120, 130, 231, 237, 305, 316, 319
フツキー、マティアーシュ　136
ブトラーン、イブン　114
プトレマイオス　247
ブラーエ、ティコ　224-5
フライシュタット　157
フラデツ・クラーロヴェー Hradec Králové　45, 59, 176
フラデツ家　156
ブラニツェ川 Blanice　159
フラヌス、ヤン　134
プラハ Praha
　ヴィシェフラト Vyšehrad　214, 230
　エマウス修道院 Emauz　113, 230
　オパトヴィツェ Opatovice　102
　カレル橋 Karlův most　83, 102, 230
　旧市街 Staré město　16, 48, 82-3, 99, 102, 166, 224, 230
　小地区 Malá strana　102, 230
　新市街 Nové město　102, 109, 112-3, 128, 150, 154, 164, 189, 196, 202-3, 207, 230
　ズデラス Zderaz　102
　ストラホフ修道院 Strahov　99, 109, 235
　聖アネシュカ修道院　83, 123, 230
　聖イジー女子修道院　103, 123, 204, 230
　聖ヴィート大聖堂　112, 166, 169, 186, 230
　聖十字架修道院（聖フランシスコ教会）　102, 230
　聖ハシュタル教会　48, 230
　聖ミハル教会　102, 128, 230
　ティーン教会　224-5, 230
　ブベネチ Bubeneč　310
　プラハ城　99, 102-3, 109, 123, 142, 166, 169, 184, 226, 228, 230, 232, 239, 268, 310
　ペトシーン Petřín　109
フラバル、ボフミール　124
フランス　12, 34, 83, 97, 112-3, 221, 263, 312-4, 317
フランク　59, 166, 194, 216
フランチェスコ（アッシジの）　83
ブラント、セバスティアン　99
フランドル　12, 136
プリニウス（大）　312
ブリューゲル、ピーター　37, 179
プルゼニュ Plzeň　59, 101, 221
ブルノ Brno　59, 82, 85, 156, 238
プレーシュ、ファビアーン　205
ベツレヘム　128
ペテルレ、ミハル　142

ペトラルカ　118
ベルギー　263
ベルス川　312
ペトル・ズムルズリーク・ゼ・スモイシナ　182
ペルンシュテイン家　156, 262, 305
ポーランド　11-2, 60, 101, 123, 216, 304, 318
ボジー・ダル Boží Dar　265
ホラー、ヴァーツラフ　228-9
ホルニー・ブラトナー Horní Blatná　265
ボレスラフ１世　166, 169, 209
ボローニャ　83, 87, 143

【マ】
マイセン　12, 117
マイセンス、ヨハネス　229
マトウシュ（プラハの）　182, 271, 279, 293
マンデヴィル、ジョン　312
ミクラーシュ・ゼ・スカリツェ　278
ミセロニ、ディオニシオ　310
ミラノ　60, 143, 310
ミリフトハーレル、フリードリヒ　101
メトディオス　59, 113, 216
メムノン　312
メンツェル、イジー　124
モスト Most　194
モリヤ　210

【ヤ】
ヤーヒモフ（ヨアヒムスタール）Jáchymov（Joachimsthal）
40, 63, 259-60, 265, 268, 285, 291, 293, 296, 315
ヤギェウォ家　155, 268
ヤン・オチコ・ズ・イェンシュテイナ　87
ヤン（オパヴァの）　219, 238, 242
ヤン・コビシュ・ズ・ビーティーシュキ　152
ヤン・ズ・イェンシュテイナ　87
ヤン・ゼ・ストシェディ　118, 238
ヤン（ターボルの）　205
ユダ　170
ヨセフス、フラウィウス　312
ヨハン　60

【ラ】
ラベ（エルベ）川 Labe (Elbe)　304
ランス　314
リヴァビウス、アンドレアス　99
リトミシュル Litomyšl　118
リトムニェジツェ Litoměřice　59, 90, 108, 111, 182
リブシェ　82, 214
リプトフスキー・ヤーン Liptovský Ján　64
リフニツェ城 Lichnice　191
リベレツ Liberec　135
リヨン　245
ルードルフ１世　176
ルードルフ２世　101, 109, 224, 226, 264, 268, 293, 310
ルクセンブルク家　60, 87, 91, 176, 268, 318
ルクソール　312
ルサチア（ラウジッツ）　10, 60
ルドヴィーク　155, 313
ルドミラ（聖）　166, 209
ルプレヒト３世　43
レーマン、カスパル　264, 310
レバノン　178, 185, 188
レフ　83
ロウカ修道院 Louka　101, 127
ロウドニツェ城 Loudnice　239
ロジュニャヴァ Rožňava　206, 222, 265, 281, 284, 294-5, 298-9
ロジュンベルク家　87, 89, 130, 156, 209, 232, 264
ロプコヴィツェ家　186, 205, 239
ロムニツェ家　262
ロムニツェ（・ナト・ポペルコウ）Lomnice nad Poperkou
154

資料名索引

＊チェコで制作された写本・印刷本のみ掲載

【ア】

『イェーナ冊子本』Jenský kodex　120, 231

『医学書』Knieze lekarské　78, 198, 199

『生ける者の慣習と職務』De moribus et officiis viventium　200, 241

『ヴィシェフラト冊子本』Vyšehradský kodex　214

『ヴェリスラフ聖書』Velislavova Bible　45, 64-66, 69, 91, 93, 98, 110, 128, 169, 172, 209-11

『オパヴァのヤンの彩飾福音書』Evangeliář iluminovaný Janem z Opavy　221, 238, 242-3

『オロモウツ聖書』Olomoucká bible　96

『オロモウツ定時課祈禱書』Horologium Olomoucense　235-6

【カ】

『神の国』De civitate dei　217, 236

『カール 4 世の金印勅書』Zlatá bula Karla IV.　71

『キリスト教の騎士』O rytieři křesťanském　244

『クトナー・ホラ聖歌集』Kutnohorský kancionál　27, 278

『クトナー・ホラ昇階誦』Kutnohorský graduál　270-1, 274-5, 278, 282-3, 286-7, 289, 293

『クレメンティヌム聖書』Starý zákon, tzv. Klementinský　36, 97

『軍備論』Bellifortis　41, 43, 140

『鉱石と鉱山について』Beschreibung allerfurnemisten mineralischen Ertz und Bergwerksarten　41, 292-3, 300-3

『言葉の母』Mater verborum　22

【サ】

『挿絵の書』Liber depictus　209

『司祭ハヴェル・ゼ・スチェジェルの交誦集』Český antifonář kněze Havla ze Stěžer　23

『十字架昇階誦』Křížovnický graduál　136

『ジュルチツェ聖歌集』Žlutický kancionál　39, 205

『女子修道院長アネシュカの聖務日課書』Brevíř abatyše Anežky z kláštera sv. Jiří　204

『女子修道院長クンフタの殉教者受難物語』Pasionál abatyše kláštera sv. Jiří na Hradě Kunhuty　123

『ジョン・マンデヴィル旅行記』Rukopis cestopisu Jana Mandevilly　34, 262, 311-2

『人類救済の鏡』Speculum humanae salvationis　125, 130, 200

『数字と線の計算について』Nové knížky vo počtech na cifry a na líny　221-2

『スミーシュコフスキー聖歌集』Smíškovský kancionál　253-4, 257-8, 261, 271, 293

『聖イジー女子修道院の聖務日課書』Brevíř kláštera sv. Jiří　32-3, 74, 94-5, 103, 107, 116, 250

『聖母マリアの典礼次第』Cursus Sanctae Matiae　13, 127, 181, 210, 212

『聖ヴァーツラフ伝』Svatováclavské legendy　69, 112, 136, 166-7, 169, 209, 211

『聖ヴィート聖歌集』Svatovítovský kancionál　205

『聖ヴィート大聖堂ミサ典礼書』Misál svatovítský　21

『聖教父伝』Rukopis spisu Životy sv. Otců　145

『聖十字架修道会総長レフの聖務日課書』Brevíř křížovnického velmistra Lva　33, 83, 94-5, 102-3, 116

『聖ミハル教会の昇階誦』Latinsko-český graduál kostela sv. Michala　128

『セドルチャニ聖歌集』Sedlčanský kancionál　89

【タ】

『ダチツキー・ズ・ヘスロヴァ家の鉱山法集成』Sborník horních práv rodiny Dačických z Heslova　46

『立ち昇る曙』Aurora consurgens　239

『チェコ王ヴァーツラフ 4 世の聖書』Biblia Wenceslai regis　24, 28, 100, 104, 115, 118, 122, 129, 161, 165, 168, 170, 173, 179-80, 188

『チェコ王ヴァーツラフ 4 世の占星術書』Sborník astrologických spisů krále Václava IV.　246-7

『チェスキー・クルムロフ 宗教論集』Náboženský tractát z Českého Krumlova　25, 130, 171, 183

『チェスキー・ブロト聖歌集』Českobrodský kancionál　88, 162-3, 193, 199

『チャースラフ聖歌集』Čáslavský kancionál　205

『哲学史概要』Communiloquium　215

『トゥシェベニツェ聖歌集』Třebenický kancionál　20, 90, 164

『ドブジェンスキー・コレクション』Sborník Dobřenský　99

【ナ】

『農事論』Ruralium comodorum　10, 12, 34, 79, 86-7, 106, 114

【ハ】

『ビールについて』De cerevisia　143

『ブドウ園はいかなる位置にあるべきか』Vinice v jakém položení má býti　72
『フラヌス聖歌集』Franusův kancionál　45
『プラハ大司教ヤン・ズ・イェンシュテイナの冊子本』Náboženský kodex praýského arcibiskupa Jana z Jenštejna　87
『プラハ小地区の昇階誦』Malostranský graduál　90, 133, 140, 146, 163-4, 197
『ボスコヴィツェ聖書』Bible boskovická　237
『ボヘミア学』Mathesis bohemica　148

【マ】

『ムラダー・ボレスラフ聖歌集』Mladoboleslavský kancionál　164

【ヤ】

『ヤン・ヴィレンベルクの暦』Kalendář Jana Willenberga74, 101, 105, 117, 121, 124
『養魚池と魚について』Libellus de piscinis et piscium, qui in eis aluntur natura　80

【ラ】

『リトミシュル司教ヤン・ゼ・ストシェディの旅行用の書』Liber viaticus Litomyšlského biskupa Jana ze Středy　15, 119, 238
『リトムニェジツェ＝トゥシェボニュ聖書』Litoměřická bible　182
『リトムニェジツェ聖歌集』Litoměřický kancionál　108, 111, 186
『旅行記』Cestopis Jindřicha Hyzrle z Chodova　139
『暦書と占書』Minuce a pranostyka　92, 121
『ロプコヴィツェ聖歌集』Kancionál zv. Lobkovický　186
『ロムニツェ昇階誦』Lomnický graduál　38, 141, 154, 164-5, 174, 207, 248
『ワイン樽の修理とサイズについて』Správa aneb naučení o měrách vinných sudův　152
『ワインの貯蔵と管理の書』Spis o vínu jak se chovati a opatrovati má　117

事項索引

（職業・作業・道具・衣服）

【ア】

麻織職人　141

麻袋　70, 92, 141

足踏み車　24, 179, 182

アストロラーベ　33, 247

圧延装置　262

圧搾／圧搾機　21, 25-7, 73, 110-3, 117, 121, 141

圧縮ローラー　141

鐙職人　139

油搾り／油搾り機　49, 71

油鞣し職人　138

亜麻袋　65

編み籠　91

編み針　137

鋳型　258, 262

筏乗り　39, 151

医師　10, 143, 198, 221, 225, 241-2, 296

石臼　70-1, 134, 140-1, 167

石切　49

石工　10, 24, 148, 178, 288

糸車　38, 71-2

糸紡ぎ　25, 71, 127-8, 130

糸巻き棒　20, 38, 127-8, 130

鋳物師　191

インク壺　214-5, 218, 237

色染職人　135

印刷機／印刷業者（印刷工）／印刷工房　10, 29, 40, 101, 117, 142, 198, 221-3, 228, 244-5

ヴェール　44, 96, 118, 136

筌　80

運搬　55, 71, 78, 99, 111, 179, 205-6, 209, 260, 274, 282, 284, 287, 299, 303

柄鏝　190

延伸　262

大鎌　67-8, 101, 144

筬　154

落穂拾い　97

斧　10, 87, 139-40, 146, 161, 163, 177-8, 180, 252, 261, 305

おりべら　194

【カ】

櫂板　48, 143, 165

鉤針　137

学士　239

学識者　214, 224-5, 230, 238, 243

学生　10, 92, 231, 314

攪拌／攪拌桶／攪拌機　77, 121

鍛冶／鍛冶屋　10, 45, 132, 144-6, 170-4, 194, 214, 253, 258

滑車　12, 56, 147

金型　258, 262, 307, 309

金具職人　214

金槌　145-6, 172, 174, 194, 252, 254, 258, 307-9

鉄床　34, 144-5, 171-3, 194, 258, 306-7

鐘造り／鐘鋳造師　145, 148

鞄職人　138

貨幣鋳造／貨幣鋳造師　10, 34-5, 39, 46, 48, 194, 251, 257-8, 261-2, 265-6, 279, 285, 302-3, 316-9

鎌　25, 67-8, 72, 93, 96, 100-1, 144, 261

竈／竈番　142, 144, 257-8, 262

剃刀　197

カム装置　56, 253, 287

皮鞣し／皮鞣し工　138

殻竿　69

ガラス職人　10, 198, 218, 311

ガラスカット職人（ガラス研磨師）　264, 266, 310

ガラス製造／ガラス炉　49, 57, 263-4, 266-7, 312

刈入れ／刈入れ人　10, 54, 67-8, 93, 95-6, 100, 129

刈取り（羊毛の）　118, 120

刈穂積み　98

革紐　138, 160

灌漑　75

鉋／鉋掛け　175, 180

換気装置（換気塔）　260, 278, 287, 290

看板画家（看板の塗装業者）　218, 240

樵　10, 146, 250, 262, 305

木槌　71, 134, 139, 146, 176

起重機　56, 147, 178, 182, 184

起毛弓（「小姓」）　135, 137, 157

起毛ブラシ　16, 35, 167-9

伐り出し　304

客馬車　208

教師　92, 221
御者　10, 204-5, 207-8
漁労　79, 80, 123, 125
錐　146
金細工師　194, 218, 282, 285
金属加工／金属加工職人　144, 146
草刈り鎌　68
楔　87, 146, 178, 252, 272
口開け（ワインの）　117
薬屋　242
靴／靴型／靴屋　38, 43, 45, 94, 96, 100, 137-9, 160, 170, 206, 278, 282, 305, 307
軛　77, 82-3, 204
熊手（ピッチフォーク）　68, 261, 273, 293
車大工　133, 146-7
黒染め職人　135
クローク　44
鍬　52, 64, 108, 252, 261, 298
燻製　139
芸術家　12, 17, 19, 21, 25-6, 28-9, 30, 37-8, 40-1, 215, 218-9, 224-5, 227-8, 236, 240, 242, 265, 268
計量／計量ジョッキ　71, 152, 168, 200-1
ケープ　45
毛皮職人　138
玄能　272
検品　203
研磨機／研磨工（研作工）　141, 193, 310
乾溜　261
鉱山学者　40, 296
鉱山大工　253, 295
鉱石商人　256-7, 266, 278, 286, 289, 291, 301
耕夫　10, 44, 82-3, 86-7, 89
鉱夫　10, 34-5, 39, 45-6, 159, 206, 250, 252-6, 260, 265-6, 270-2, 274, 276-8, 281-2, 284-5, 288-90, 292, 299
高炉　261, 296, 298
コート　45, 282
穀倉　25, 66, 69, 70, 98
小銭入れ職人　139
鏝　24, 183
粉挽き　140-1, 167
木挽き　177, 180-1
小丸太梯子　272
コンパス　176-7

【サ】

採掘／採掘師　40, 51, 57, 211, 250-6, 259-60, 263-5, 271-2, 275, 277-8, 281, 283, 287, 289, 296-7, 299
彩飾　14, 22, 88, 136, 164, 219
彩色　20, 91, 209, 216-7, 236, 264
財布職人　139
酒ぶね　21
削蹄剪鉗　174
挿絵画家（挿絵師）　24, 37-9, 123, 125, 154, 205, 278, 293
差し金　177
指物師　146, 175
笊　69
三角鎌　68
三角儀（トリクエトルム）　247
三角鍬　72, 116, 127, 272
試金／試金師／試金用炉　258, 301-2
仕立屋　34-5, 85, 135, 137-8, 159
室内履き職人　139
四分儀　221, 246-7
瀉血　197
写字／写字生　10, 214-9, 235-7, 239-40
シャツ　44, 162
煮沸　134
シャベル　52, 62-4, 69, 106-7, 129, 165, 252, 261, 274
写本彩飾師　90, 96, 118-9, 122, 205, 214-9, 235, 238, 264, 271
車輪　78, 82, 86, 137, 144, 146-7, 258, 287, 299
収穫　25, 67, 69-71, 79, 96, 98-9, 101, 111, 114-7
修繕　139
縮絨／縮絨機　134-5, 141, 155
出版者　41, 151, 222
狩猟　79, 87
背負籠　211
消去用ナイフ　237
商人　10, 98, 102, 151-2, 200-1, 203, 222
蒸留／蒸留器／蒸留酒製造業者　56, 143, 193, 199, 222, 301
書見台　236, 238
書写／書写材／書写台　215, 217, 219
除草鍬　72
織機　49, 133, 154
織工　35, 38, 132-4, 136, 154, 156, 159
徐冷用竈　311
シリンダー　262, 303
浸炭炉　301
水車　56, 71, 134, 139-41, 166, 253, 261, 266, 298, 310
水力ハンマー　144
数学者　221, 225
犂　52, 62-4, 75, 78, 82-90, 126
鋤／鋤返し　20-1, 25, 52, 62, 64-5, 67, 72, 92, 106-8, 111, 116, 127, 129-30
梳き櫛　71
犂棒　87, 89
ずだ袋　282, 289

ストッキング／ストッキング職人　44, 137
スカート　45
犂刃　62, 64, 87, 89, 144, 170, 261
ズボン　44, 88-9
炭焼き／炭焼き窯　10, 35, 46, 261-2, 266, 305
スモック　43-4, 122
整経　133
成形　144-5, 148-50, 160, 191-2, 296
製材／製材機　146, 180-1
製紙　49
製図工　223-4
製鉄工　10, 132
製粉／製粉機　49, 141-2, 146-7
聖餅焼き　21, 169
製本機／製本業者　218, 248
精錬／精錬用竈　258, 300, 311
製錬／製錬工／製錬炉　39, 250-1, 253, 255-7, 260, 262-5, 271, 273, 279, 291, 293-5, 297-8, 300, 302, 304
石灰焼成　147
説教師　97, 120, 200, 231
設計士　41
石鹸製造業者　195
切削刃　138, 252
選鉱　250, 270, 287, 296, 299
洗鉱／洗鉱師　253, 256, 275, 287, 292, 296
染色／染色職人　56, 134-6, 139, 155
洗濯　129, 134, 292
剪定／剪定刀　72-3, 116
銓刀　162
旋盤　146
線描　41, 217
剪毛工　133, 135
装蹄　144
送水ポンプ　141
ソーセージ作り　124
測量技師　10, 164, 222, 295
底引き網　80, 123
染物職人　134, 136, 139
梳毛工／梳毛ブラシ　135, 154, 156
橇　151, 209

【タ】

大工／大工鉤　10, 20, 24, 112, 146-7, 177-8, 180, 214
大砲／大砲製造工　43, 145, 148
箍　176
鏨　138, 174
打刻／打刻師／打刻台　254, 258, 262-3, 307-9
裁ち鋏　34, 134-5, 159
脱穀　21, 69, 102-3, 105, 188
手綱／手綱職人　82, 138-9
種播き　54, 65, 67, 71, 91-2, 94, 129
樽職人　146, 176
単桿馬鍬　65, 92
鍛造　49, 144-5, 170-1, 173, 261
暖炉職人　190
畜産　74
畜力機　56, 253
治水　80
乳搾り　121
鋳造／鋳造師／鋳鉄炉　49, 144-5, 211, 256, 258-9, 262, 266, 300, 302-3
チュニック　37, 82, 86, 91, 178, 278, 285, 287, 305, 307
彫刻師　27, 29, 215, 218, 305
彫刻刀　194
彫像師　215
杖　76, 93, 113, 119, 212
突固め機　141
接ぎ木／接ぎ木ナイフ　114
槌　37, 82, 86, 91
角笛　93, 119
積替え　203
釣竿　80
鶴嘴　52, 252, 287, 289
蹄鉄工　174
手押し車　211, 252
手斧　10, 79, 180
梃子　56, 252
手袋／手袋職人　137, 139
展伸　307-9
天秤／秤　200-1
天文学者　10, 33, 221, 224-5, 247
砥石　139, 164
籐籠　65, 68, 110, 271, 296
陶工　10, 45, 132-3, 148, 190-2, 214
刀工／刀鍛冶　141, 144, 193
搗鉱師　253, 287
頭絡　204
屠殺　70, 124, 161, 163-4, 250
鳶口　273, 293, 296, 298
トロッコ　24, 299
トング　169, 171, 300, 308
トンボ（掻き出し棒）　292

【ナ】

轅　82, 86-7
投げ網　80

肉屋　10, 39, 124, 133, 139-40, 163-4
荷車／荷馬車　10, 77-8, 144, 150-1, 204-9, 299
庭師　20-1, 23, 72, 107
ネップ（節玉）取り　134
粘土職人　254
農夫　20, 45, 63-5, 67, 69, 70, 72, 74-5, 117, 137, 139, 206
鋸　10, 146, 177, 261
鑿　24, 176
糊付け　134

【ハ】
焙焼／焙焼師　257-8, 300
排水／排水機　75, 80, 253, 260
刃板　87, 89
灰吹皿　302
博士　221
馬具職人　138
破茎／破茎機　71, 105
バケツ持ち　253
破砕　253, 282-3, 71
鋏　137-8, 159, 197, 258
バター突き棒　77
発酵　56, 73, 101, 143
撥土板　62-3, 86-7
はつり斧　178, 181
刃物師　141
馬力大型巻上げ装置（トレイフ）　285, 287, 290, 299
バレン　222, 244-5
半円鎌　95
版画家　117, 226, 228-9
版木　41
半月状ナイフ（擦過器）　240
輓獣　52, 75, 78, 141, 252
ハンマー　24, 63, 159, 266
パン屋　20, 141
播種　65
杼　133, 154, 156
ビール醸造／ビール醸造人　48-9, 89, 108, 124, 143, 165, 176
皮革職人　137-8
牽き具　77-8
引綱　204
櫃　66, 177
羊飼い／羊番　93, 118-9, 128
紐作り　133, 137
漂白／漂白師　43, 134, 155, 258
平炉　300
鞴　172, 199, 256, 296, 298, 301
風車　142
フード　44, 46, 96, 187, 201, 266, 278, 285, 305
フェルト加工　137
複叉鋤　261
袋詰め　71, 104
ブドウ圧搾機／ブドウ栽培者／ブドウ作り／ブドウ摘み／ブドウ踏み　20-2, 25, 72-3, 108-13, 116-7, 169
フラスコ　199, 242
篩／篩い機／篩い棒　21, 69, 141-2, 169, 250, 292
プレス　248
分銅　201
分類師　253
箆　24
ペン（葦、羽軸、鵞）　91, 215, 218, 236-7, 240
ペンチ　144, 186
ペンナイフ　237
箒　69, 303
帽子　23, 90-1, 94-5, 100, 108, 116, 136-7, 206, 239, 275, 287
紡錘　71-2, 128, 130
宝石研磨　266-7, 310
宝石細工師　144, 264
ホーベル（採鉱鉋）　272
牧人　19, 20, 76, 93, 118-9, 122
干し草刈り　67, 105, 107
ボディス　45
帆布　151, 207, 211, 292
掘棒　62-3
ホロスコープ　246
幌馬車　205, 207
ポンプ師　253

【マ】
前掛け　24, 39, 44-5, 128, 164, 170, 173, 193, 199
前犂　62, 64
前床　256, 273, 296-8
巻上げ／巻上げ機／巻上げ師　24, 39, 46, 56, 179, 186, 252-3, 260, 274, 280-5, 287-8, 290, 295, 299
巻取り機　252
巻き枠　133
薪割り斧　177
馬鍬　64-5, 92
マッフル炉　302
まな板　139
マント　43-4, 82
ミキサー　24
水差し作り　145
水やり　122
三股フォーク　69

モルト製造／モルト製造業者　133, 143, 165

【ヤ】
焼き入れ　144
焼き戻し　144
冶金学者　41, 268, 293, 297
薬剤師　199, 221, 242-3
屋根板作り　10
屋根葺き／屋根葺き職人　12, 24, 28, 36, 178, 185, 188-9
熔解／熔解師　257-8, 291, 297
養魚　55, 80, 89, 151, 156, 159, 203, 291
溶鉱炉／溶鉱炉番　256-7, 261, 273, 293, 296
養殖　80, 203
揚水機　145, 260
溶接　144
羊皮紙職人　138, 218, 240
養蜂　74, 78-9
羊毛打ち職人　135
羊毛刈り／羊毛刈り鋏　74, 78, 118, 120, 138
溶融　296-8, 300, 302-3, 311
溶離　256-7, 291, 297, 302

【ラ】
羅紗織職人　16, 45, 134-5, 137, 141, 157, 159
理髪師　133, 197
粒状化／粒状化師　40, 258, 303
漁師　13, 39, 80, 123, 137, 150
旅嚢　119, 211
坩堝　198, 243, 303
レトルト　301
煉瓦工／煉瓦積　24, 49, 179, 183, 185, 187
ローラー掛け職人　134, 136, 155
ローラー製粉機　142
轆轤　25, 149-50, 190-2
露天掘り　250
ワイン醸造／ワイン醸造人　10, 21-2, 25, 87, 108, 117, 165, 169, 176
渡し守　202
割符　282, 299
ワンピース　43-5

掲載図版一覧

謝辞

最後に、この仕事を実現させるためにいかなる援助も惜しまなかった組織および個人に感謝の意を述べたい。とりわけ貴重な善意を示してくれた、プラハ国立図書館および写本部門責任者のエマヌエラ・ウルバーンコヴァー博士に特別な感謝を捧げたい。彼女のおかげで数多くの写本からカラフルなコピーを入手することができた。また、プラハ国立博物館の図書室、国立歴史遺産・自然保護研究所、首都プラハ博物館、同じくロジュニャヴァの教区にも感謝したい。

海外の施設からも善意を受けた。ニューヨークのモルガン・ライブラリー、ローマのヴァチカン文書館、ウィーンのオーストリア国立図書館長フランツ・ウンターキルヒャー、アレンタウン（アメリカ合衆国）のカタリーナ・ファン・エールデ教授に感謝する。また、15・16世紀の転換期頃にクトナー・ホラの生活を描き、残念ながら今では行方不明となっている写本挿絵の凹版複製を、親切にも貸与してくださったボーフムの鉱山博物館長ヴィンケルマン博士に心からの感謝を表したい。

▩各章「図版篇」掲載図版一覧

各図像の説明文の末尾に〔文献〕の略号とともにある数字は、後続の「参考文献一覧」の文献番号を示している。当該写本、図像、そのほかの芸術的・歴史的遺跡についての重要かつ最新の文献を示している。

〔訳注：原著の図像請求番号には誤った表記も多く見受けられる。デジタル資料等で確認できた箇所はとくに断らずに修正してある。それでもなお、誤記が残っている可能性は否定できない（所蔵機関不明の資料もある）。また、原著では「聖歌集」と「昇階誦」の混同がみられるため、資料名は現在の国立図書館などの表記に従って訳した。一方、所蔵機関などの名称が変更されている可能性もあるが、こちらは原著の表記のままである。なお図版番号のあとの†印は、邦訳版での追加図版であることを示す。〕

第1章　農と牧

001. 耕夫：ズノイモの聖カテジナ礼拝堂の壁画。撮影：A・ポール。〔文献〕15, 86。
002. 牛による犂耕：『聖十字架修道会総長レフの聖務日課書』。プラハ国立図書館の大学図書室部門所蔵。請求番号：XVIII F 6, fol. 4。サイズ：43×44mm。撮影：A・ポール。〔文献〕15, 128, 132。
003. 犂耕：スラヴィェチーン教区教会の壁画。撮影：L・バラン博士。〔文献〕83, 120（vol. II, p. 71 ad.）。
004. 犂：ブルノの仕立屋同職組合の特許状を入れた木製タブレット。ブルノ国立文書館。請求番号 G 13。撮影：ブルノ国立文書館。〔文献〕24。
005. 犂耕：ピエトロ・ディ・クレッシェンツィ『農事論』第3巻。プラハ国立図書館の大学図書室部門所蔵。請求番号：VII C 8, fol. 41r。サイズ：55×63mm。撮影：A・ポール。〔文献〕13, 15, 132。
006. 馬による犂耕：『プラハ大司教ヤン・ズ・イェンシュテイナの冊子本』。ローマ・ヴァチ

カン図書館所蔵。請求番号：Vat. lat. 1122, fol. 26。サイズ：34×105mm。撮影：ローマ・ヴァチカン図書館。〔文献〕15, 31。

007. 馬による犂耕：『チェスキー・ブロト聖歌集』。チェコスロヴァキア国立図書館のプラハ大学図書室部門所蔵。請求番号：XVII B 20, fol. 323v。サイズ：70×330mm。撮影：A・ポール。〔文献〕132。

008. 犂道具：『セドルチャニ聖歌集』。セドルチャニ地域国民委員会所蔵。fol. 222v。写真所蔵：プラハ農業博物館。〔文献〕120 (vol. II, p. 101 ad.)。

009. 馬による犂耕：『トゥシェベニツェ聖歌集』。トゥシェベニツェ市立博物館所蔵。撮影：M・ヴェヴェルカ。〔文献〕54。

010. 種播き三態：『ヴェリスラフ聖書』。プラハ国立図書館の大学図書室部門所蔵。請求番号：XXIII C 124, fol. 5v。サイズ：123×209mm。撮影：国立図書館の大学図書室部門。〔文献〕15, 22, 88, 119, 128, 132。

011. 鋤返しと播種き：ミクラーシュ・シュート『暦書と占書』。トゥシェボニュ国立文書館所蔵。請求番号：C-N8-fasc. I-IV, 1540-1740。撮影：H・ホスピーシロヴァー。

012. 刈入れと羊番：『ヴェリスラフ聖書』。プラハ国立図書館の大学図書館部門所蔵。請求番号：XXIII C 124, fol. 6r。高さ：120mm。撮影：国立図書館の大学図書室部門。〔文献〕15, 22, 88, 119, 128, 132。

013. 種播き：『聖イジー女子修道院の聖務日課書』。プラハ国立図書館の大学図書館部門所蔵。請求番号：XIII C 1a, fol. 5r。サイズ：44mm。撮影：A・ポール。〔文献〕15, 132。

014. 種播き：『聖十字架修道会総長レフの聖務日課書』。プラハ国立図書館の大学図書館部門所蔵。請求番号：XVIII F 6, fol. 7v。サイズ：44×44mm。撮影：A・ポール。〔文献〕15, 128, 132。

015. 刈入れ：『聖イジー女子修道院の聖務日課書』。プラハ国立図書館の大学図書館部門所蔵。請求番号：XIII C 1a, fol. 4r。サイズ：44mm。撮影：A・ポール。〔文献〕15, 132。

016. 刈入れ：『聖十字架修道会総長レフの聖務日課書』。プラハ国立図書館の大学図書館部門所蔵。請求番号：XVIII F 6. fol. 4。サイズ：43×46mm。撮影：A・ポール。〔文献〕15, 128, 132。

017. 刈入れ：『オロモウツ聖書』。オロモウツの大学図書館所蔵。請求番号：III/I, vol. 1, fol. 114v。撮影：A・ポール。〔文献〕15, 106。

018. 落穂拾い：『クレメンティヌム聖書』。プラハ国立図書館の大学図書館部門所蔵。請求番号：XVII A 34, fol. 98v。高さ：52mm。撮影：A・ポール。〔文献〕22, 132。

019. 刈穂積み：『ヴェリスラフ聖書』。プラハ国立図書館の大学図書館部門所蔵。請求番号：XXIII C 124, fol. 43v。高さ：120mm。撮影：国立図書館の大学図書室部門。〔文献〕15, 22, 88, 119, 128, 132。

020. 収穫と運搬：『ドブジェンスキー・コレクション』。プラハのストラホフ図書室所蔵。fol. 380。撮影：国立図書館の大学図書館部門。

021. 刈入れ：『チェコ王ヴァーツラフ4世の聖書』。ウィーン国立図書館所蔵。vol. II. 請求番号：1760 fol. 152v。撮影：国立歴史遺産研究所。〔文献〕3, no. 83, 15, 50, pp. 78-80, 103, 118, 131。

022. 収穫中の休憩：『ヤン・ヴィレンベルクの暦』。プルゼニュ郷土博物館所蔵。目録番号：22167。サイズ：62×22mm。写真所蔵：亜鉛製版印刷、プラハ。〔文献〕77。

023. 脱穀：『聖十字架修道会総長レフの聖務日課書』。プラハ国立図書館の大学図書館部門所蔵。請求番号：XVIII F 6, fol. 6v。サイズ：44×47mm。撮影：A・ポール。〔文献〕15, 128, 132。

024. 脱穀：『聖イジー女子修道院の聖務日課書』。プラハ国立図書館の大学図書館部門所蔵。請求番号：XIII C 1a, fol. 4v。サイズ：45mm。撮影：A・ポール。〔文献〕15, 132。

025. 穀物の袋詰め：『チェコ王ヴァーツラフ4世の聖書』。ウィーン国立図書館所蔵。vol. II.

請求番号：Cod. 2759, fol. 130。撮影：プラハ国立歴史遺産研究所。［文献］3, no. 83, 15, 50, pp. 78-80, 103, 118, 131。

026. 干し草刈り：『ヤン・ヴィレンベルクの暦』。プルゼニュ郷土博物館所蔵。目録番号：č. 22167。サイズ：62×22mm。写真所蔵：A・ブラーハ。［文献］77。

027. 亜麻の砕茎と脱穀：『ヤン・ヴィレンベルクの暦』。プルゼニュ郷土博物館所蔵。目録番号：č. 22167。サイズ：62×22mm。写真所蔵：A・ブラーハ。［文献］77。

028. 果樹園の鋤返し：ピエトロ・ディ・クレッシェンツィ『農事論』。プラハ国立図書館の大学図書室部門所蔵。請求番号：VII C 8, fol. 76r。サイズ：65×61mm。撮影：A・ポール。［文献］13, 132。

029. 干し草刈り：『聖イジー女子修道院の聖務日課書』。プラハ国立図書館の大学図書館部門所蔵。請求番号：XIII C 1a, fol. 3v。サイズ：45mm。撮影：A・ポール。［文献］15, 132。

030. 果樹園の鋤返し：『聖イジー女子修道院の聖務日課書』。プラハ国立図書館の大学図書館部門所蔵。請求番号：XIII C 1a, fol. 2r。サイズ：44mm。撮影：A・ポール。［文献］15, 132。

031. ブドウ畑の鋤返し：『リトムニェジツェ聖歌集』。リトムニェジツェ地域博物館所蔵。fol.182。撮影：プラハ国立歴史遺産研究所。［文献］120。

032. ブドウ畑での作業：ルーラント・サーフェリー『ペトシーン丘から新市街を臨む光景』。写真所蔵：亜鉛製版印刷、プラハ。［文献］147。

033. ブドウ畑での作業三態：『ヴェリスラフ聖書』。プラハ国立図書館の大学図書館部門所蔵。請求番号：XXIII C 124, fol. 10v, fol. 137v。サイズ（上図）：117 × 209mm、高さ（下図）：120mm。撮影：国立図書館の大学図書館部門。［文献］15, 22, 88, 119, 128, 132。

034. ブドウの採取と運搬：『リトムニェジツェ聖歌集』。リトムニェジツェ地域博物館所蔵。fol. 182。撮影：プラハ国立歴史遺産研究所。

035. ブドウの圧搾：カルルシュテイン城大塔の壁画。撮影：プラハ国立歴史遺産研究所。［文献］27, 36, 69。

036. ブドウの圧搾：プラハのエマウス修道院回廊のフレスコ画。撮影：プラハ国立歴史遺産研究所。［文献］36, 71。

037. 接ぎ木：ピエトロ・ディ・クレッシェンツィ『農事論』。プラハ国立図書館の大学図書室部門所蔵。請求番号：VII C 8, fol. 11v。サイズ：65×60mm。撮影：A・ポール。［文献］13, 132。

038. リンゴの収穫：『チェコ王ヴァーツラフ4世の聖書』。ウィーン国立図書館所蔵。vol. I. 請求番号：Cod. 2759, fol. 119。撮影：プラハ国立歴史遺産研究所。［文献］3, no. 83; 15; 50, pp. 78-80; 103; 118; 131。

039. ブドウ畑の鋤返し：『聖イジー女子修道院の聖務日課書』。プラハ国立図書館の大学図書館部門所蔵。請求番号：XIII C 1a, fol. 2v。撮影：A・ポール。［文献］15, 132。

040. ブドウの収穫：『聖十字架修道会総長レフの聖務日課書』。1356年。プラハ国立図書館の大学図書館部門所蔵。請求番号：XVIII F 6, fol. 7。サイズ：44×45mm。撮影：A・ポール。［文献］15, 128, 132。

041. ブドウの収穫：『聖イジー女子修道院の聖務日課書』。プラハ国立図書館の大学図書館部門所蔵。請求番号：XIII C 1a, fol. 5v。サイズ：45mm。撮影：A・ポール。［文献］15, 132。

042. ブドウの収穫と圧搾：『ヤン・ヴィレンベルクの暦』。プルゼニュ郷土博物館所蔵。目録番号：č. 22167。サイズ：62×22mm。写真所蔵：A・ブラーハ。［文献］77。

043. ワインの口開け：『ワインの貯蔵と管理の書』。撮影：国立図書館の大学図書館部門。

044. 羊毛の刈取り：『チェコ王ヴァーツラフ4世の聖書』。ウィーン国立図書館所蔵。vol. I. 請求番号：Cod. 2759, fol. 39。撮影：プラハ国立歴史遺産研究所。［文献］3, no. 83; 15;

50, pp. 78-80; 103; 118; 131。

045. 羊番：『リトミシュル司教ヤン・ゼ・ストシェディの旅行用の書』。プラハ国立博物館の図書室所蔵。請求番号：XIII A 12, fol. 83v。サイズ：48×120mm。撮影：M・ヴェヴェルカ。〔文献〕15, 70, 75, 76, 126, 128。

046. 羊毛の刈取り：フス派『イェーナ冊子本』。プラハ国立博物館蔵。請求番号：IV B 24, fol. 3r。サイズ：62×22mm。撮影：プラハ国立歴史遺産研究所。〔文献〕21, 22。

047. 乳搾りとバターの攪拌：『ヤン・ヴィレンベルクの暦』。プルゼニュ郷土博物館所蔵。目録番号：22167。サイズ：62×22mm。写真所蔵：A・ブラーハ。〔文献〕77。

048. 乳搾りと牛乳の加工：ミクラーシュ・シュート『暦書と占書』。トゥシェボニュ国立文書館所蔵。請求番号：C-N8-fasc. I-IV, 1540-1740。撮影：H・ホスピーシロヴァー。

049. 羊の水やり：『チェコ王ヴァーツラフ４世の聖書』。ウィーン国立図書館所蔵。vol. I. 請求番号：Cod. 2759, fol. 30。サイズ：350×365mm。撮影：ウィーン国立図書館。〔文献〕3, no. 83; 15; 50, pp. 78-80; 103; 118; 131。

050. 漁労：『女子修道院長クンフタの殉教者受難物語』。プラハ国立図書館の大学図書館部門所蔵。請求番号：XIV A 17, fol. 15v。サイズ：75×110mm。撮影：A・ポール。〔文献〕15, 22, 128, 132。

051. 豚の屠殺：『ヤン・ヴィレンベルクの暦』。プルゼニュ郷土博物館所蔵。目録番号：22167。サイズ：62×22mm。撮影：A・ブラーハ。〔文献〕77。

052. 漁労：『人類救済の鏡』。ノヴァー・ジーシェの旧修道院図書館ファンド所蔵。請求番号：MS 24。撮影：プラハ国立歴史遺産研究所。

053. 糸紡ぎと鋤返し：『聖母マリアの典礼次第』。ニューヨークのモルガン・ライブラリー所蔵。請求番号：M. 739, fol. 9v。サイズ：273×197mm。撮影：ニューヨークのモルガン・ライブラリー。〔文献〕44。

054. 煮炊き：『聖ミハル教会の昇階誦』。プラハ国立図書館の大学図書室部門所蔵。請求番号：XI B 1a, fol. 85r。撮影：A・ポール。〔文献〕132。

055. 糸紡ぎ：『ヴェリスラフ聖書』。プラハ国立図書館の大学図書館部門所蔵。請求番号：XXIII C 124, fol. 5v。高さ：120mm。撮影：国立図書館の大学図書館部門。〔文献〕15, 22, 88, 119, 128, 132。

056. 洗濯：『チェコ王ヴァーツラフ４世の聖書』。ウィーン国立図書館所蔵。Vol. II. 請求番号：Cod. 2760, fol. 88。撮影：プラハ国立歴史遺産研究所。〔文献〕3, no. 83; 15; 50, pp. 78-80; 103; 118; 131。

057. 糸紡ぎと鋤返し：『チェスキー・クルムロフ宗教論集』。プラハ国立博物館の図書室所蔵。請求番号：III B 10, pag. 6 (3v)。サイズ：62×63mm。撮影：プラハ国立歴史遺産研究所。〔文献〕15。

第II章　職と商

058. 織布道具：『ロムニツェ昇階誦』。プラハ国立図書館の大学図書館部門所蔵。請求番号：XVII A 53a, fol. 335r。サイズ：57×50mm。撮影：A・ポール。〔文献〕132。

059. 亜麻布のローラー掛け：フェルディナンド１世の特許状。首都プラハ文書館所蔵。請求番号：II/55。

060. 杼：テルチ織工同業組合の印章。撮影：A・ブラーハ。

061. 杼と梳毛ブラシ：セゼミツェ織工同職組合の印章。プラハ国立図書館の文書室所蔵。目録番号：D 116。最大直径：42mm。撮影：A・ブラーハ。

062. 起毛：『ターボル羅紗起毛職人同職組合憲章』。ターボル地域文書館所蔵。請求番号：C II b/2。写真所蔵：亜鉛製版印刷、プラハ。

063. 起毛ブラシ：無名のラテン語典礼書。首都プラハ文書館所蔵。目録番号：D 1272, fol. 66。高さ：48mm。撮影：A・ポール。

064. 羅紗織道具：ヴォドゥニャニ羅紗織職人同職組合の印章。プラハ国立博物館の文書室所蔵。目録番号：D 102。最大直径：41mm。撮影：A・ブラーハ。

065. 裁ち鋏：チェコ王の仕立屋ペトルの印章。首都プラハ文書館所蔵。最大直径：28mm。撮影：P・ポール。［文献］116。

066. 靴の成形：スラヴィェチーン教区教会の壁画。撮影：L・バラン博士。［文献］120 (vol. II, p.101 ad.)。

067. 雄牛の屠殺：『チェコ王ヴァーツラフ 4 世の聖書』。ウィーン国立図書館所蔵。vol. II. 請求番号：Cod. 2760, fol. 39v。撮影：プラハ国立歴史遺産研究所。［文献］3, no. 83, 15, 50, pp. 78-80, 103, 118, 131。

068. 皮鞣し：『チェスキー・ブロト聖歌集』。プラハ国立図書館の大学図書館部門所蔵。請求番号：XVII B 20, fol. 386v。サイズ：90 × 180mm。撮影：A・ポール。［文献］132。

069. 雄牛の屠殺：『チェスキー・ブロト聖歌集』。プラハ国立図書館の大学図書館部門所蔵。請求番号：XVII B 20, fol. 279r。サイズ：120 × 290mm。撮影：A・ポール。［文献］132。

069†. 肉屋の紋章：『プラハ小地区の昇階誦』(1 巻)。プラハ国立図書館の大学図書館部門所蔵。請求番号：XVII A 3, fol. 424v。

070. 雄牛の屠殺：『プラハ小地区の昇階誦』(2 巻)。首都プラハ博物館所蔵。目録番号：R181, fol. 22v。撮影：A・ブラーハ。

071. モルト製造用の櫂板：『ロムニツェ昇階誦』。プラハ国立図書館の大学図書館部門所蔵。請求番号：XVII A 53b, fol. 78r。サイズ：57×50mm。撮影：A・ポール。［文献］132。

072. 製粉小屋：ルーラント・サーフェリー『プラハ、ヴルタヴァ川の水車小屋』。写真所蔵：亜鉛製版印刷、プラハ。［文献］147。

073. 粉挽き：カルルシュテイン城大塔の壁画。撮影：プラハ国立歴史遺産研究所。［文献］27, 36, 69。

074. パン焼きと計量：『チェコ王ヴァーツラフ 4 世の聖書』。ウィーン国立図書館所蔵。vol. I. 請求番号：Cod. 2759, fol. 128。撮影：プラハ国立歴史遺産研究所。［文献］3, no. 83, 15, 50, pp. 78-80, 103, 118, 131。

075. 小麦粉篩いと聖餅焼き：『ヴェリスラフ聖書』。プラハ国立図書館の大学図書館部門所蔵。請求番号:XXIII C 124, fol. 184r。高さ:120mm。撮影:国立図書館の大学図書館部門。［文献］15, 22, 88, 119, 128, 132。

076. 鍛冶：『チェコ王ヴァーツラフ 4 世の聖書』。ウィーン国立図書館所蔵。vol. I. 請求番号：Cod. 1760, fol. 146。撮影：プラハ国立歴史遺産研究所。［文献］3, no. 83, 15, 50, pp. 78-80, 103, 118, 131。

077. 鍛冶：『チェスキー・クルムロフ宗教論集』。プラハ国立博物館の図書室所蔵。請求番号：III B 10, pag. 53 (fol. 27r)。サイズ：63×63mm。撮影：M・ヴェヴェルカ。［文献］15。

078. 鍛冶：『ヴェリスラフ聖書』。プラハ国立図書館の大学図書館部門所蔵。請求番号：XXIII C 124, fol. 7v。高さ：120mm。撮影：国立図書館の大学図書館部門。［文献］15, 22, 88, 119, 128, 132。

079. 鍛冶：『チェコ王ヴァーツラフ 4 世の聖書』。ウィーン国立図書館所蔵。vol. III. 請求番号: Cod. 2761, fol. 62v。撮影：プラハ国立歴史遺産研究所。［文献］3, no. 83, 15, 50, pp. 78-80, 103, 118, 131。

080. 蹄鉄工の道具:『ロムニツェ昇階誦』。プラハ国立図書館の大学図書館部門所蔵。請求番号: XVII A 53b, fol. 233r。サイズ：70 × 65mm。撮影：A・ポール。［文献］132。

081. 鉋掛け：スラヴィェチーン教区教会の壁画。撮影：L・バラン博士。［文献］120 (vol. II,

p. 71 ad.)。
082. 樽作り道具：フラデツ・クラーロヴェー樽職人同職組合の印章。プラハ国立博物館の文書室所蔵。目録番号：D 108。最大直径：30mm。撮影：A・ブラーハ。
083. 大工道具：プラハ大工同職組合の櫃。首都プラハ博物館所蔵。目録番号:D 956。撮影:A・ブラーハ。［文献］48。
084. 大工道具：プラハ大工同職組合の櫃。首都プラハ博物館所蔵。目録番号：D 957。高さ：260×130mm。撮影：A・ブラーハ。［文献］48。
085. 建設現場：『チェコ王ヴァーツラフ4世の聖書』。ウィーン国立図書館所蔵。vol. I. 請求番号：Cod. 2760, fol. 82r。サイズ：350×365mm。撮影：M・ヴェヴェルカ。［文献］3, no. 83, 15, 50, pp. 78-80, 103, 118, 131。
086. 塔の建設：『チェコ王ヴァーツラフ4世の聖書』。ウィーン国立図書館所蔵。vol. I. 請求番号：Cod. 2759, fol. 10v。サイズ：350×365mm。撮影：プラハ国立歴史遺産研究所。［文献］3, no. 83, 15, 50, pp. 78-80, 103, 118, 131。
087. 製材：『チェコ王ヴァーツラフ4世の聖書』。ウィーン国立図書館所蔵。vol. III. 請求番号：Cod. 2760, fol. 156。撮影：プラハ国立歴史遺産研究所。［文献］3, no. 83, 15, 50, pp. 78-80, 103, 118, 131。
088. 製材：『聖母マリアの典礼次第』。ニューヨークのモルガン・ライブラリー所蔵。請求番号：M 739, fol. 10r。撮影：A・ブラーハ。［文献］44。
089. 起重機と足踏み車：『リトムニェジツェ聖書』。vol. I. リトムニェジツェ国立文書館所蔵。fol. 114。撮影：M・ヴェヴェルカ。［文献］15。
090. 建設現場：『チェスキー・クルムロフ宗教論集』。プラハ国立博物館の図書室所蔵。請求番号：III B 10, pag. 76 (fol. 38v)。サイズ：62×64mm。撮影：M・ヴェヴェルカ。［文献］15。
091. 起重機：カルルシュテイン城大塔の壁画。撮影：プラハ国立歴史遺産研究所。［文献］27, 36, 69。
092. 吊り足場：カルルシュテイン城大塔の壁画。撮影：プラハ国立歴史遺産研究所。［文献］27, 36, 69。
093. 建設現場の危険：『ロプコヴィツェ聖歌集』。プラハ国立図書館の大学図書館部門所蔵。請求番号：XXIII A I, fol. 199v。サイズ：300 × 85mm。撮影：A・ポール。［文献］57, 132。
094. 足場作り：テルチ15番地、市民の邸宅のファサード。撮影：プラハ国立歴史遺産研究所。
095. 屋根葺き：『チェコ王ヴァーツラフ4世の聖書』。ウィーン国立図書館所蔵。vol. III. 請求番号：Cod. 2761, fol. 26v。撮影：プラハ国立歴史遺産研究所。［文献］3, no. 83, 15, 50, pp. 78-80, 103, 118, 131。
096. 屋根葺き道具：プラハ新市街の屋根葺き職人同職組合の印章。プラハ国立博物館の文書室所蔵。目録番号：D 96。最大直径：40mm。撮影：A・ブラーハ。
097. 陶工：プラハの陶工と暖炉職人の看板盾。首都プラハ博物館。目録番号:34262。撮影:A・ポール。［文献］81。
098. 陶工と鋳物師：リフニツェ城の化粧レンガ。チャースラフ地域博物館所蔵。フリチョフ・コレクション。サイズ：220×215mm。撮影：チェコスロヴァキア科学アカデミー考古学研究所。［文献］123。
099. 陶工：『ロムニツェ昇階誦』。プラハ国立図書館の大学図書館部門所蔵。請求番号：XVII A 53a, fol. 443r。撮影：A・ポール。［文献］132。
100. 刀の研磨：『チェスキー・ブロト聖歌集』。プラハ国立図書館の大学図書館部門所蔵。請求番号：XVII B 20, fol. 506r。サイズ：120×220mm。撮影：A・ポール。［文献］132。
101. 金細工師：モスト金細工師同職組合の印章。プラハ国立博物館の文書室所蔵。目録番号：D 29。最大直径：43mm。撮影：A・ブラーハ。

102. 石鹼のカット：プラハ石鹼製造業者同職組合の印章。首都プラハ文書館。目録番号：III/20。最大直径：34mm。撮影：A・ブラーハ。

103. 石鹼のカット：プラハ新市街のニシン貯蔵庫の記念簿。首都プラハ文書館。pag. 72。紋章の楕円の最長部分 :60mm。撮影：P・ポール。

104. 理髪道具：『プラハ小地区の昇階誦』（1 巻）。プラハ国立図書館の大学図書館部門所蔵。請求番号：XVII A 3, fol. 377r。紋章の高さ：75mm。撮影：A・ポール。〔文献〕54, 132。

105. ガラス窓の製作：チェスキー・クルムロフ 17 番地、市民の邸宅の壁画。撮影：Z・フェイファル。

106. 蒸留：ヤン・チェルニー『医学書』。プラハ国立図書館の大学図書館部門所蔵。印刷物。請求番号：54 A 62。サイズ：129×110mm。撮影：国立図書館の大学図書室部門。

107. 蒸留器：『チェスキー・ブロト聖歌集』。プラハ国立図書館の大学図書館部門所蔵。請求番号：XVII B 20, fol. 148v。サイズ：90×100mm。撮影：A・ポール。〔文献〕132。

108. 計量器：ジャコモ・デ・チェッソレ『生ける者の慣習と職務』。プラハ聖ヴィート大聖堂参事会図書室所蔵。請求番号：G 24, fol. 124v。サイズ：57×45mm。撮影：プラハ国立歴史遺産研究所。〔文献〕22, 108。

109. 倉庫での計量：無名のラテン語典礼書。首都プラハ博物館。目録番号：D 1272, fol. 120。サイズ：80×185mm。撮影：P・ポール。

110. 計量器：スラヴィェチーン教区教会の壁画。撮影：L・バラン博士。〔文献〕120 (vol. II, p. 71 ad.)。

111. 渡し守：プラハ新市街のニシン貯蔵庫の記念簿。首都プラハ文書館。pag. 69。サイズ：132 ×108mm。撮影：P・ポール。

112. 荷の積替え：プラハ新市街のニシン貯蔵庫の記念簿。首都プラハ文書館。pag. 81。サイズ：180×100mm。撮影：P・ポール。

113. 御者：『女子修道院長アネシュカの聖務日課書』。プラハ国立図書館の大学図書館部門所蔵。請求番号：XIII E 14e, fol. 335v。撮影：国立歴史遺産研究所。〔文献〕15, 132。

114. 幌馬車：『ジュルチツェ聖歌集』。ジュルチツェ市立博物館所蔵。fol. 215r。撮影：プラハ国立歴史遺産研究所。〔文献〕54。

115. 鉱石の運搬：スロヴァキアのロジュニャヴァ教会の『聖アンナと聖母子像』。撮影：A・ポール。〔文献〕29。

116. 荷馬車：プラハ新市街のニシン貯蔵庫の記念簿。首都プラハ文書館。pag. 70。サイズ：350 ×195mm。撮影：P・ポール。

117. 幌馬車の御者：『ロムニツェ昇階誦』。プラハ国立図書館の大学図書館部門所蔵。請求番号：XVII A 53a, fol. 443r。撮影：プラハ国立歴史遺産研究所。〔文献〕132。

118. 客馬車：チェコ王国御者同職組合の印章。首都プラハ博物館。目録番号：III/22。撮影：A・ブラーハ。

119. 荷馬車：プラハ荷馬車御者同職組合の印章。首都プラハ博物館。目録番号：III/139。最大直径：48mm。撮影：A・ブラーハ。

120. 橇での運搬：『挿絵の書』。ウィーン国立図書館所蔵。請求番号：Cod. 370, fol. 41v。撮影：A・ブラーハ。〔文献〕22, 87。

121. 荷運び：『聖母マリアの典礼次第』。ニューヨークのモルガン・ライブラリー所蔵。請求番号：M 739, fol. 11v。撮影：A・ブラーハ。〔文献〕44。

122. 荷運び：『ヴェリスラフ聖書』。プラハ国立図書館の大学図書館部門所蔵。請求番号：XXIII C 124, fol. 138v。撮影：国立図書館の大学図書館部門。〔文献〕15, 22, 88, 119, 128, 132。

123. 荷運び：『聖母マリアの典礼次第』。ニューヨークのモルガン・ライブラリー所蔵。請求番号：M 739, fol. 15r。撮影：A・ブラーハ。〔文献〕44。

第Ⅲ章　学と芸

124. 写本の制作：『オロモウツ定時課祈禱書』。ストックホルム王立図書館所蔵。請求番号：Cod. MS Theol. 114。撮影：プラハ国立歴史遺産研究所。〔文献〕8, 30, 110。
125. 写本工房：アウグスティヌス『神の国』。プラハ聖ヴィート大聖堂参事会図書室所蔵。請求番号：A 21/I, fol. 153v。写真所蔵：亜鉛製版印刷、プラハ。〔文献〕8, 30, 110。
126. 写本の制作：『ボスコヴィツェ聖書』。オロモウツ大学図書館所蔵。請求番号：M III 3, fol. 503r。サイズ：110×140mm。撮影：A・ポール。〔文献〕22, 23, 106。
127. 読書する学識者：『オパヴァのヤンの彩飾福音書』。ウィーン国立図書館所蔵。請求番号：Cod. 1182。撮影：ウィーン国立図書館。〔文献〕3 (no. 80), 15, 50 (pp. 74-76), 101, 131。ファクシミリ版を Trenkler が出版している。ウィーン、1948 年。
128. 授業する学士：『立ち昇る曙』。プラハ国立図書館の大学図書館部門所蔵。請求番号：R VI Fd 26, pag. 7。サイズ：63×73mm。撮影：M・ヴェヴェルカ。
129. 看板用の盾：プラハ画家兄弟団の印章。プラハ国立博物館の文書館所蔵。目録番号：D 92。最大直径：37mm。撮影：A・ブラーハ。
130. 羊皮紙製造道具：プラハ羊皮紙職人同職組合の印章。プラハ国立博物館の文書館所蔵。目録番号：D 39。最大直径：37mm。撮影：A・ブラーハ。
131. 薬の販売：ジャコモ・デ・チェッソレ『生ける者の慣習と職務』。プラハ聖ヴィート大聖堂参事会図書室所蔵。請求番号：G 42, fol. 126v。サイズ：50×49mm。撮影：プラハ国立歴史遺産研究所。〔文献〕22, 108。
132. 診断する薬屋：『オパヴァのヤンの彩飾福音書』。ウィーン国立図書館所蔵。請求番号：Cod. 1182。撮影：ウィーン国立図書館。〔文献〕3 (no. 80), 15, 50 (pp. 74-76), 101, 131。ファクシミリ版を Trenkler が出版している。ウィーン、1948 年。
133. 制作中の画家：『オパヴァのヤンの彩飾福音書』。ウィーン国立図書館所蔵。請求番号：Cod. 1182。撮影：ウィーン国立図書館。〔文献〕3 (no. 80), 15, 50 (pp. 74-76), 101, 131。ファクシミリ版を Trenkler が出版している。ウィーン、1948 年。
134. 印刷工房：エラスムス『キリスト教の騎士』。プラハ国立博物館の文書館所蔵。目録番号：25 D 18。サイズ：95×68mm。撮影：A・ブラーハ。
135. 印刷道具：印刷工オルジフ・ヴェレンスキーの紋章。プラハ国立博物館の文書館所蔵。目録番号：25 C 7。撮影：A・ブラーハ。
136. 天体観測：『チェコ王ヴァーツラフ 4 世の占星術書』。ミュンヘンのバイエルン州立図書館所蔵。請求番号：Clm 826, fol. 8。撮影：A・ブラーハ。〔文献〕67。
137. 天体観測：『チェコ王ヴァーツラフ 4 世の占星術書』。ウィーン国立図書館所蔵。請求番号：lat. 2352。撮影：A・ブラーハ。〔文献〕67。
138. 製本機：『ロムニツェ昇階誦』。プラハ国立図書館の大学図書館部門所蔵。請求番号：XVII A 53b, fol. 186r。サイズ：145×160mm。撮影：A・ポール。〔文献〕132。

第Ⅳ章　鉱と工

139. 鉱山と鉱石市場：『クトナー・ホラ昇階誦』扉絵。ウィーン国立図書館所蔵。請求番号：Cod. 15501。サイズ：690×450。写真所蔵：V・フサ教授。〔文献〕34, 38 (no. 122), 43, 57, 140。
140. 採掘：『クトナー・ホラ昇階誦』。ウィーン国立図書館所蔵。請求番号：Cod. 15501。写真所蔵：V・フサ教授。〔文献〕34, 38 (no. 122), 43, 57, 140。
141. 採掘道具：ニェメツキー（ハヴリーチクーフ）・ブロト市の印章。1281 年。ハヴリーチクーフ・ブロト地域文書館所蔵。請求番号：I 2/III 1/78。直径：65mm。撮影：A・ブラーハ。〔文献〕137。

142. 製錬工の道具：紋章。クトナー・ホラの城館の要石。1490年頃。撮影 Vl・フィマン。［文献］89。

143. 鉱石の運搬：『クトナー・ホラ昇階誦』。ウィーン国立図書館所蔵。請求番号：Cod. 15501。部分。写真所蔵：V・フサ教授。［文献］34, 38 (no. 122), 43, 57, 140。

144. 鉱石の粉砕：『クトナー・ホラ昇階誦』。ウィーン国立図書館所蔵。請求番号：Cod. 15501。部分。写真所蔵：V・フサ教授。［文献］34, 38 (no. 122), 43, 57, 140。

145. 鉱山道具：紋章。クトナー・ホラの城館の要石。1490年頃。撮影：Vl・フィマン。［文献］89。

146. 採掘道具：クトナー・ホラ都市代官および参審人の印章。1300年頃。1308年3月16日付の特許状に添付。トゥシェボニュ国立文書館セドレツ・ファンド所蔵。No. 11. 直径：48mm。撮影：クトナー・ホラ写真。［文献］95。

147. 銀の採掘：『クトナー・ホラ聖歌集』扉絵。プラハ国立図書館の大学図書館部門所蔵。請求番号：XXIII A 2, fol. 1r。撮影：A・ポール。［文献］54, 132。

148. 鉱山風景：無名の聖歌集。H・ヴィンケルマンの再版。*Der Bergbau in der Kunst*, Essen 1955（現在はクトナー・ホラ、ボヘミア中部ギャラリー所蔵）。［文献］140。

149. 巻上げ師：クトナー・ホラ巻上げ師同職組合の憲章の印章。クトナー・ホラ地域文書館、鉱山部門所蔵。写真所蔵：V・フサ教授。

150. 採掘：ロジュニャヴァ教会『聖アンナと聖母子像』。撮影：A・ポール。［文献］29。

151. 鉱石の巻上げと運搬：『クトナー・ホラ昇階誦』。ウィーン国立図書館所蔵。請求番号：Cod. 15501。写真所蔵：V・フサ教授。［文献］34, 38 (no. 122), 43, 57, 140。

152. 鉱石の巻上げ：『クトナー・ホラ昇階誦』。ウィーン国立図書館所蔵。請求番号：Cod. 15501。写真所蔵：V・フサ教授。［文献］34, 38 (no. 122), 43, 57, 140。

153. 巻上げ機：ロジュニャヴァ教会『聖アンナと聖母子像』。撮影：L・ボロダーチ。［文献］29。

154. 銀山全景：コンツ・ヴェルツ制作コップ台座。ウィーン国立図書館所蔵、アルベルティーナ・コレクション。請求番号：D 354。撮影：ウィーン国立図書館。

155. 鉱石の分配：『クトナー・ホラ昇階誦』。1490年代。ウィーン国立図書館所蔵。請求番号：Cod. 15501。部分。写真所蔵：V・フサ教授。［文献］34, 38 (no. 122), 43, 57, 140。

156. 大型巻上げ装置と選鉱：『クトナー・ホラ昇階誦』。ウィーン国立図書館所蔵。請求番号：Cod. 15501。写真所蔵：V・フサ教授。［文献］34, 38 (no. 122), 43, 57, 140。

157. 巻上げ：クトナー・ホラの聖バルボラ大聖堂の巻上げ師礼拝堂壁画。撮影：Vl・フィマン。［文献］89。

158. 鉱石の売買：『クトナー・ホラ昇階誦』。ウィーン国立図書館所蔵。請求番号：Cod. 15501。写真所蔵：V・フサ教授。［文献］34, 38 (no. 122), 43, 57, 140。

159. 正装の鉱夫と鉱山風景：『クトナー・ホラ鉱山法』挿絵。1525年。プラハ国立博物館の図書室所蔵。請求番号：I F 34。扉絵。サイズ：200×160mm。撮影：M・ヴェヴェルカ。

160. 製錬所：ジロヴニツェ城の「緑の間」の壁画。撮影：J・ホルキー。［文献］68。

161. 鉱石の洗浄：ラザルス・エルカー『鉱石と鉱山について』。プラハ国立図書館の大学図書館部門所蔵。撮影：国立図書館の大学図書館部門。

162. 製錬工の道具：『スミーシュコフスキー聖歌集』。ウィーン国立図書館所蔵。請求番号：Cod. 15492 (series nova 2657), pag. 655。写真所蔵 :V・フサ教授。［文献］34, 38 (no. 122), 43, 57, 140。

163. 鉱山風景：ロジュニャヴァ教会『聖アンナと聖母子像』。サイズ：1700×1250mm。撮影：A・ポール。［文献］29。

164. 巻上げ機の建造：ロジュニャヴァ教会『聖アンナと聖母子像』。撮影：A・ポール。［文献］29。

165. 銀鉱石の洗鉱と製錬：無名聖歌集。H・ヴィンケルマンの再版。*Der Bergbau in der Kunst*, Essen 1955（現在はクトナー・ホラ、ボヘミア中部ギャラリー所蔵）。［文献］140。

166. 銀の熔解：ラザルス・エルカーの無名技術書。プラハ国立中央文書館所蔵。写本番号：3053。撮影：プラハ国立中央文書館。

167. 鉱石の製錬：ロジュニャヴァ教会『聖アンナと聖母子像』。撮影：A・ポール。［文献］29。

168. 鉱山での運搬：ロジュニャヴァ教会『聖アンナと聖母子像』。撮影：A・ポール。［文献］29。

169. 銅の焙焼：ラザルス・エルカー『鉱石と鉱山について』。プラハ国立図書館の大学図書館部門所蔵。撮影：国立図書館の大学図書館部門。

170. 試金：ラザルス・エルカー『鉱石と鉱山について』。プラハ国立図書館の大学図書館部門所蔵。撮影：国立図書館の大学図書館部門。

171. 銀の燃焼：ラザルス・エルカー『鉱石と鉱山について』。プラハ国立図書館の大学図書館部門所蔵。撮影：国立図書館の大学図書館部門。

172. 銅の粒状化：ラザルス・エルカー『鉱石と鉱山について』。プラハ国立図書館の大学図書館部門所蔵。撮影：国立図書館の大学図書館部門。

173. 木材の伐り出し：クルコノシェ山地の着色地図の断片。ヴロツラフ芸術産業・古美術博物館の原本は第二次世界大戦により焼失。写真所蔵：プラハ国立歴史遺産研究所。

174. 炭焼き：パルドゥビツェ市民の邸宅のレリーフ（現在、クニェチツカー・ホラ城へ移管）。撮影：プラハ国立歴史遺産研究所。

175. 炭焼き：ドブロヴィートフ炭焼き同職組合の印章。プラハ国立博物館の文書館、アイフラー・コレクション。旧チャースラフ州の印章の押し跡。写真所蔵：V・フサ教授。

176. 貨幣鋳造道具：クトナー・ホラの貨幣鋳造師の印章。ドレスデンのザクセン州都文書館所蔵。印章番号：3376。撮影：ドレスデン、ザクセン州都文書館所蔵。

177. 貨幣の打刻：クトナー・ホラの聖バルボラ大聖堂南側廊の壁画。1463年。部分。撮影：プラハ国立歴史遺産研究所。［文献］89。

178. 未刻片の展伸：クトナー・ホラの聖バルボラ大聖堂南側廊の壁画。撮影：プラハ国立歴史遺産研究所。［文献］89。

179. 貨幣の打刻：クトナー・ホラ貨幣鋳造師同職組合の印章。ドレスデンのザクセン州都文書館所蔵。印章番号：3376。撮影：ドレスデン、ザクセン州都文書館。

180. 未刻片の展伸：『スミーシュコフスキー聖歌集』。1490-91年。ウィーン国立図書館所蔵。請求番号：15492 (series nova 2657), pag. 600。写真所蔵：V・フサ教授。［文献］34, 38 (no. 122), 43, 57, 140。

181. 貨幣の打刻：クトナー・ホラ貨幣鋳造師同職組合の印章。1646年。プラハ国立博物館の図書室所蔵。目録番号：D 73。直径36mm。撮影：A・ブラーハ。［文献］79。

182. 未刻片の展伸：クトナー・ホラ貨幣鋳造師同職組合の印章。1656年。プラハ国立博物館の図書室所蔵。目録番号：D 72。直径44mm。撮影：A・ブラーハ。［文献］79。

183. ガラス研磨機：カレル・シュクレータ『ディオニシオ・ミセロニと家族』。1653年。プラハ国立ギャラリー所蔵。写真所蔵：亜鉛製版印刷、プラハ。

184. ガラス器製造：『ジョン・マンデヴィル旅行記』チェコ語写本。1420年頃。ロンドン、ブリティッシュ・ミュージアム所蔵。補遺番号：MS 24189, fol. 16。撮影：A・ブラーハ。［文献］102。

▒本文挿図一覧

序章

［1］ 屋根板作り：ピエトロ・ディ・クレッシェンツィ『農事論』。1400年頃。
プラハ国立図書館の大学図書館部門所蔵。請求番号：VII C 8, fol. 168v。撮影：国立歴史遺産研究所。［文献］13, 15, 132。

[2] 屋根葺き：同上
プラハ国立図書館の大学図書館部門所蔵。請求番号：VII C 8, fol. 176r。撮影：国立歴史遺産研究所。

[3] 小舟に乗った漁師：『聖母マリアの典礼次第』。1200-30 年。
ニューヨークのモルガン・ライブラリー所蔵。請求番号：M 739, fol. 15r。撮影：A・ブラーハ。［文献］44。

[4] 荷物を運ぶ人：『リトミシュル司教ヤン・ゼ・ストシェディの旅行用の書』（図 045）。1360-64 年。
プラハ国立博物館の図書室所蔵。請求番号：XIII A 12, fol. 209r。高さ 43mm。撮影：A・ブラーハ。［文献］70, 75, 76, 126, 128。

[5] 羅紗織職人の起毛ブラシ：プラハ旧市街小広場 144 番地の市民邸宅の要石。15 世紀後半。撮影：A・ブラーハ。

[6] 羊の群れをつれた牧人：『ボスコヴィツェ聖書』。1420 年頃。
オロモウツ大学図書館所蔵。請求番号：III/3, fol. 426r。撮影：国立歴史遺産研究所。

[7] 庭師キリスト：『トゥシェベニツェ聖歌集』。1575-78 年。
トゥシェベニツェ地域博物館。写真所蔵：J・ペトラーニュ。

[8] キリストの神秘的な圧搾機：『聖ヴィート大聖堂ミサ典礼書』。14 世紀後半。
プラハ国立博物館の図書室所蔵。請求番号：XVI A 17, fol. 109r。サイズ：76×71mm。撮影：A・ブラーハ。

[9] ブドウを摘むワイン醸造人：『言葉の母』。13 世紀後半。
プラハ国立博物館の図書室所蔵。請求番号：X A 11 pag. 379 (191r)。サイズ：131×74mm。撮影：A・ブラーハ。

[10] 庭師キリスト：『司祭ハヴェル・ゼ・スチェジェルの交誦集』。16 世紀後半。
プラハ国立博物館の図書室所蔵。請求番号：IV A 17。撮影：A・ブラーハ。

[11] 建築現場：『チェコ王ヴァーツラフ 4 世の聖書』。1389-1400 年。
ウィーン国立図書館。vol. II. 請求番号：Cod. 2759, fol. 130。断片。撮影：国立歴史遺産研究所。［文献］3, no. 83, 15, 50, pp. 78-80, 103, 118, 131。

[12]†楽園のアダムとイヴ（右）と皮の衣を着て楽園を追われる二人：『チェスキー・クルムロフ宗教論集』。1420 年。
プラハ国立博物館の図書室所蔵。請求番号：III B 10, pag. 5 (3r)。

[13] キリストの神秘的な圧搾機：『クトナー・ホラ聖歌集』。1471 年。
プラハ国立図書館の大学図書館部門所蔵。請求番号：XXIII A 2, fol. 141v。撮影：A・ポール。［文献］132。

[14] 屋根葺き：『チェコ王ヴァーツラフ 4 世の聖書』。1389-1400 年。
ウィーン国立図書館所蔵。Vol. II. 請求番号：Cod. 2759, fol. 130。部分。撮影：国立歴史遺産研究所。［文献］3, no. 83, 15, 50, pp. 78-80, 103, 118, 131。

[15]†恋人：『聖イジー女子修道院の聖務日課書』（5 月の表象）。1400 年頃。
プラハ国立図書館の大学図書館部門所蔵。請求番号：XIII C 1a, fol. 3r。

[16]†たき火で暖をとる女性：『聖イジー女子修道院の聖務日課書』（2 月の表象）。1400 年頃。
プラハ国立図書館の大学図書館部門所蔵。請求番号：XIII C 1a, fol. 1v。

[17] 裁ち鋏と起毛ブラシ：プラハチツェ織工同職組合の印章。1650 年。
プラハ市立文書館所蔵。撮影：A・ブラーハ。

[18] 屋根葺き：『クレメンティヌム聖書』。1440 年頃。
プラハ国立図書館の大学図書館部門所蔵。請求番号：XVII A 34, fol. 180v。撮影：A・ポール。

［19］織工同職組合の長老：『ロムニツェ昇階誦』。1578-82 年。
プラハ国立図書館の大学図書館部門所蔵。請求番号：XVII A 53a, fol. 335r。撮影：A・ポール。
［20］雄牛を屠殺する肉屋：『ジュルチツェ聖歌集』。1557-58 年。
ジュルチツェ市立博物館所蔵。請求番号：TR I 27, fol. 184v。撮影：国立歴史遺産研究所。
［21］銅の粒状化：ラザルス・エルカーの無名技術書。1569 年。
プラハ国立中央文書館所蔵。写本コレクション。請求番号：3053。撮影：プラハ国立中央文書館。
［22］. 大砲：コンラート・キーザー『軍備論』。15 世紀初頭。
ゲッティンゲン大学図書館所蔵。請求番号：Cod. Ms. Philos. 63。撮影：A・ブラーハ。
［23］船：同上。撮影 :A・ブラーハ。
［24］† 建築現場の職人たち：『ヴェリスラフ聖書』。1340 年頃。
プラハ国立図書館の大学図書館部門所蔵。請求番号：XXIII C 124, fol. 6v。
［25］羅紗織職人：『フラヌス聖歌集』、1505 年。
フラデツ・クラーロヴェー博物館所蔵。請求番号：B 1, fol. 1v。撮影：V・マーカ。
［26］巻上げ師：『ダチツキー・ズ・ヘスロヴァ家の鉱山法集成』。1520 年代。
請求番号：I F 34。サイズ：23 × 26mm。撮影：A・ブラーハ。
［27］ビール醸造用の櫂板：プラハ旧市街の聖ハシュタル教会側廊の要石。14 世紀前半。
撮影：A・ブラーハ。
［28］採掘師：モラヴィア絵画。15 世紀前半。
ブルノのモラヴィア・ギャラリー所蔵。撮影：亜鉛製版印刷、プラハ。
［29］鉱山作業の象徴：ピーセクの墓石。15 世紀初頭。写真所蔵：V・フサ。

第 I 章　農と牧

［1］ 犂：G・ホーヘンロイターの代用貨幣（ヤーヒモフ）。1573-78 年。
プラハ国立博物館の貨幣部門所蔵。撮影：A・ブラーハ。
［2］ シャベルを打ち込む男：『ヴェリスラフ聖書』。1340 年頃。
プラハ国立図書館の大学図書館部門所蔵。請求番号：XXIII C 124, fol. 27r。撮影：プラハ大学図書館。［文献］22, 132。
［3］ 種播く人：同上
fol. 25v。撮影：プラハ大学図書館。
［4］ 穀物保存用櫃：同上
fol. 44r。撮影：プラハ大学図書館。
［5］ 穀物の計量と袋詰め：『カール 4 世の金印勅書』。14 世紀末。
ウィーン国立図書館所蔵。請求番号：Cod. 338, fol. 39v。断片。撮影：国立歴史遺産研究所。
［6］ ブドウ栽培：『ブドウ園はいかなる位置にあるべきか』。1563 年。
プラハ国立博物館の図書室所蔵。請求番号：27 G 20。撮影：A・ブラーハ。
［7］ ブドウ剪定刀：ネスロヴィツェの印章。1644 年。
プラハ国立博物館の文書室所蔵。撮影：A・ブラーハ。
［8］ ホップ：クラトヴィの印章。1583 年。最大直径 24mm。
［9］ 豚の屠殺：『聖イジー女子修道院の聖務日課書』（12 月の表象）。1400 年頃。
プラハ国立図書館の大学図書館部門所蔵。請求番号：XIII C 1a, fol. 6v。撮影：A・ポール。［文献］15, 132。
［10］羊毛の刈取り：『ヤン・ヴィレンベルクの暦』（6 月の表象）。1604 年。

プルゼニュ博物館。目録番号：22167。サイズ：62 × 22mm。撮影：A・ブラーハ。〔文献〕77。

〔11〕牧人：ズノイモの聖カテジナ礼拝堂の壁画。1134 年。
撮影：A・ポール。〔文献〕15, 86。

〔12〕蜜蜂の巣箱：ヤン・チェルニー『医学書』。1517 年。
プラハ国立図書館の大学図書館部門所蔵。請求番号：54 A 62, fol. 124. 撮影：プラハ大学図書館。

〔13〕狩り：ピエトロ・ディ・クレッシェンツィ『農事論』。1400 年頃。
プラハ国立図書館の大学図書館部門所蔵。請求番号：VII C 8, fol. 154v。撮影：国立歴史遺産研究所。

第 II 章　職と商

〔1〕職人紋章：スラニーのヴェルヴァリ門。1460 年。撮影：A・ブラーハ。

〔2〕杼と櫛：『プラハ小地区の昇階誦』。1572 年。
プラハ国立図書館の大学図書館部門所蔵。請求番号：XVII A 3, fol. 249r。撮影：A・ポール。〔文献〕132。

〔3〕羅紗織職人の紋章：『フラヌス聖歌集』。1505 年。
フラデツ・クラーロヴェー博物館所蔵。請求番号：B 1。撮影：V・マーカ。

〔4〕羅紗織道具：リベレツ羅紗織職人同職組合の水差し。1631 年。
リベレツ北ボヘミア博物館所蔵。撮影：J・カビーチェク。

〔5〕紋章の帽子 3 種：『十字架昇階誦』。1573 年。
プラハ国立図書館、大学図書館部門所蔵。請求番号：fol. C 11。〔訳註：他の文献によれば、この昇階誦の請求番号は 1 巻が XVIII A 7, 2 巻が XVIII A 6 である。フォリオ番号は未確認。〕撮影：A・ポール。

〔6〕ストッキング作りの道具：クトナー・ホラのストッキング職人同職組合の印章。1626 年。
プラハ国立博物館、歴史・考古部門所蔵。撮影：A・ブラーハ。

〔7〕水車：インジフ・ヒズルレ・ズ・ホドヴァ『旅行記』。1612 年。
プラハ国立博物館の図書室所蔵。請求番号：VI A 12, pag. 110。写真所蔵：J・ペトラーニュ。

〔8〕水車：コンラート・キーザー『軍備論』。15 世紀初頭。
ゲッティンゲン大学図書館所蔵。Cod. Ms. Philos. 63。撮影：A・ブラーハ。

〔9〕水車：『プラハ小地区の昇階誦』。1572 年。
プラハ国立図書館、大学図書館部門所蔵。請求番号：XVII A 3, fol. 295r。撮影：プラハ・カレル大学。〔文献〕132。

〔10〕†パン屋の紋章：『ロムニツェ昇階誦』。1578-82 年。
プラハ国立図書館の大学図書館部門所蔵。請求番号：XVII A 53b, fol. 112r。

〔11〕プラハの風車：ミハル・ペテルレ『ボヘミアの首都プラハ』。1562 年。
ヴロツワフ市立図書館所蔵。撮影：亜鉛製版印刷。〔文献〕147。

〔12〕ビール醸造用の櫂板：スシツェのビール醸造人の印章。1614 年。
首都プラハ文書館所蔵。撮影：A・ブラーハ。

〔13〕蹄鉄、ペンチ、鉄床：グラスの装飾画。1580 年。
首都プラハ博物館のプラハ鍛冶屋のグラス。目録番号：13256。撮影：A・ポール。

〔14〕鍛冶屋：『聖教父伝』。1516 年。
プラハ国立図書館、大学図書館部門所蔵。請求番号：XVII A 2, fol. 23r。撮影：プラハ・カレル大学。〔文献〕132。

［15］蹄鉄と車輪：『プラハ小地区の昇階誦』。1572 年。
プラハ国立図書館、大学図書館部門所蔵。請求番号：XVII A 3, fol. 417r。撮影：A・ポール。［文献］132。

［16］車大工：スラヴィェチーン教区教会の壁画。14 世紀後半。
撮影：L・バラン博士。［文献］83, 120 (vol. I, p. 71 ad.)。

［17］大砲用の穿孔機：ヴァヴシネツ・クシチカ・ズ・ビーティーシュキ『ボヘミア学』。1569-76 年。
プラハ国立図書館、大学図書館部門所蔵。請求番号：XVII B 17。撮影：A・ブラーハ。

［18］陶工：クトナー・ホラの聖バルボラ大聖堂の壁画。1548 年。
撮影：V・フィマン。［文献］89。

［19］陶工：陶工の同職組合憲章。1567 年。
首都プラハ文書館所蔵。請求番号：II/109。撮影：J・コウバ。

［20］プラハ、ヴルタヴァ川の渡し場と漁師：ルーラント・サーフェリー『プラハ新市街の風景』。1610 年。
撮影：亜鉛製版印刷、プラハ。［文献］147。

［21］筏乗り：プラハ筏師同職組合の印章。1574 年。
首都プラハ文書館。46mm. 写真所蔵：J・ペトラーニュ。

［22］プラハ、ヴルタヴァ川の渡し場：エギディウス・サデラー『プラハ眺望』。1606 年。
首都プラハ博物館。撮影：亜鉛製版印刷、プラハ。［文献］147。

［23］商売の光景：スラヴィェチーン教区教会の壁画。14 世紀後半。
撮影：L・バラン。［文献］83, 120 (vol. II, p. 71 ad.)。

［24］ワイン樽と大桶の計量：ヤン・コビシュ・ズ・ビーティーシュキ『ワイン樽の修理とサイズについて』。1596 年。撮影：カレル大学。

第III章　学と芸

［1］写字生：『ヴィシェフラト冊子本』。1085 年。
プラハ国立図書館、大学図書館部門所蔵。請求番号:XIV A 13。撮影:カレル大学。［文献］132。

［2］写字生：ウェールズのジョン『哲学史概要』。1373 年。
プラハ国立図書館、大学図書館部門所蔵。請求番号：V B 4, fol. 1。撮影：国立歴史遺産研究所、プラハ。

［3］ネズミを追い払う写字生・写本彩飾師ヒルデベルト：アウグスティヌス『神の国』。12 世紀後半。
プラハ聖ヴィート大聖堂参事会図書室所蔵。請求番号：A XXI 1, fol. 153。撮影：国立歴史遺産研究所。［文献］30, 110。

［4］著述する聖グレゴリウス：カルルシュテイン城聖十字架礼拝堂の板絵。1367 年頃。
撮影：A・ポール。

［5］読み方の授業：無名写本。14 世紀後半。
プラハ聖ヴィート大聖堂参事会図書室所蔵。請求番号：L 1a, fol. 1。撮影：M・ヴェヴェルカ。

［6］† 聖ルカ伝：『オパヴァのヤンの彩飾福音書』。1368 年。
ウィーン国立図書館所蔵。請求番号：Cod. 1182。

［7］算術の授業：オンジェイ・クラトフスキー『数字と線の計算について』。1530 年。
撮影：A・ブラーハ。

［8］印刷工のバレン：ミクラーシュ・コナーチ印刷『共通議会』に付された印章。1525 年。

サイズ：30×29mm。撮影：カレル大学。

〔9〕† ボヘミアの地図：ミクラーシュ・クラウディアーン印刷。1518年。
リトムニェジツェ国立文書館所蔵。

〔10〕 ティコ・ブラーエ：プラハ・ティーン教会の墓石。1601年。
撮影：亜鉛製版印刷、プラハ。

〔11〕 ヤーン・イェセンスキーの肖像：カレル大学歴史学科所蔵の印刷本。1600年。
プラハ・カレル大学歴史学科。写真所蔵：J・ペトラーニュ。

〔12〕 芸術品、書籍の販売：エギディウス・サデラー『プラハ城ヴラジスラフ・ホール』。1607年。
首都プラハ博物館。撮影：亜鉛製版印刷、プラハ。

〔13〕 ヴァーツラフ・ホラー：印刷された自画像。1649年。撮影：亜鉛製版印刷、プラハ。

(232頁)†「ロジュンベルク家のバラ」紋章のタイル：プラハ城旧王宮。16世紀前半。
国立考古学研究所所蔵。請求番号：č. 5312-15/12。

第Ⅳ章　鉱と工

〔1〕 樵：『聖イジー女子修道院の聖務日課書』（11月の表象）。1400年頃。
プラハ国立図書館の大学図書館部門所蔵。請求番号：XIII C 1a, fol. 6r。44mm. 撮影：A・ポール。〔文献〕15, 132。

〔2〕 製錬工：『スミーシュコフスキー聖歌集』。1490-91年。
ウィーン国立図書館、アルベルティーナ・コレクション。請求番号：Cod. 15492, ser. nov. 2657, pag. 467。写真所蔵：V・フサ。

〔3〕 貨幣打刻師：『スミーシュコフスキー聖歌集』。1490-91年。

〔4〕 貨幣鋳造師の徒弟：『スミーシュコフスキー聖歌集』。1490-91年。

〔5〕 貨幣打刻師：『スミーシュコフスキー聖歌集』。1490-91年。

〔6〕 貨幣鋳造師：『スミーシュコフスキー聖歌集』。1490-91年。fol. 63v。

〔7〕 炭焼き：パルドゥビツェ城ラベ門の紋章版。16世紀初頭。
撮影：国立歴史遺産研究所、プラハ。

〔8〕 ペンダントの鉱夫：クトナー・ホラ博物館所蔵。15世紀。
クトナー・ホラ地域博物館。撮影：クトナー・ホラ博物館。

〔9〕 ガラス研磨師の一家：カレル・シュクレータ『ディオニシオ・ミセロニとその家族』。1653年。
プラハ国立ギャラリー所蔵。写真所蔵：亜鉛製版印刷、プラハ。

〔コラム〕 チェコ史逍遥

Ⅰ−Ⅲ　薩摩秀登『プラハの異端者たち』4-6頁の地図をもとに加工。

Ⅳ　説教するヤン・フス：フス派『イェーナ冊子本』。プラハ国立博物館蔵。請求番号：IV B 24, fol. 37v。（P. Cermanová, et al. (eds.), *Husitské Století*, Praha 2014, p.78）

Ⅴ　クトナー・ホラ、聖バルボラ大聖堂。（A. Pospíšil (ed.), *Kutná Hora*, Praha 2014, p.6）

参考文献

1. *A History of Technology*, Vol. II-III, Oxford 1956-1957.

2. *A Magyarországi Corvinák*, Budapest 1962.

2a. *Actes du 1er congrès international d'histoire du costume*, Venezia 1952.

3. *Abendländische Buchmalerei* (Ausstellungskatalog), Wien 1952.

4. *Agrikultura v pamjatnikach zapadnogo srednevekovija*, Moskva 1936.

5. Z. Ameisenowa, *Rękopisy i pierwodruki iluminowane Biblioteki Jagiellońskiej*, Wrocław-Kraków 1958.

6. P. d'Ancona, *La miniature italienne du Xe au XVIe siècle*, Paris-Bruxelles 1925.

7. M. Bernath, *Die Malerei des Mittelalters*, Leipzig 1923.

7a. A. Blum, Les sources iconographiques et leur enseignement, leur valeur artistique et historique, *Bulletin of the International Committee of Historical Sciences, Le Congrès d'Oslo*, Vol. IV, 1928.

8. A. Boeckler, Zur böhmischen Buchkunst des 12. Jahrhunderts, *Konsthistorisk Tidskrift* XXII, 1953. 6i ad.

9. P. Braun, *Schaffende Arbeit und bildende Kunst*, I-II, Leipzig 1927-1928.

10. J. Braun, *Tracht und Attribute der Heiligen in der deutschen Kunst*, Stuttgart 1943.

11. E. Breitenbach, *Speculum humanae salvationis*, Strassbourg 1930.

12. Joz. de Coo, *De boer in de kunst van de 9e tot de 19e eeuw*, 1945.

13. V. Černý, *Crescentius v Čechách, Sborník prací věnovaných J. B. Novákovi k šedesátým narozeninám*, Praha 1932.

14. *Česká a moravská knižní malba XI.–XVI. století, Katalog výstavy v Památníku národního písemnictví v Praze*, listopad 1955 – leden 1956.

15. *Dějepis výtvarného umění v Čechách*, I, Středověk, red. Z. Wirth, Praha, 1931.

16. *Dějiny exaktních věd v českých zemích do konce 19. století*, Praha 1961.

16a. L. M. J. Delaissé, *A centurz of Dutch Manuscript Illumination*, Berkellez-Los Angeles-New York 1965.

16b. A. Depréaux, L'Iconograophie, science auxiliaire de l'Histoire. *Bulletin of the Internatinal Committee of Historical Sciences, Le congrès d'Oslo*, vol. IV, 1928.

17. W. Deutsch, *Die deutsche Malerei des 13. und 14. Jahrhunderts*, Berlin 1940.

18. T. *Dobrowolski, Sztuka na Śląsku*, Katowice-Wrocław 1948.

19. M. Doerner, *Malmaterial und seine Verwendung in Bilde*, Stuttgart 1954.

20. E. Dostál, *Příspěvky k dějinám českého umění iluminátorského 14. století*, Brno 1928.

21. Z. Drobná, *Český život 15. století v zrcadle Jenského kodexu, Český lid*, roč. 7, 1952.

22. Táž, *Die gotische Zeichnung in Böhmen*, Praha 1956.

23. Táž, K problematice Bible boskovské, *Umění* XIII, 1965, č. 2.

24. J. Dřímal, *Desky brněnského cechu soukenického z roku 1435*, Brno s. d.

25. M. Dvořák, *Idealismus und Naturalismus in der gotischen Skulptur und Malerei, Kunstgeschichte als Geistesgeschichte*, München 1924.

26, Týž, K dějinám malířství českého doby Karlovy, *Český čaopis historický*, roč. 5, 1899.

27. V. Dvořáková, Karlštejnské schodištní cykly, *Umění*, roč. 9, 1961.

28. R. Ernst, *Beiträge zur Kenntnis der Tafelmalerei Böhmens im 14. und Anfang der 15. Jahrhunderts*, Praha 1912.

29. Faler Jenö, *Négyszázötven éves a rozsnyói (Rožňavai, Csehszlovákia) bányászati vonatkozású Szent Anna – kép*, Bányászati Lapok 1964, 3. sz.
30. A. Friedl, *Hildebert a Everwin*, románští malíři, Praha 1927.
31. Týž, Kodex Jana z Jenštejna, *Památky archeologické*, roč. 35, 1927.
32. Týž, *Magister Theodoricus*, Praha 1956.
33. Týž, *Mikuláš Wurmser, mistr královských portrétů na Karlštejně*, Praha 1956.
34. K. E. Fritzsch, Die Kuttenberger Bergbauminiaturen des Illuminators Mathaeus, *Deutsches Jahrbuch für Volkskunde*, Bd. 6, Jhg. 1960.
35. B. Gille, Recherches sur les instruments du labour au moyen âge, *Bibliothèque de l'École des chartes*, 120, roč. 1962, Paris 1963.
36. *Gothic mural Painting in Bohemia and Moravia 1300-1378*, London 1964.
37. *Gotická nástěnná malba v zemích českých* I, 1300-1350, (red. J. Pešina), Praha 1958.
38. *Gotische Buchmalerei im südöstdeutschen Raume* (Ausstellungskatalog), Wien 1939.
39. F. Graus, *Dějiny venkovského lidu v Čechách v době předhusitské*, I-II, Praha 1953-1957.
40. Týž, Soukenictví v době předhusitské, *Sborník pro hospodářské a sociální dějiny*, I, 1946.
41. A. Güntherová – J. Mišianik, *Stredoveká knižná malba na Slovensku*, Bratislava 1961.
42. C. Hálová-Jahodová, *Umění a život zapomenutých řemesek*, Praha 1955.
43. E. Handiaková, Život kutnohorských havířů a jeho odraz v titulním listu Matouše iluminátora, *Český lid* 1956.
44. M. Harrsen, *Cursus Sanctae Mariae*, New York 1937.
45. J. H. v. Hefner-Alteneck, *Trachten, Kunstwerke und Gerätschaften von frühen Mittelalter bis zum Ende der 18. Jahrhundert*, I-X, Frankfurt a. M. 1879-1889.
46. A. Hejna, *Tábor*, Praha 1964.
47. W. Hensel, *Slowańszczyzna wczesenośredniowieczna*, 2. vyd., Warszawa 1956.
48. K. Herain, *Z minulosti pražského nábytku*, Kniha o Praze I, Praha 1930.
49. O. Herbenová, Ženský pracovní šat v českých výtvarných památkách XI. až XIV. století, *Věci a lidé*, roč. 5, 1953/1954.
50. K. Holter – K. Oettinger, Les principaux manusctirs à peinturesde la Bible Imperiale de Vienne: Manusrits Allemands, *Bulletin de la Société française de reproductions de manuscrits à peintures*, Paris 1938 (21e année), str. 57-155.
51. V. Husa, Uhlířské tovaryšstvo na Kutnohorsku ve 14. až 16. století, *Středočeský sborník historický* I, Praha 1957.
52. Týž, Výrobní vztahy v českém mincovnictví v 15. a 16. století, *Numismatický sborník* II, 1955.
53. Týž, Výrobní vztahy v českém plátenictví v 15. a první polovině 16. století, *Český lid*, roč. 44, 1956.
54. K Chytil, Malířstvo pražské XV. a XIV. věku a jeho cechovní kniha staroměstská z let 1490-1582, *Rozpravy České akademie věd*, tř. I, č. 36, Praha 1906.
55. Týž, *Památky českého umění iluminátorského*, Praha 1915.
56. Týž, Příspěvky k dějinám českého umění iluminátorského druhé poloviny 14. a z počátku 15. století, *Památky archeologické*, roč. 33, 1922, Praha 1923.
57. Týž, *Vývoj miniaturního malířství v Čechách za doby králů rodu Jagellonského*, Praha 1896.
58. J. Janáček, *Přehled vývoje řemeslné výroby v českých zemích za feudalismu*, Praha 1963.
59. Týž, *Řemeslná výroba v českých městech v 16. století*, Praha 1961.
60. K. Jasiński, Ilustrace kalendarzowe w rękopisie wrocławskim z okolo 1300 r., *Kwartalnik Historii Kultury Materialnej* VII, 1959.
61. H. Jerchel, Beiträge zur öster. Handschriftenillustration, *Zeitschrift des deutsch. Vereines für Kunstwissenschaft* II, 1925.

62. O. Kletzel, Studien zur böhmischen Buchmalerei, *Marburger Jahrbuch für Kunstwissenschaft* VII, 1933.

63. E. Koss, *Die schlesische Buchmalerei des Mittelalters*, Berlin 1942.

64. J. Kořán, *Přehledné dějiny československého hornictví*, Praha 1955.

65. Týž, *Staré české železářství*, Praha 1946.

66. S. Kovačevičová, Typy a varianty l'idového odevu na strednom Slovensku, *Vlastivedný časopis* XI, 1962.

67. J. Krása, Astrologické rukopisy Václava IV., *Umění*, roč. 12, 1964.

68. Týž, Nástěnné malby žirovnické zelené světnice, *Umění*, roč. 12, 1964.

69. J. Krofta, K problematice maleb karlštejnských, *Umění*, roč. 6, 1958.

70. Týž, *Mistr breviře Jana ze Středy*, Praha 1940.

71. J. Krofta – E. Poche, *Na Slovanech*, Praha 1956.

72. J. Kühndel, *Vývoj olomouckých řemeslnických cechů (do začátku 17. století)*, Olomouc 1929.

73. K. Künstle, *Ikonographie der Heiligen*, Freiburg 1926.

74. Týž, *Ikonographie der christlichen Kunst* I, Freiburg 1928.

75. J. Květ, Liber viaticus Jana ze Středy, *Volné směry*, roč. 33, 1937.

76. Týž, Vznik národního slohu v české knižní malbě gotické, *Příspěvky k dějinám umění*, Praha 1960.

77. L. Lábek, Výzdoba plzenského kalendáře z r. 1604 od Jana Willenberga, *Umění*, roč. 11, 1938.

78. F. J. Lehner, *Česká škola malířská XI. věku, Korunovační evangelistář krále Vratislava řečený Kodex vyšehradský*, Praha 1902.

79. Em. Leminger, Královská mincovna v Kutné Hoře, *Rozpravy České akademie*, tř. I, č. 48, Praha 1912. Dodatky, *Rozpravy České akademie*, tř. I, č. 70, 1924.

80. D. Líbal – A. Kutal – A. Matějček, *České umění gotické*, I, Praha 1949.

81. A. Liška, Hrnčířské a kamnářské památky v Museu hl. m. Prahy, *Zprávy České akademické společnosti* XX, 1943. č. I.

82. J. Loriš, *Mistr Theodrik*, Praha 1938.

83. B. Lůžek, Fresky v kostele ve Slavětíně n. Ohří, *Český lid*, roč. 49, 1962.

84. W. Lübke, *Die Kunst des Mittelalters*, Esslingen 1910.

84a. L. Mackinney, *Medical Illustrations in Medieval Manuscripts*, Berkley-Los Angels-New York 1965.

85. R. Marle, *Iconographie de l'art profane au Moyen-Age et à la Renaissance*, La Haye 1931.

86. J. Mašín, *Románská nástěnná malba v Čechách a na Moravě*, Praha 1954.

87. A. Matějček–J. Šámal, *Legendy o českých patronech v obrázkové knize ze XIV. století*, Praha 1940.

88. A. Matějček, *Velislavova bible a její místo ve vývoji knižní ilustrace gotické*, Praha 1926.

89. E. Matějková, *Kutná Hora*, Praha 1962.

90. B. Mendl, *Vývoj řemesel a obchodu v městech pražských*, Praha 1947.

91. A. Míka, *Nástin vývoje zemědělské výroby v českých zemích v epoše feudalismu*, Praha 1960.

92. E. G. Millar, *English illuminated manuscripts from the Xth to the XIIth century*, I-II, Paris-Brusel 1926-1928.

93. Týž, *La miniature anglaise au XIVe et XVe siècles*, Paris-Brusel 1928.

93a. *Mostra di Libri d'Arte sul Costume. Cataloge. Cento Internationale delle Arti e del Costume*, Venezia 1951.

94. J. Niederle, *Rukopjet' slovanských starožitností* (ed. J. Eisner), Praha 1953.

95. J. Nuhlíček, O pečetích a erbu Kutné Hory, Příspěvky k dějinám Kutné Hory, I, Praha 1960.

96. K. Oettinger, Beiträge zur böhmischen Malerei und Plastik am Ende des 14. Jahrhundert und am Anfang des 15. Jahrhundert, *Wiener Jahrbuch für Kunstgeschichte*, X, 1935.

97. O. Pächt, *Die Gotik der Zeit um 1400 als gesamteuropäische Kunstsprache. Katalog Europäische Kunst um 1400*, Kunsthistorische Museum Wien 1962.

98. E. Panofsky, *Gothic and late medieval iluminated Manuscripts*, New York University 1935.

99. Týž, *Zum Problem der Beschreibung und Inhaltsdeutung von Werken der bildenden Kunst*, Logos XXI, 1932.

100. P. Perdrizet, *Le calendrier parisien à la fin du moyen âge, d'après le Bréviaire et les Livres d'Heures*, Paris 1933.

101. J. Pešina, Podíl Čech na vývoji zátiší v evropské malbě pozdního středověku, *Umění*, roč. 11, 1963.

102. Týž, Nový pokus o revizi dějin českého malířství 15. století, *Umění*, roč. 8, 1960.

103. J. Pešina–J. Homolka, K problematice evropského umění kolem r. 1400, *Umění*, roč. 11, 1963.

104. J. Petráň, *Zemědělská výroba v Čechách v druhé polovině 16. a počátkem 17. století*, Acta Universitatis Carolinae, Monographia V, Praha 1963.

105. Týž, Renesanční rozprávka z roku 1562 a technologie českého lnářství a plátenictví v 16. a počátkem 17. století, *Český lid*, roč. 52, 1965.

106. E. Petrů, *Z rukopisných sbírek Universitní knihovny v Olomouci*, Praha 1959.

107. M. Pianzola, *Bauern und Künstler*, Berlin 1961.

108. A. Podlaha, *Knihovna kapitulní v Praze, Soupis památek historických a uměleckých v království českém. Hlavní město Praha: Hradčany*, č. II, Praha 1903.

109. Z. Podwińska, *Technika uprawy roli w Polsce średniowiecznej*, Wrocław-Warszawa-Kraków 1962.

110. J. Prařák, *Ke vzniku pražského Hildebertova kodexu, Studie o rukopisech 1964*, Praha 1964.

111. Přehled československých dějin techniky. Teze č. I, do r. 1848, *Zprávy komise pro dějiny přírodních, lékařských a technických věd ČSAV 1963*, č. 15.

112. G. H. Putnam, *Books and their makers during the Middle Ages*, New York I-II, 1962.

113. L. Radocsay, *Dénes, A középkori Magyarország táblaképei*, Budapest 1955.

114. L. Réau, *Iconographie de l'art chrétien*, I-III, Paris 1955-1959.

115. A. Riegl, Die mittelalterliche Kalenderillustration, *Mitteilungen des Instituts für österreich. Geschichtsforschung*, Jg. 10, 1889.

116. V. J. Sedlák, *O počátcích erbů pražských cechů*, Praha 1945.

117. R. W. Schaller, *A survey of medieval model books*, Haarlem 1963.

118. Julius v. Schlosser, Die Bilderhandschriften Königs Wenzel I., *Jahrbuch d. Kunsthistor. Sammlung d. a. K. XIV*, 1893.

119. G. Schmidt, *Die Armenbibeln des XIV. Jahrhunderts*, Graz-Köln 1959.

120. *Soupis památek historických a uměleckých v Království českém*, sv. 1-51, Praha 1897-1937 (od. Sv. 41 titul: Soupis památek historických a uměleckých v republice Československé).

121. A. Stange, *Deutsche Malerei der Gotik*, I-II, Berlin 1934-1936.

122. D. Stránská, Český lid v starých miniaturách, *Český lid*, roč. 6, 1952.

123. *Středověká keramika v Československu. Karalog výstavy v Národním muzeu v Praze*, květen 1962 – červen 1963.

124. F. Šach, *Rádlo a pluh na území Československa*, Vědecké práce Zemědělského muzea 1961.

125. K. Šourek, *České iluminované rukopisy XV. století*, Documenta Bohemiae artis phototypica, Praha 1944.

126. Týž, *Miniatury breviře velmistra Lva*, Documenta Bohemiae artis phototypica, sv. 3.

127. O. Šroňková, La mode de XVe au XVIIIe siècles, Praha 1959.

128. *Tchécoslovaquie Manuscrits à peintures romans et gothiques (Préface H. Swarzenski, Introduction J. Květ)*, Paris 1959.

129. E. Treptow, *Deutsche Meisterwerke bergmännischer Kunst*, 1929.

130. V. Trkovská, Illuminace v rukopisech 11.-17. století jako národpisné prameny, *Český lid*, roč. 50, 1963.

131. F. Unterkircher, *Inventar der illuminierten Handschriften... der Österreichischen Nationalbibliothek*, I, Museion, Veröffentlichungen der Öster. Nationalbibliothek, NF 2. Reihe, Wien 1957.

132. E. Urbánková, *Rukopisy a vzácné tisky pražské universitní knihovny*, Praha 1957.

133. J. Vácková-Šípková, Cestopis a životpis Jindřicha Hyzrleho z Chodova z let 1612-1648, *Umění*, roč. 11, 1963.

134. J. R. Vávra, *Pět tisíc let sklářského díla*, Praha 1953.

135. *Vavřince Křičky z Bitýšky, Návod k lití a prípravě děl*..., vyd. Praha 1947.

136. V. Vilikovský, *Dějiny zemědělského průmyslu v Československu*, Praha 1928.

137. V. Vojtíšek, *O pečetích a erbech měst pražských a jiných českých*, Praha 1928.

138. J. Waldbung-Wolegg, *Das mittelalterliche Hausbuch*, München 1957.

139. H. Wegener, *Beschreibendes Verzeichnis der Miniaturen-Handschriften der preuss. Staatsbibliothek zu Berlin*, V, Die deutsche Handschriften bis 1500, Berlin 1928.

140. H. Winkelmann, *Der Bergbau in der Kunst*, Essen 1955.

141. F. Winkler, *Der Krakauer Behaim Kodex*, Berlin 1941.

142. Z. Winter, *Český průmysl a obchod v XVI. věku*, Praha 1913.

143. Týž, *Dějiny kroje v zemích českých od počátku století XV. až po dobou bělohorské bitvy*, Praha 1893.

144. Týž, *Dějiny řemesel a obchodu v Čechách v XIV. a XV. století*, Praha 1906.

145. Týž, *Kulturní obraz českých měst*, I-II, Praha 1890-1892.

146. Týž, *Řemeslnictvo a živnosti XVI. věku v Čechách*, Praha 1909.

147. Z. Wirth, *Praha v obrazech z pěti století*, Praha 1932.

148. J. Wislicki, *Cechowe tłoki pieczętne jako źródło kultury materialnej. Studia i Materiały do Dziejów Wielkopolski i Pomorza*, II, seš. 1, 1956.

149. A. Wolfskron, *Die Bilder der Hedwigslegende*, Wien 1846.

150. Č. Zíbrt, *Dějiny kroje v zemích českých od dob nejstarších až po války husitské*, Praha 1892.

■参考文献補遺（訳者補足）

【本書初版以降の写本史・美術史】（太字が英語文献）

J. Bařant, ***The Classical tradition in Cech Medieval Art***, Frankfurt 2003.

J. Bistřický, Červenka A, *Olomoucké horologium*, Olomouc - Praha 2011.

P. Brodský, *Iluminovanérukopisy českého původu v polských sbírkácha*, Praha 2004.

——, *Krása českých iluminovaných rukopisů*, Praha 2012.

P. Brodský, J. Pařez, *Katalog iluminovaných rukopisů strahovské knihovny*, Praha 2008.

S. Brown (ed.), ***Prague and Bohemia: Medieval Art, Architecture and Cultural Exchange in Central Europe***, London 2009.

M. Dragoun, *Soupis Středověkých rukopisů knihovny národního muzea*, Praha 2011.

B. Drake Boehm, ***Pragae: The Crown of Bohemia 1347-1437***, New York 2005.

J. Fajt (ed.), *Magister Theodoricus*, Praha 1997 (***Magister Theodoricu, Court Painter of Emperor Charles IV.***, Praha 1997).

——, *Dvorské kaple*, Praha 2003.

——, *Karel IV. Císař z boží milosti*, Praha 2006 (*Karl IV. Kaiser von Gottes Gnaden*, Berlin 2006).

——, *Europa Jagellonica*, Praha 2012 (***Europa Jagellonica***, Praha 2016).

J. Fajt, J. Royt, L. Gottfried, *Posvátné prostory hradu Karlštejna*, Praha 2010.

B. F. H. Graham, ***Bohemian And Moravian Graduals 1420-1620***, Turnhout 2007.

K. Horníčková, M. Šroněk (ed.), *Umění české reformace*, Praha 2010.

V. Husa, *O době jenského kodexu*, Praha 1957.

M. Hutský, ***The Life and Martyrdom of St Wenceslas, Prince of Bohemia, in Historic Pictures***, Praha 1586 (rep. London 1997).

M. Jarošová, J. Kuthan, S. Scholz, *Prag und die grossen Kulturzentren Europas in der Zeit der Luxemburger*, Praha 2008.

L. J. Konečný, *Románská rotunda ve Znojmě*, Brno 2005.

J. Krása, *Rukopisy Václava IV.*, Praha 1974.

——, *Umění 13. století v českých zemích*, Praha 1983.

——, ***The travels of Sir John Mandeville***, New York 1983.

——, *České iluminované rukopisy 13.-16. století*, Praha 1990.

L. Kubátová, *Neznámý rukopis Lazara Erckera 1569*, Praha 1996.

A. Kutal, *České gotické sochařství*, Praha 1962.

——, ***Gothic Art in Bohemia and Moravia***, London - New York - Sydney - Toronto 1971.

J. Kuthan, *Počátky a rozmach gotické architektury v Čechách*, Praha 1983.

——, *Česká architektura v době posledních Přemyslovců*, Praha 1994.

——, *Královské dílo za Jiřího z Poděbrad a dynastie Jagellonců*, díl. 1, Praha 2010.

——, *Královské dílo za Jiřího z Poděbrad a dynastie Jagellonců*, díl. 2, Praha 2013.

——, *Benediktinské kláštery střední Evropy a jejich architektura*, Praha 2014.

J. Kuthan, J. Dvorský, J. Janáček, J. Homolka, J. Krása, J. Žemlička, *Umění doby posledních Přemyslovců*, Praha 1982.

J. Kuthan, J. Royt, *Katedrála sv. Víta, Václava a Vojtěcha*, Praha 2011.

——, *Karel IV.*, Praha 2016.

J. Květ, *Iluminované rukopisy královny Rejčky*, Praha 1931.

V. Kyas, *Staročeská bible drážďanská a olomoucká*, Praha 1985-88.

J. Mendelová, Státníková P (ed.), *Lucemburská Praha 1310-1437*, Praha 2006.

A. Merhautová,Třeštík D, *Románské umění v Čechách a na Moravě*, Praha 1984.

J. Merrel, *Bible v českých zemích*, Praha 1956.

J. Pánek (ed), *Rožmberkové*, České Budějovice 2011.

J. Pešina, *Česká malba pozdní gotiky a renesance*, Praha 1950.

——, *Česká gotická desková malba*, Praha 1976.

——, *Mistr vyšebrodského cyklu*, Praha 1982.

J. Pešina, Homolka J, *České gotické umění*, Praha 1977.

A. Pospíšil (ed.), *Kutná Hora*, Praha 2014.

I. Rosario, ***Art and Propaganda: Charles IV of Bohemia, 1346-1378***, Suffolk 2001.

J. Royt, *Středověké malířství v Čechách*, Praha 2002 (***Medieval painting in Bohemia***, Praha 2003).

——, *Slovník biblické ikonografie*, Praha 2006.

——, *Mistr Třeboňského oltáře*, Praha 2013 (***The Matser of Trebon Altarpiece***, Praha 2015).

——, *Praha Karla IV.*, Praha 2015 (***The Prague of Charles IV.***, Praha 2016).

——, *Gotické deskové malířství v severozápadních aseverních Čechách 1340-1550*, Praha 2016.

F. Seibt, E. Bchamann, H. Bachmann, G. Schnidt, G. Fehr, C. Salm, ***Gothic Art in Bohemia***, Oxford 1977 (*Gotik in Böhmen*, München 1969).

P. Spunar, *Kultura středověku*, Praha 1972.

——, *Kultura českého středověku*, Praha 1987.

——, *Kodex Vyšehradský*, Praha 2006.

K. Stejskal, *Velislai Bible Picta*, Praha 1970.

——, ***European Art in the 14th Century***, London 1978.

K. Stejskal, Vojt P, *Iluminované rukopisy doby husitské*, Praha 1991.

M. Šmied, F. Záruba, *Ve službách českých knížat a králů*, Praha 2013.

M. Thomas, G. Schmidt, *Die Bibel des Königs Wenzel*, Graz 1989.

【技術史】

J・ギース、F・ギース（栗原泉訳）『大聖堂・製鉄・水車――中世ヨーロッパのテクノロジー』講談社学術文庫、2012 年。

J・ギャンペル（坂本賢三訳）『岩波モダンクラシックス 中世の産業革命』岩波書店、2010 年。

後藤久『西洋居住史――石の文化と木の文化』彰国社、2005 年。

H・ザックス詩、J・アマン版（小野忠重解説）『西洋職人づくし』岩崎美術社、1970 年。

小林頼子訳著、池田みゆき訳『ヤン・ライケン 西洋職人図集』八坂書房、2001 年。

C・シンガー、E・J・ホームヤード、A・R・ホール、T・I・ウイリアムス（平田寛、八杉龍一編訳）『技術の歴史 3　地中海文明と中世（上）』筑摩書房、1978 年。

C・シンガー、E・J・ホームヤード、A・R・ホール、T・I・ウイリアムス（平田寛、八杉龍一編訳）『技術の歴史 4　地中海文明と中世（下）』筑摩書房、1978 年。

C・シンガー、E・J・ホームヤード、A・R・ホール、T・I・ウイリアムス（田中実編訳）『技術の歴史 5　ルネサンスから産業革命へ（上）』筑摩書房、1978 年。

C・シンガー、E・J・ホームヤード、A・R・ホール、T・I・ウイリアムス（田中実編訳）『技術の歴史 6　ルネサンスから産業革命へ（下）』筑摩書房、1978 年。

瀬原義生『中・近世ドイツ鉱山業と新大陸銀』文理閣、2016 年。

J・ハーヴェー（森岡敬一郎訳）『中世の職人（I・II）』原書房、1986 年。

C・フルゴーニ（高橋友子訳）『ヨーロッパ中世ものづくし』岩波書店、2010 年。

R・ペルヌー、R・ドラトゥーシュ、J・ギャンベル（福本直之訳）『産業の根源と未来――中世ヨーロッパからの発信』農文協、1995 年。

堀越宏一『ヨーロッパの中世 5　ものと技術の弁証法』岩波書店、2009 年。

L・ホワイト・Jr（内田星美訳）『中世の技術と社会変動』思索社、1985 年。

山本義隆『16 世紀文化革命（1・2）』みすず書房、2007 年。

T・S・レイノルズ（末尾至行、細川欵延、藤原良樹訳）『水車の歴史――西欧の工業化と水力利用』平凡社、1989 年。

【文化史・生活史】

F・イシェ（蔵持不三也訳）『絵解き中世のヨーロッパ』原書房、2003 年。

J・ギース、F・ギース（栗原泉訳）『中世ヨーロッパの城の生活』講談社学術文庫、2005 年。

J・ギース、F・ギース（青島淑子訳）『中世ヨーロッパの都市の生活』講談社学術文庫、2006 年。

J・ギース、F・ギース（青島淑子訳）『中世ヨーロッパの農村の生活』講談社学術文庫、2008 年。

J・ギース、F・ギース（三川基好訳）『中世ヨーロッパの家族』講談社学術文庫、2013 年。

丹野郁『西洋服飾史　図説編』東京堂出版、2003 年。

徳井淑子『図説ヨーロッパ服飾史』河出書房新社、2010 年。

R・バートレット（樺山紘一監訳）『図解ヨーロッパ中世文化誌百科（上・下）』原書房、2008 年。

堀米庸三編、木村尚三郎、渡邊昌美、堀越孝一『生活の世界歴史 6　中世の森の中で』河出書房新社、1991 年。

B・ロリウー（吉田春美訳）『中世ヨーロッパ　食の生活史』原書房、2003 年。

河原温、堀越宏一『図説　中世ヨーロッパの暮らし』河出書房新社、2015 年。

【キリスト教典礼】

J・ハーパー（佐々木勉、那須輝彦訳）『中世キリスト教の典礼と音楽』教文館、2010 年。

K・H・ビーリッツ（松山與志雄訳）『教会暦——祝祭日の歴史と現在』教文館、2003 年。


【写本史・美術史】

大野松彦「カールシュテイン城の黙示録—— 14 世紀ボヘミアの壁画連作、その図像的起源」『美術史』64-1 号（2014 年）、133−149 頁。

鐸木道剛、高野禎子編『名画への旅 3　天使が描いた 中世Ⅱ』講談社、1993 年。

鐸木道剛、高野禎子編『名画への旅 3　天国へのまなざし 中世Ⅲ』講談社、1992 年。

J・デュラン（杉崎泰一郎監修、吉田春美訳）『美術から見る中世のヨーロッパ』原書房、2005 年。

前川久美子『中世パリの装飾写本』工作舎、2015 年。

松田隆美『西洋中世におけるテクストとパラテクスト　ヴィジュアル・リーディング』ありな書房、2010 年。

保井亜弓「カール 4 世の黄金文書——ゴシック末期の豪華彩飾写本」『天国へのまなざし』、120−135 頁。


【チェコ史】

浅野啓子「中世後期ボヘミアの教会改革運動とプラハ大学」浅野啓子、佐久間弘展編著『教養の社会史』知泉書館、2006 年、31−61 頁。

浅野啓子「14−15 世紀チェコにおけるフス派大学教師と王権」森原隆編『ヨーロッパ・エリート支配と政治文化』成文堂、2010 年、260−279 頁。

浅野啓子「フス派の改革運動における共生の理念」森原隆編『ヨーロッパ・「共生」の政治文化史』成文堂、2013 年、315−338 頁。

木村靖二編『世界各国史 13　ドイツ史』山川出版社、2001 年。

F・ザイプト（永野藤夫、井本晌二、今田理枝訳）『中世の光と影（上・下）』原書房、1996 年。

坂井榮八郎『ドイツ史 10 講』岩波新書、2003 年。

薩摩秀登『王権と貴族——中世チェコにみる中欧の国家』日本エディタースクール出版部、1991 年。

薩摩秀登『プラハの異端者たち——中世チェコのフス派にみる宗教改革』現代書館、1998 年。

薩摩秀登『物語チェコの歴史』中公新書、2006 年。

薩摩秀登『図説チェコとスロヴァキア』河出書房新社、2006 年。

鈴木達哉『ルクセンブルク家の皇帝たち——その知られざる一面』近代文芸社、1997 年。

R・バートレット（伊藤誓、磯山甚一訳）『ヨーロッパの形成』法政大学出版局、2003 年。

藤井真生『中世チェコ国家の誕生——君主・貴族・共同体』昭和堂、2014 年。

藤井真生「人文主義と宗教改革——チェコにおける人文主義の展開とフス派運動の影響」南川高志編著『知と学びのヨーロッパ史——人文学・人文主義の歴史的展開』ミネルヴァ書房、2007 年、117−140 頁。

南塚信吾編『世界各国史 19　ドナウ・ヨーロッパ史』山川出版社、1999 年。
J. Bahlcke, W. Eberhard, M. Polívka, *Lexikon historických míst Čech, Moravy a Slezska*, Praha 2001.
K. Benešovská (ed.), *Královský sňatek*, Praha 2010 (***A royal marriage***, Praha 2011).
P. Cermanová, R. Novotný, P. Soukup, *Husitské století*, Praha 2014.
F. Hoffmann, *Středověké město v Čechách a na Moravě*, Praha 2009.
F. Seibt, *Karl IV. Ein Kaiser in Europa; 1346-1378*, München 1978.
P. Sommer, D. Třeštík, J. Žemlička, *Přemyslovci budování českého státu*, Praha 2009.

F. Šmahel, L. Bobková, *Lucemburkové*, Praha 2012.

V. Vondruška, *Život ve staletích 12. století*, Brno 2009.

——, *Život ve staletích 13. století*, Brno 2010.

——, *Život ve staletích 14. století*, Brno 2011.

——, *Život ve staletích 15. století*, Brno 2012.

——, *Život ve staletích 16. století*, Brno 2014.

その他の通史としては、

Paseka 社から Velké dějiny zemí koruny české シリーズ（時系列）が現在 19 巻＋5 巻、NLN 社から Česká Historie シリーズ（テーマ別）が現在 32 巻まで刊行されている。また、中世の中東欧史に関しては、Brill 社の ECEE（***East Central and Eastern Europe in the Middle Ages, 450-1450***）が現在 44 巻に達しようとしている。

【デジタル資料】

「訳者あとがき」でも述べたように、チェコの国立図書館は中世写本のデジタル資料化に取り組んでいる。その成果を受けて、Manuscriptorum（http://www.manuscriptorium.com/en）では、数多くの彩飾写本を、しかもすべて鮮やかな色調で目にすることができる。本書で言及される資料のうち、確認できたものの URL を掲載しておく。

〈付記〉初版刊行後、サイトのシステム更新のために、タイトルの後ろに＊印をつけたもの以外は URL がデジタル資料に直結しなくなった。サイトのデジタル資料検索ページ（http://www.manuscriptorium.com/apps/index.php?envLang=en）の請求番号 shelf-mark（タイトルのあとの［　］内に追記）で検索が可能である。

『ヴェリスラフ聖書』Velislavova Bible［XXIII C 124］

（http://v2.manuscriptorium.com/apps/main/index.php?request=request_document&docId=set03112148&client）

『オロモウツ聖書』1 巻* Olomoucká bible［M III 1/I］

（http://www.manuscriptorium.com/apps/index.php?direct=record&pid=AIPDIG-VKO___M_III_1_I___2DRPLSF-cs#search）

『オロモウツ聖書』2 巻*［M III 1/II］

（http://www.manuscriptorium.com/apps/index.php?direct=record&pid=AIPDIG-VKO___M_III_1_II__1C75B1E-cs#search）

『クレメンティヌム聖書』Starý zákon, tzv. Klementinský［XVII A 34］

（http://v2.manuscriptorium.com/apps/main/index.php?request=request_document&docId=rep_remake139）

『聖教父伝』Rukopis spisu Životy sv. Otců［XVII A 2］

（http://v2.manuscriptorium.com/apps/main/index.php?request=request_document&docId=set20080520_75_61）

『クトナー・ホラ聖歌集』Kutnohorský kancionál［XXIII A 2］

（http://v2.manuscriptorium.com/apps/main/index.php?request=request_document&docId=set20091031_182_54）

『ジュルチツェ聖歌集』* Žlutický kancionál［TR I 27］

（http://www.manuscriptorium.com/apps/index.php?direct=record&pid=AIPDIG-PNP___TR_I_27_____0XWJO37-cs#search）

『フラヌス聖歌集』Franusův kancionál［Hr-6 (II A 6)］

（http://v2.manuscriptorium.com/apps/main/index.php?request=request_document&docId=set031101set233）

『ロプコヴィツェ聖歌集』Kancionál zv. Lobkovický［XXIII A 1］

（http://v2.manuscriptorium.com/apps/main/index.php?request=request_document&docId=set20090410_155_69）

『聖ミハル教会の昇階誦』Latinsko-český graduál kostela sv. Michala［XI B 1a］

（http://v2.manuscriptorium.com/apps/main/index.php?request=quick_search&param=&client=&ats=1493904295&mode=&testMode=&sf_queryLine=XI+B+1a&qs_field=6）

『チェスキー・ブロト昇階誦』Českobrodský kancionál［XVII. B. 20］

（http://v2.manuscriptorium.com/apps/main/index.php?request=request_document&docId=set20090818_181_47）

『プラハ小地区昇階誦』1 巻 Malostranský graduál［XVII A 3］

（http://v2.manuscriptorium.com/apps/main/index.php?request=request_document&docId=set20090410_155_43）

『ムラダー・ボレスラフ昇階誦』Mladoboleslavský kancionál〔21692 (II.A.2)〕

（http://v2.manuscriptorium.com/apps/main/index.php?request=request_document&docId=set04071331）

『ロムニツェ昇階誦』A 写本 Lomnický graduál〔XVII A 53a〕

（http://v2.manuscriptorium.com/apps/main/index.php?request=show_record_num&param=0&client=&ats=1492562633&mode=&testMode=&sf_queryLine=XVII.A.53a&qs_field=0）

『ロムニツェ昇階誦』B 写本〔XVII A 53b〕

（http://v2.manuscriptorium.com/apps/main/index.php?request=request_document&docId=set20081124_128_39）

『イェーナ冊子本』Jenský kodex〔IV B 24〕

（http://v2.manuscriptorium.com/apps/main/index.php?request=request_document&docId=set031101set3132）

『ヴィシェフラト冊子本』Vyšehradský kodex〔XIV.A.13〕

（http://v2.manuscriptorium.com/apps/main/index.php?request=request_document&docId=set20070920_13_1）

『チェスキー・クルムロフ宗教論集』Náboženský tractát z Českého Krumlova〔III B 10〕

（http://v2.manuscriptorium.com/apps/main/index.php?request=request_document&docId=set04071321）

『聖イジー女子修道院の聖務日課書』Brevíř kláštera sv. Jiří〔XIII C 1a〕

（http://v2.manuscriptorium.com/apps/main/index.php?request=request_document&docId=set031101set4120）

『女子修道院長アネシュカの聖務日課書』Brevíř abatyše Anežky z kláštera sv. Jiří〔XIII E 14e〕

（(http://v2.manuscriptorium.com/apps/main/index.php?request=show_record_num&param=0&client=&ats=1493943795&mode=&testMode=&sf_queryLine=XIII+E+14e&qs_field=6）

『リトミシュル司教ヤン・ゼ・ストシェディの旅行用の書』* Liber viaticus Litomyšlského biskupa Jana ze Středy〔XIII A 12〕

（http://www.manuscriptorium.com/apps/index.php?direct=record&pid=AIPDIG-NMP___XIII_A_12___0CMKQR5-cs#search）

『女子修道院長クンフタの殉教者受難物語』* Pasionál abatyše kláštera sv. Jiří na Hradě Kunhuty〔XIV A 17〕

（http://www.manuscriptorium.com/apps/index.php?direct=record&pid=AIPDIG-NKCR__XIV_A_17____2GWPZB8-cs#search）

『聖ヴィート大聖堂ミサ典礼書』Misál svatovítský〔XVI A 17〕

（http://v2.manuscriptorium.com/apps/main/index.php?request=show_record_num&param=1&client=&ats=1493905723&mode=&testMode=&sf_queryLine=XVI+A+17&qs_field=6）

『言葉の母』Mater verborum〔X A 11〕

（http://v2.manuscriptorium.com/apps/main/index.php?request=request_document&docId=set04071382）

『農事論』Ruralium comodorum〔VII C 8〕

（http://v2.manuscriptorium.com/apps/main/index.php?request=request_document&docId=set20060203_21_100）

『ボヘミア学』Mathesis bohemica〔XVII B 17〕

（http://v2.manuscriptorium.com/apps/main/index.php?request=show_record_num&param=0&client=&ats=1493906076&mode=&testMode=&sf_queryLine=XVII+B+17&qs_field=6）

以上、個別に提示したが、現在みることのできる資料の全体像は（http://v2.manuscriptorium.com/index.php?q=cs/bible）で確認できる（付記：2019 年 9 月 30 日現在閲覧不可）。なお、英語版サイトの情報は不完全であるため、チェコ語の意味を下に記しておく。（下向きの▼は全体の枠を、右向きの▶はその下にさらに区分があることを示す。◉は下位区分であり、そこから各種資料に展開することを意味する。）

▼Vybrané dokumenty: 主要資料

◉Antické dědictví: 古典

- ▸Bible: 聖書
    - ●Latinské biblické rukoposy: ラテン語聖書
    - ●České biblické rukopisy: チェコ語聖書
- ●Geografická a kartografická díla: 地理学・地図学
- ▸Historiografické texty: 史書
- ▸Iluminované rukopisy: 彩飾写本
    - ●Česká knižní malba do konce 13. století: 13 世紀末までの挿絵
    - ●První polovina 14. století: 14 世紀前半
    - ●Doba Karla IV. a Václava IV.: カレル 4 世、ヴァーツラフ 4 世の時代
    - ●Období pohusitské a 16. století: フス派戦争後から 16 世紀まで
- ●Inkunáble: インキュナブラ
- ▸Kázání a legendy: 説教と聖人伝
- ▸Liturgické rukopisy a sborníky modliteb: 典礼書、祈禱書
    - ●Misály: ミサ典書
    - ●Breviáře: 聖務日課書
    - ●Antifonáše: 交誦集
    - ●Knihy hodinek a modlitební knížky: 時禱書
    - ●Graduály: 昇階誦
    - ●Duchovní písně: 聖歌
- ▸Morálně naučiná literatura: 教訓書
- ▸Prírodvědecké rukopisy: 自然科学
    - ●Lékařské rukopisy: 医学
    - ●Astronomické rukopisy: 天文学
    - ●Přírodvědné rukopisy: 自然科学
- ●Rétorika a formulářové sbírky: 弁論術、書式集
- ▸Středověká zábavná literatura: 中世の娯楽作品
    - ●Rytířské eposy: 武勲詩
    - ●Satirické skladby: 笑話
    - ●Kronika trojánská: トロイ物語
    - ●Gesta Romanorum: ローマ人の事績
    - ●Další zábavná literatura: その他
- ●Štambuchy: 備忘録
- ●Teologická literatura: 神学

その他の図書館でもデジタル化はすすんでいる。

『リトムニェジツェ聖書』Litoměřická bible

（https://digi.ceskearchivy.cz/DA?doctree=1eb&id=146&menu=2）

（http://vademecum.soalitomerice.cz/vademecum/permalink?xid=BED0A41E4A3811E5BD72782BCBB1CD77&scan=226#scan226）

『ボスコヴィツェ聖書』Bible boskovická

（http://dig.vkol.cz/dig/miii3/popis.htm）

『ジョン・マンデヴィル旅行記』Rukopis cestopisu Jana Mandevilly

（http://www.bl.uk/manuscripts/FullDisplay.aspx?ref=Add_MS_24189）

【訳者あとがき】

菊池信彦「デジタル化の「その先」へ：ヨーロッパにおける中世写本のデジタル化の現状とデジタルヒューマニティーズ」『情報の科学と技術』65-4号（2015年）、155–163頁。

ニーデルハウゼル・エミル（渡邊昭子、家田修、飯尾唯紀他訳）『総覧東欧ロシア史学史』北海道大学出版会、2013年、73–159頁。
F. Kutnar, J. Marek, *Přehledné dějiny českého a slovenského dějepisectví*, Praha 1997.